「でんさい」のすべて

第2版

株式会社全銀電子債権ネットワーク 著

一般社団法人 金融財政事情研究会

第2版　はしがき

　平成26年3月に本書を刊行してから、約2年が経過した。

　平成25年2月にでんさいネットが開業して以降、でんさい（でんさいネットが取り扱う電子記録債権）の利用は増加し続けており、平成28年1月末時点の利用者登録数は約43万社、平成28年1月の発生記録請求件数は約11万2000件となっている。利用いただいている事業者の皆様に、厚く御礼申し上げる。

　今般、でんさいネットは、さらなる利用者の利便性向上のために、記録可能な支払サイト（発生記録から支払期日までの最大期間）を1年から10年に長期化する等の機能拡充を行った。そこで、機能拡充に伴って改訂が必要となる部分について、記載を変更するとともに、初版でわかりにくかった記載について見直しを行い、全体的にわかりやすい文章とした上で、第2版として刊行させていただく運びとなった。

　初版に引き続き、多くの事業者をはじめとする関係者の方々に本書を利用いただき、でんさいのさらなる理解に役立てていただければ幸いである。

平成28年4月

株式会社全銀電子債権ネットワーク

初版　はしがき

平成25年2月18日に株式会社全銀電子債権ネットワーク（以下「でんさいネット」という）が開業してから、1年が経過した。

この1年間で33万社を超える事業者の方々から利用者登録をいただくとともに、16万件を超える発生記録請求をいただき、当会社の理念である「銀行の信頼・安心のネットワークを基盤として、電子記録債権を記録・流通させる新たな社会インフラを全国的規模で提供し、中小企業金融をはじめとした金融の円滑化・効率化を図ることにより、わが国経済の活性化に貢献」する第一歩を踏み出すことができたことについて、ご利用いただいている事業者の方々に厚く御礼申し上げる。

また、平成19年6月に電子記録債権法が成立、公布されてから約7年間が、平成20年12月に同法が施行されてから約5年間が経過したところであるが、一般社団法人全国銀行協会（以下「全銀協」という）を中心として、全銀協正会員である銀行のみならず、信用金庫、信用組合等の金融機関の協力を得て、日本全国で「でんさい」（当会社が取り扱う電子記録債権のこと。以下同じ）を取引できる環境を構築できたことについて、金融機関をはじめとする関係者の方々にも厚く御礼申し上げる。

この20年間、手形取引は減少の一途をたどり、またバブル崩壊後の景気低迷期を通じて事業者の方々の資金調達環境に厳しさが増す状況が続いたことを踏まえると、中小企業金融の円滑化という目的で創設された電子記録債権制度の一翼を担う当会社としても、より多くの事業者の方々にでんさいをご利用いただき、資金効率の向上や資金調達手段にご活用いただくことで、日本経済の成長の一助になりたいと切に願っている。

本書は、開業後1年を経過したところで、これまで事業者の方々から当会社のコールセンター等に寄せられた照会等を踏まえて、でんさいネットの利用について網羅的に説明し、でんさい取引の特長および留意点等についてご理解いただくことを目的としたものである。でんさいをご利用いただく事業

者の方のみならず、でんさいを取り扱う参加金融機関の職員にとっても有用な内容となっている。

新たな決済手段であるでんさいに対して漠然とした不安感を持つ方々も多いと思われるが、でんさい取引の特長および留意点等を本書を通じて理解していただければ、その不安感を払拭し、でんさいが持つ利便性への期待が高まるものと考えている。

例えば、債務者としてでんさいを利用いただく場合の不安感として、支払不能処分制度に基づく取引停止処分がある。これについては、支払処分制度の前提となる口座間送金決済の仕組みと支払不能処分制度全般についてご理解いただく必要があるが、支払不能処分制度は、いたずらに厳しい措置を科すものではなく、また支払に応じ難い理由があるにもかかわらず支払を強制するものでもない。債務者として、支払に応じ難い理由がある場合には、異議申立手続を行うことで口座間送金決済を中止するとともに、取引停止処分等の猶予を受けることができるので、ご安心いただきたい。

でんさいは、開業から1年が経過したとはいえ、まだ普及の緒についた状態である。事業者の方々が保有する売掛債権が190兆円程度あることを踏まえると、手形取引のみならず、現在、期日振込で決済されている売掛債権への活用がでんさいの普及において大きな鍵となる。この売掛債権を有効活用することができれば、資金調達手段の多様化、資金効率の向上という観点からも事業者の方々に大きなメリットがある。

平成26年2月24日には定例発行方式による残高証明書発行サービスを開始しているが、今後も、事業者の方々の利便性の向上に向けて不断の努力を続けて参りたい。

本書が多くの事業者をはじめとする関係者の方々の理解の一助となり、でんさい取引がわが国の主要な決済手段となることを祈念して、はしがきとしたい。

平成26年2月

株式会社全銀電子債権ネットワーク

【著者紹介】

株式会社全銀電子債権ネットワーク

　一般社団法人全国銀行協会が100％子会社として設立した電子債権記録機関であり、通称「でんさいネット」。

　　平成22年６月８日　　設立
　　平成25年１月25日　　電子債権記録機関として指定取得
　　平成25年２月18日　　開業

【企業理念】

> 銀行の信頼・安心のネットワークを基盤として、電子記録債権を記録・流通させる新たな社会インフラを全国的規模で提供し、中小企業金融をはじめとした金融の円滑化・効率化を図ることにより、わが国経済の活性化に貢献します。

凡例

名　　称	略称等
電子記録債権法	カッコ内で引用する場合は「法」という。
電子記録債権法施行令	カッコ内で引用する場合は「施行令」という。
株式会社全銀電子債権ネットワーク業務規程	業務規程。カッコ内で引用する場合は「規程」という
株式会社全銀電子債権ネットワーク業務規程細則	業務規程細則。カッコ内で引用する場合は「細則」という。
犯罪による収益の移転防止に関する法律	犯収法
犯罪による収益の移転防止に関する法律施行令	犯収法施行令
電子債権記録機関	記録機関
株式会社全銀電子債権ネットワークが提供する電子記録債権	でんさい

目　次

第 1 章　電子記録債権とは何か

第 1 節　電子記録債権法の制定意義……………………………………… 3

　　1　減少する手形取引…………………………………………………… 3

　　2　難しい売掛債権の活用……………………………………………… 5

　　3　電子記録債権法の制定経緯………………………………………… 6

第 2 節　電子記録債権制度の特長………………………………………… 8

　　1　高い自由度…………………………………………………………… 8

　　2　高い取引の安全性……………………………………………………10

第 2 章　でんさいネットとは何か

第 1 節　でんさいネット開業までの経緯…………………………………17

　　1　基本コンセプトの確立まで…………………………………………17

　　2　株式会社全銀電子債権ネットワーク（でんさいネット）設立まで …18

　　3　でんさいネット開業まで……………………………………………19

　　4　開業後の状況…………………………………………………………20

第 2 節　でんさいネットの特長……………………………………………21

　　1　手形的利用……………………………………………………………21

　　2　全銀行参加型…………………………………………………………23

　　3　間接アクセス方式……………………………………………………24

第 3 節　でんさいネットの可能性…………………………………………25

第3章　でんさいネットの利用（基本編）

第1節　利用の前提条件……………………………………………………29

　　1　でんさいネットの利用契約を締結すること……………………30

　　2　参加金融機関を窓口とすること…………………………………31

第2節　利用契約の締結要件………………………………………………33

　　1　債務者として利用する場合（規程12条1項）…………………35

　　2　債権者利用限定特約を締結して利用者となる場合（規程12条2項）…38

　　3　保証利用限定特約を締結して利用者となる場合（規程12条3項）……38

　　4　窓口金融機関による上乗せ要件（規程12条4項）……………39

　　5　信託の受託者として利用する場合………………………………40

第3節　利用申込手続………………………………………………………41

　　1　利用申込みをする場所……………………………………………42

　　2　利用申込みに必要となる書類……………………………………42

　　3　利用契約の詳細……………………………………………………43

　　4　窓口金融機関での審査……………………………………………48

　　5　利用契約締結………………………………………………………49

第4節　でんさいの発生……………………………………………………51

　　1　取引開始準備………………………………………………………52

　　2　でんさいの発生に関する諸事項…………………………………53

　　3　でんさいの発生記録請求手続……………………………………54

　　4　予約請求機能等……………………………………………………57

第5節　でんさいの譲渡（分割譲渡）……………………………………60

　　1　電子記録債権の譲渡………………………………………………61

　　2　でんさいの譲渡の特徴……………………………………………62

　　3　でんさいの譲渡記録請求手続……………………………………63

第6節　でんさいの支払（口座間送金決済）……………………………66

　　1　電子記録債権法における口座間送金決済………………………66

目　次　vii

| | 2 | でんさいネットの口座間送金決済 | 67 |
| | 3 | 口座間送金決済の中止 | 69 |

第7節　でんさいの内容の変更　71

| | 1 | 電子記録債権法における電子記録債権の記録事項の変更 | 73 |
| | 2 | でんさいの変更記録請求手続 | 73 |

第8節　でんさいに係る債務の保証　77

	1	電子記録保証とでんさいネットでの取扱い	78
	2	単独保証記録の概要	78
	3	でんさいに係る民事上の保証	80
	4	でんさいに係る保証の履行	80

第9節　でんさいの記録事項の確認①（通常開示）　82

	1	電子記録債権法における開示の概要	83
	2	でんさいネットにおける開示	84
	3	通常開示および最新債権情報開示	85

第10節　残高証明書の発行　90

	1	残高証明書の内容	92
	2	発行請求手続	94
	3	留意事項	96

第4章　でんさいネットの利用（応用編）

第1節　でんさいの記録事項の確認②（特例開示）　101

	1	特例開示の概要	103
	2	特例開示の開示対象者および内容	104
	3	特例開示の請求手続	105
	4	記録事項の特例開示の具体例	105

第2節　口座間送金決済以外の支払　108

| | 1 | でんさいの支払ができる者 | 109 |

2　支払等記録の請求手続……………………………………… 109

第3節　信託財産としての活用…………………………………… 112

　　1　電子記録債権法における信託の電子記録………………… 114

　　2　でんさいネットにおける信託の電子記録………………… 114

第5章　支払不能処分制度

第1節　手形交換所の取引停止処分制度………………………… 119

第2節　でんさいネットの支払不能処分制度…………………… 120

　　1　支払不能の定義…………………………………………… 121

　　2　支払不能事由……………………………………………… 122

　　3　支払不能処分の内容……………………………………… 125

　　4　異議申立手続……………………………………………… 126

第6章　よくある質問への回答

第1節　下請代金の支払手段として利用する場合……………… 131

　　1　下請取引とは何か………………………………………… 131

　　2　公正取引委員会事務総長通達および取引部長通知……… 132

第2節　会計処理上の取扱い……………………………………… 134

　　1　原則的な取扱い…………………………………………… 134

　　2　留意すべき取扱い………………………………………… 135

第3節　債務者が取引停止処分を受けた場合…………………… 136

　　1　債務者または保証人への請求…………………………… 136

　　2　債務者または保証人から弁済を受けた場合…………… 136

　　3　法的手段…………………………………………………… 137

　　4　支払不能でんさいの譲渡………………………………… 137

　　5　消滅時効等………………………………………………… 138

目　次　ix

6	形式基準による貸倒引当金計上	138

第4節　法人の合併・会社分割が生じた場合 …………………… 140

1	合併、会社分割の場合	141
2	事業譲渡の場合	142
3	その他	142

第5節　利用者が破産等した場合 …………………………………… 143

1	利用者の手続	143
2	利用契約	143
3	既発生のでんさいの取扱い	144
4	実務での対応	145

第6節　でんさいに対して差押命令等が送達された場合 ……… 146

1	概　　要	147
2	でんさいネットにおける手続	147
3	強制執行等の記録後	148

第7節　請求したはずのない電子記録がされている場合 ……… 150

1	概　　要	150
2	でんさいネットにおける手続等	151

第8節　でんさいネットの利用を取りやめたい場合 …………… 152

1	利用者による利用契約の解約	153
2	でんさいネットおよび窓口金融機関による利用契約の解除	154

第9節　個人である利用者が死亡した場合 ……………………… 156

1	概　　要	156
2	相続による承継手続	157
3	相続人等全員による手続ができない場合	158

第 7 章　金融機関からの資金調達への活用

第1節　でんさい割引 ………………………………………………… 161

1	概　　要………………………………………………………	161
2	でんさい割引の利用の要件等……………………………	161
3	実務上の留意点……………………………………………	163
4	信用保証制度の利用………………………………………	167

第2節　でんさい担保………………………………………………… 169
- 1　概　　要……………………………………………………… 169
- 2　でんさい担保の利用の要件等…………………………… 170
- 3　実務上の留意点…………………………………………… 171

第3節　でんさい貸付………………………………………………… 173
- 1　概　　要……………………………………………………… 173
- 2　でんさい貸付の利用の要件等…………………………… 173
- 3　実務上の留意点…………………………………………… 175

【資料1】　でんさいネット用語集……………………………………… 179

【資料2】　電子記録債権法制3段表…………………………………… 184

【資料3】　株式会社全銀電子債権ネットワーク業務規程・業務規程細則2段表……………………………………………………… 358

【資料4】　電子記録債権が下請代金の支払手段として用いられる場合の指導方針について…………………………………… 440

【資料5】　電子記録債権が下請代金の支払手段として用いられる場合の下請代金支払遅延等防止法及び私的独占の禁止及び公正取引の確保に関する法律の運用について……………………… 441

【資料6】　残高証明書【都度発行方式】（2014年2月24日以降の基準日を指定した場合）のサンプルイメージ　………………… 442

【資料7】　残高証明書【定例発行方式】のサンプルイメージ………… 450

目　　次　xi

第 **1** 章

電子記録債権とは何か

　手形や指名債権とは異なる類型の新しい金銭債権であり、電子
債権記録機関（以下「記録機関」という）が管理する記録原簿
（電子記録債権に係るデータベース）に必要な電子記録を記録す
ることにより、発生または譲渡等がされるものである。

　原則として、記録原簿に電子記録を記録することが電子記録債
権の効力の発生要件であり、記録原簿に電子記録が記録されなけ
れば、電子記録債権としての効力も生じない。

第1節

電子記録債権法の制定意義

【電子記録債権法案提出理由（第166回国会）】

　金銭債権について、その取引の安全を確保することによって事業者の資金調達の円滑化等を図る観点から、電子債権記録機関が調製する記録原簿への電子記録をその発生、譲渡等の要件とする電子記録債権について定めるとともに、電子記録債権に係る電子記録を行う電子債権記録機関の業務、監督等について必要な事項を定めることにより、電子記録債権制度を創設する必要がある。

　バブル崩壊後の景気低迷期間を通じて、中小企業をはじめとする事業者の資金調達環境が厳しさを増したことを踏まえ、事業者の資金調達の円滑化、多様化という課題認識が広く関係者に共有されるようになった。

1　減少する手形取引

　我が国においては、明治期に近代手形制度が導入され、大阪、東京に引き続き各地に手形交換所が創設された。これら手形交換所を中心とする手形交換制度に基づき、銀行等の金融機関を介した手形取引は、事業者間の資金決済、企業間信用の促進および資金調達手段と多様な使われ方をしており、経済活動に重要な役割を果たしている。

第1章　電子記録債権とは何か　3

【図表1−1】 全国手形交換高の推移

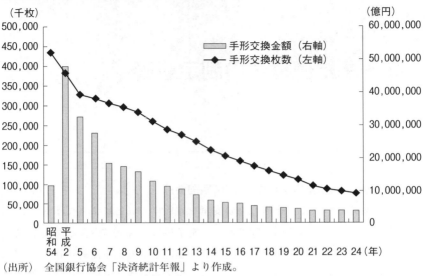

(出所) 全国銀行協会「決済統計年報」より作成。

　しかしながら、手形振出に係る事務コストを削減する目的や印紙税負担を避ける目的で、近年は大企業を中心として、手形の振出をやめ期日支払の売掛債権に移行したり、一括決済方式を採用したりする事業者が増加しており、手形取引量は減少し続けている（手形交換枚数は昭和54年中、手形交換金額は平成2年中をピークに減少し続けている）。

　過去20年間の全国手形交換高の推移は図表1−1のとおりであるが、直近の平成26年中の手形交換枚数は6886万4000枚、手形交換金額は332兆6553億円にとどまり、それぞれピーク時の約15.8％（昭和54年中手形交換枚数は約4億3486万4000枚）、約6.9％（平成2年中手形交換金額4792兆2906億円）まで減少している。

　この手形取引の減少は、中小企業を中心に手形取引を通じて資金決済をし、手形割引などを通じて資金調達に利用してきた事業者にとっては、資金調達手段を狭めることになり、売掛債権の活用が課題となっている（図表1

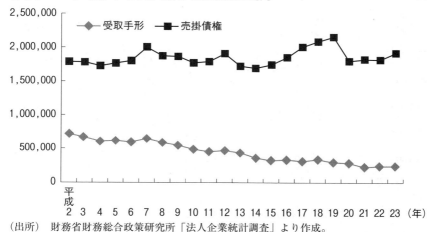

【図表1-2】 減少する手形取引、売掛債権の動向

（出所）財務省財務総合政策研究所「法人企業統計調査」より作成。

-2参照）。

2　難しい売掛債権の活用

　手形取引の減少を踏まえ、事業者が保有する多額の売掛債権等を資金調達手段として活用するために、債権・担保法制の拡充が進められた。

　平成10年には「債権譲渡の対抗要件に関する民法の特例等に関する法律」が制定され、債権譲渡登記制度が創設され、債権譲渡の第三者対抗要件の具備方法の簡素化が図られるとともに、平成16年には将来債権についても債権譲渡登記制度の対象とする法律改正が行われている。

　この債権譲渡登記（質権設定登記を含む）の活用状況は、登記件数が平成20年中の2万5654件をピークに減少しており、直近の平成26年中の登記件数は1万3375件にとどまっている。

　他方、対象債権個数は、平成26年中に6281万5763個になっており、登記1件当たりの対象債権数が増加していることがうかがえる。

第1章　電子記録債権とは何か　5

【図表1−3】 難しい売掛債権の利用

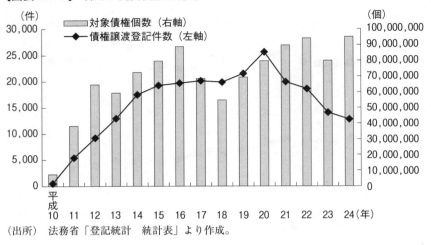

(出所) 法務省「登記統計 統計表」より作成。

　一般的に売掛債権に債権譲渡禁止特約が付されることが多いこと、および売掛債権を活用した資金調達手段への理解不足から風評被害をおそれる事業者が多いことから、債権譲渡登記を利用した売掛債権の活用は難しいとされており、過去10年間の動向を踏まえても増加傾向にあるとは言い難い。ただし、関係省庁や金融機関による売掛債権を利用した中小企業金融の円滑化への取組みは継続しており、今後の動向を注視する必要がある。

3　電子記録債権法の制定経緯

　手形取引の減少や売掛債権の活用が難しい状況を踏まえ、とくに中小企業金融の円滑化の観点から、平成15年7月に政府が公表した「e-Japan戦略Ⅱ」において「手形の有する裏書や割引機能等を電子的に代替した決済サービス（電子手形サービス）の普及を図る」と明記され、同年8月の「e-Japan重点計画−2003」において、経済産業省を担当省庁として検討が開始された。

　経済産業省では、平成15年10月に産業構造審議会産業金融部会下部に金融

システム化に関する検討小委員会を設置し、平成16年4月に初めて、「電子債権法（仮称）」の整備について提言した報告書（「金融システム化に関する検討小委員会報告書―電子債権について―」）を取りまとめた。

その後、経済産業省、法務省、金融庁、日本銀行の担当者間で「電子債権に関する実務検討会」を開催し、「電子債権について」を取りまとめた。「電子債権について」では、「確定日付を得なくとも、金融機関の電子債権管理機関（仮称）において管理している電子債権原簿（仮称）を書き換えることによって対抗要件を備えることができるものとする」「電子債権の譲渡等については、電子債権原簿への記載だけを対抗要件具備の手段として、二重譲渡の可能性を排除する」と基本的な枠組みが示されるとともに、電子債権の性質として「金銭債権であり、かつ、権利の類型としては、指名債権とも、手形債権とも異なる類型として「電子債権」という新しい債権を創設する」とされた。

経済産業省では、これらを踏まえ平成17年4月の「電子債権構想」および平成18年3月の「電子債権プログラム」の検討を深化させるとともに、法務省および金融庁とともに平成17年12月に「電子債権に関する基本的な考え方」を取りまとめた。

これらの検討結果を踏まえ、法務省では、平成18年2月には法制審議会下部に電子債権法部会を設置し法制化に向けて検討を開始するとともに、金融庁でも平成18年6月から金融審議会第二部会・情報技術革新と金融制度に関するワーキンググループ合同会合において記録機関の枠組みについて検討を開始した。

法務省および金融庁において、これら2つの審議会の検討結果を踏まえた「電子記録債権法案」が取りまとめられ、平成19年3月に第166回国会に提出された。

同法案は、平成19年6月に衆議院および参議院の審議を経て、可決・成立し、同月中に公布され、平成20年12月1日に施行された。

第1章 電子記録債権とは何か　7

第2節

電子記録債権制度の特長

電子記録債権制度の特長として、高い自由度と高い取引の安全性が挙げられる。

1　高い自由度

【電子記録債権法】

（電子債権記録業を営む者の指定）

第51条　主務大臣は、次に掲げる要件を備える者を、その申請により、第56条に規定する業務（以下「電子債権記録業」という。）を営む者として、指定することができる。

（以下略）

（電子債権記録機関の業務）

第56条　電子債権記録機関は、この法律及び業務規程の定めるところにより、電子記録債権に係る電子記録に関する業務を行うものとする。

（1）　自由度の高い制度設計

電子記録債権法では、電子記録債権として最低限必要な記録事項を「必要的記録事項」として定める一方、記録機関が追加して記録することができる

記録事項を「任意的記録事項」として区別して定めることで、自由度の高い制度設計を可能としている。

記録機関は業務規程を定めることにより、自らがサービス提供する電子記録債権の性質を決定することが可能であり、様々な顧客ニーズに基づき異なる性質を持った電子記録債権に係るサービス提供が可能である。

(2) 複数の記録機関

電子記録債権法の高い自由度を背景に、記録機関は、それぞれ電子記録債権に係るサービスを設計し、利用者に提供することが可能である。したがって、各記録機関は、画一的な電子記録債権を提供するのではなく、それぞれ、特長を持った電子記録債権に係るサービスを提供するのであり、利用者は、自らのニーズを踏まえて、どの記録機関を利用するか選択することができる。

平成28年３月現在、記録機関として主務大臣の指定を得て、電子債権記録業を営んでいる株式会社は、図表１－４の４社であり、それぞれの顧客ニーズを踏まえて、特長のある電子記録債権に係るサービスを提供している。

これらの記録機関は、独自の業務規程に基づいて異なる性質を持つ電子記

【図表１－４】 記録機関一覧

社　　名	資本関係	開　業　日
株式会社全銀電子債権ネットワーク （でんさいネット）	全国銀行協会 100％子会社	平成25年２月
みずほ電子債権記録株式会社	みずほ銀行 100％子会社	平成22年10月
SMBC電子債権記録株式会社	三井住友銀行 100％子会社	平成22年７月
日本電子債権機構株式会社	三菱東京UFJ銀行 100％子会社	平成21年７月

第１章　電子記録債権とは何か　9

録債権に係るサービスを提供しており、複数の記録機関で互換性はないので、留意が必要である。

　なお、本書は、「でんさいネット」の通称でサービス提供をしている株式会社全銀電子債権ネットワークが提供する電子記録債権（でんさい）について詳述するものであり、他の記録機関のサービス内容については、他書にその責を譲る。

2　高い取引の安全性

　電子記録債権法では、電子記録債権取引の安全性を高め、その流通性を確保するために、以下の制度的担保を設けている。

(1)　権利の推定効

【電子記録債権法】

（電子記録の効力）

第９条　電子記録債権の内容は、債権記録の記録により定まるものとする。

　2　電子記録名義人は、電子記録に係る電子記録債権についての権利を適法に有するものと推定する。

（支払免責）

第21条　電子記録名義人に対してした電子記録債権についての支払は、当該電子記録名義人がその支払を受ける権利を有しない場合であっても、その効力を有する。ただし、その支払をした者に悪意又は重大な過失があるときは、この限りでない。

　電子記録債権法９条では、電子記録債権の内容は、電子記録により定まるものとされており、債権者として電子記録に記録された電子記録名義人は、

権利を適法に有するものと推定される。

　したがって、債務者は、電子記録を頼りに電子記録名義人に弁済すれば足り、電子記録名義人に弁済した場合には、電子記録債権法21条に基づき原則として支払免責を受けることができる。

　これにより、債務者は二重弁済の危険を避けることができる。

(2)　善意取得

【電子記録債権法】

　(善意取得)

第19条　譲渡記録の請求により電子記録債権の譲受人として記録された
　　者は、当該電子記録債権を取得する。ただし、その者に悪意又は重大
　　な過失があるときは、この限りでない。

　2　(略)

　前述のとおり、電子記録債権の内容が電子記録で定まり、電子記録名義人について権利の推定効が認められることから、電子記録の内容を信じて取引を行った者の権利を保護する必要がある。

　この点、電子記録債権法19条では、手形と同様に善意取得として、譲渡記録により電子記録債権を譲り受けた者は、原則として電子記録債権を取得することとしており、取引の安全性を高めている。

(3)　人的抗弁の切断

【電子記録債権法】

　(抗弁の切断)

第20条　発生記録における債務者又は電子記録保証人(以下「電子記録
　　債務者」という。)は、電子記録債権の債権者に当該電子記録債権を

譲渡した者に対する人的関係に基づく抗弁をもって当該債権者に対抗
することができない。ただし、当該債権者が、当該電子記録債務者を
害することを知って当該電子記録債権を取得したときは、この限りで
ない。

2　（略）

　前述のとおり、善意取得として、譲渡記録により電子記録債権を譲り受け
た者は電子記録債権を取得できるとしても、電子記録に記録されない人的抗
弁を対抗されるとすれば、電子記録債権の円滑な流通を阻害する要因とな
る。

　この点、電子記録債権法20条では、原則として、譲受人に害意がある場合
を除いて、譲渡人に対する人的関係に基づく抗弁を譲受人に対抗することが
できないこととしており、手形と同様に人的抗弁の切断を定めることで取引
の安全性を高めている。

(4)　第三者保護規定

【電子記録債権法】

（意思表示の無効又は取消しの特則）

第12条　電子記録の請求における相手方に対する意思表示についての民
法第93条ただし書若しくは第95条の規定による無効又は同法第96条第
１項若しくは第２項の規定による取消しは、善意でかつ重大な過失が
ない第三者（同条第１項及び第２項の規定による取消しにあっては、
取消し後の第三者に限る。）に対抗することができない。

2　（略）

（無権代理人の責任の特則）

第13条　電子記録の請求における相手方に対する意思表示についての民
法第117条第２項の規定の適用については、同項中「過失」とあるの

は、「重大な過失」とする。

　電子記録債権法12条に基づき、電子記録の請求が、心裡留保または錯誤により意思表示が無効となる場合および詐欺または強迫により意思表示が取り消された場合であっても、第三者（強迫については、取消し後の第三者に限る）が善意かつ無重過失であれば保護される。

　また、電子記録債権法13条に基づき、同様に電子記録の請求が無権代理人またはなりすましによって行われた場合であっても、第三者が善意かつ無重過失であれば保護される。

　なお、電子記録の請求が無権代理人またはなりすましによって行われた場合において、記録機関に過失があったときは、記録機関は、当該電子記録により第三者に生じた損害について賠償する義務を負っている。

第1章　電子記録債権とは何か　13

第 2 章

でんさいネットとは何か

【株式会社全銀電子債権ネットワーク（通称：でんさいネット）の理念】
　銀行の信頼・安心のネットワークを基盤として、電子記録債権を記録・流通させる新たな社会インフラを全国的規模で提供し、中小企業金融をはじめとした金融の円滑化・効率化を図ることにより、わが国経済の活性化に貢献します。

　でんさいネットとは、記録機関である株式会社全銀電子債権ネットワークの通称であるとともに、株式会社全銀電子債権ネットワークが提供する電子記録債権のサービスの総称である。
　でんさいネットには、メガバンクをはじめとした銀行、信用金庫、信用組合、農協系統金融機関等の全国573の金融機関（平成28年3月1日現在）が参加しており、全国的に電子記録債権（でんさい）を取引できる社会インフラとして活用が期待されている。

第1節

でんさいネット開業までの経緯

1 基本コンセプトの確立まで

　全国銀行協会（平成23年4月以降、一般社団法人全国銀行協会）では、平成16年9月、同年4月の経済産業省「金融システム化に関する小委員会」の報告書および同年6月の「e-Japan重点計画－2004」を踏まえ、「電子債権法制」に係る検討を開始するため、業務委員会傘下に「電子債権法制検討部会」を設置し、電子記録債権制度の検討を開始した。

　平成19年7月には、電子記録債権法の成立、公布を踏まえ、企画委員会傘下に「電子債権記録機関のあり方に関する検討部会」を設置し、電子記録債権法が規定する記録機関について、適切な金融インフラ整備の観点から検討に着手するとともに、業務委員会傘下の「電子債権法制検討部会」を「電子記録債権業務検討部会」に名称変更等し、電子記録債権に対する銀行界の実務面の対応の検討に着手した。

　これら両検討部会の検討結果は、平成20年3月の報告書「電子記録債権の活用・環境整備に向けて」として取りまとめられた。

　同報告書では、「モデルスキーム」として、「電子記録債権の手形的利用を想定した共同記録機関型スキーム（複数の金融機関が共同して記録機関を設立するスキーム。利用者は参加金融機関を通じて電子記録債権を利用することを想定。）」を提示した上で「電子記録債権制度が今後、現在の手形交換制

度と同様、重要な社会インフラになり得ること（略）から、記録機関と利用者との間に銀行が介在して資金回収の役割を発揮できる「全銀行参加型」の記録機関の設立が必要である」と整理し、「銀行界が中心となって記録機関を設立することとし、具体的な検討に着手する」こととした。

なお、でんさいネットの特長である「手形的利用」「全銀行参加型」「間接アクセス方式」は、同報告書の結果を踏まえたものであり、約5年後の開業に至るまで一貫した基本コンセプトとなった。

2　株式会社全銀電子債権ネットワーク（でんさいネット）設立まで

平成20年4月、全国銀行協会は、報告書「電子記録債権の活用・環境整備に向けて」を踏まえ、企画委員会傘下に「電子債権記録機関設立検討部会」を、業務委員会傘下に「電子記録債権業務検討部会」を、事務委員会傘下に「電子記録債権システム検討部会」を設置し、記録機関設立に向けた検討体制を強化した。

これら3検討部会の検討結果については、平成20年10月の「電子債権記録機関要綱（中間整理）」を経て平成21年3月の「電子債権記録機関要綱」として取りまとめられ、「全銀システムとの連携の必要性、重要な決済インフラとしてのシステム安定稼働確保の観点を踏まえ、平成24年度上期の業務開始を目指す」こととした。

これを踏まえ、平成21年4月には、記録機関の設立に係る検討を企画委員会傘下に設置した「電子債権記録機関設立準備検討部会」に集約し、検討のスピードアップを図った。

平成21年7月には、記録機関として株式会社全銀電子債権ネットワークを同年6月に設立し、平成24年度上期の開業を目指す旨を決議するとともに、同年9月には、「平成24年度上期」としていた開業予定時期を「平成24年5月」と明確化した上で、記録機関（株式会社全銀電子債権ネットワーク）の設立等について公表した。

また、正式に記録機関の設立を決定したことを踏まえて、全国銀行協会会員銀行以外の信用金庫、信用組合等の他業態の金融機関に対し、同記録機関への参加について検討依頼を開始した。これを踏まえ、信用金庫、信用組合および商工中金等もでんさいネットに参加する方針を固めたことから、平成22年3月には、銀行をはじめとした約500の金融機関から参加表明があり、大企業・中堅企業・中小企業・個人事業主を含めた国内企業間取引の決済手段を提供する社会インフラとしての体制が整った旨を公表した（農協系統金融機関からも参加表明があったものの、勘定系システム等の更改時期を控えていたことから、参加時期について継続検討することとした）。

　そして、平成22年5月には、全国銀行協会は100％子会社として「銀行の信頼・安心のネットワークを基盤として、電子記録債権を記録・流通させる新たな社会インフラを全国的規模で提供し、中小企業金融をはじめとした金融の円滑化・効率化を図ることにより、わが国経済の活性化に貢献」することを企業理念とする株式会社全銀電子債権ネットワーク（通称「でんさいネット」）を、平成24年5月開業を目指して平成22年6月8日に設立することを決議した旨を公表した。

3　でんさいネット開業まで

　平成22年6月に設立した株式会社全銀電子債権ネットワークでは、電子債権記録業に必要なシステム開発を行うとともに、主務大臣の指定申請のために必要となる業務規程等、各種規則類の作成に着手した。とくに業務委託先となる銀行をはじめとした金融機関との間で情報共有を図り、平成24年5月の開業を目指して準備を進めてきたが、平成24年4月には、社会インフラの提供という重要性にかんがみ、システムの安定稼働に万全を期すとともに、サービスの提供態勢をより堅固なものにする観点から、同年5月に予定していた開業を延期することとした。

　その後、改めて金融機関との間の総合運転試験等を実施するなど再点検を

実施した上で、平成24年12月に主務大臣に記録機関としての指定申請を行った。同指定申請を踏まえ、平成25年１月には、記録機関として主務大臣の指定を受けるとともに、491の金融機関（平成28年３月１日現在573金融機関。以下「参加金融機関」という）に対し電子債権記録業の一部を業務委託することについて承認を得た。

これら指定および承認を踏まえ、株式会社全銀電子債権ネットワークは、491の金融機関との間で業務委託契約を締結し、平成25年２月４日から利用者登録を開始し、同月18日に記録請求の受付を開始し、正式に開業した。

4　開業後の状況

でんさいネットの開業後、利用者登録数は順調に推移するとともに、発生記録請求件数も増加しており、でんさい取引の本格的な普及に向けた基盤整備が着実に進んでいる。

これらの状況を踏まえ、でんさいネットとしても、随時、取引の拡大状況をプレスリリースしているほか、ウェブサイトで定期的に「でんさいネット請求等取扱高」として統計計数を公表しているので、ご参照いただきたい。

なお、今後も順次、参加金融機関数も拡大し、より多くの金融機関ででんさい取引が可能となる見込みである。

第2節

でんさいネットの特長

1 手形的利用

　電子記録債権制度は手形的利用に限らず、債権流動化やシンジケートローン等、様々な用途に活用可能な制度である。

　この点、でんさいネットは、電子記録債権制度が手形交換制度と同様に重要な社会インフラになり得るとの認識のもと、これまで事業者が慣れ親しんできた手形を電子記録債権に置き換えることが、電子記録債権制度の早期普及につながるとして、「手形的利用」を前提とした記録機関の設立に向けて検討を進めた。

　このような経緯を踏まえ、でんさいネットは、「手形的利用」を特長とするでんさいを取り扱うため、次のような対応をしている。

（1）　記録事項の制限

　電子記録債権法では、必要的記録事項のほかに任意的記録事項として、例えば「利息、遅延損害金又は違約金の定め」を記録することができる。

　他方、これら任意的記録事項の多くを記録可能とすると、様々な異なる性質を持った電子記録債権が記録・流通することになるため、利用者は、電子記録債権を取得する度に、どのような性質の電子記録債権を取得したのか確認する必要が生じることになり、流通性が阻害されるおそれがある。

第2章　でんさいネットとは何か　21

このため、でんさいネットでは、任意的記録事項の記録を制限し、手形と同等の性質を持った電子記録債権である「でんさい」を記録・流通させることとし、でんさいの流通性を確保している。

(2) 債務者の単独行為による発生

約束手形の振出は、債務者の単独行為で行うことができる。

他方、電子記録債権法では、債務者と債権者との双方が、それぞれ発生記録請求をし、その内容が一致した場合に、発生記録を記録することが求められている。

しかし、仮に、債務者と債権者との請求内容に一部でも相違がある場合には発生記録をすることができないため、円滑な電子記録債権取引を行うことができないおそれがある。

このため、でんさいネットでは、債権者の発生記録に関する請求権限を債務者に包括的に委任することにより、債務者は自らの発生記録請求と併せて債権者の発生記録請求を行う記録請求方法（債務者請求方式）を原則的な取扱いとしている。

この結果、事実上、債務者の単独請求で発生記録を記録することができるようになり、円滑な電子記録債権取引を実現している。

なお、債権者において、債務者が記録請求した発生記録の内容に異議がある場合には、発生記録の記録日から起算して5銀行営業日以内であれば、当該発生記録を削除する変更記録を債権者単独ですることができる（この変更記録の請求権限についても、包括的な委任関係にある）。

(3) 譲渡人による信用補完

手形を裏書譲渡した場合には、裏書人は、原則として裏書担保責任を負い、手形債務者が支払をすることができなかった場合には、自らより後の手形所持人に対して、手形金の支払義務を負っている。これにより、手形の譲受人は、手形債務者の信用状況にかかわらず、直接の取引相手先である譲渡

人の信用状況に応じて手形の裏書譲渡を受けることができるようになり、手形の流通性が確保されている。

でんさいネットでも、手形の裏書担保責任と同等の効果を「でんさい」に与えるために、原則として譲渡記録に譲渡人を電子記録保証人とする保証記録（譲渡保証記録）をセットで記録することとしており、でんさいの流通性を確保している。

(4) 支払不能処分制度

手形取引では、6カ月以内に2回以上手形を不渡とした手形債務者について、処分制度に基づく取引停止処分が科せられ、当座勘定取引が禁止されるとともに、手形交換所の参加銀行との間の貸出取引が禁止される。これにより、支払期日の決済確実性が高まり、安心して手形取引に参加することができる。

でんさいネットでも、安心して取引に参加いただくことができるように、取引停止処分制度と同等の「支払不能処分制度」を運用している。

この支払不能処分制度は、支払期日に口座間送金決済による支払をすることができないことを「支払不能」と定義の上、6カ月以内に2回以上、でんさいを支払不能とした債務者について、債務者として発生記録を請求することを禁止する「債務者利用停止措置」を科すとともに、参加金融機関との間の貸出取引を禁止する取引停止処分を科すものである。

これにより、支払期日のでんさいの決済確実性を高め、利用者間で安心してでんさいを受け取ることができる。

2　全銀行参加型

電子記録債権制度では、電子記録債権の支払による消滅と支払等記録とを同期的に管理する仕組作りが求められている。

これは、電子記録債権の二重弁済等を回避するための措置であるが、でん

さいネットでは、この仕組作りにあたり、銀行の信頼・安心のネットワークである全銀システムを利用した内国為替制度との連携が必要不可欠であるとの認識のもと、銀行、信用金庫、信用組合、農協系統金融機関等の幅広い金融機関がでんさいネットに参加する「全銀行参加型」を特長としている。この既存の銀行間の決済システムを利用することにより、確実に資金回収できる仕組みを提供している。

平成28年3月1日時点で、573の金融機関がでんさいネットの参加金融機関としてでんさいサービスを提供しており、日本全国で、でんさいサービスを利用することができる。

3　間接アクセス方式

電子記録債権制度が中小企業金融の円滑化を目的としていることを踏まえ、とくに「手形的利用」を特長とするでんさいにおいては、デジタルデバイドなどの問題を克服し、多くの利用者の利便性を考慮する必要がある。

このため、でんさいネットでは、利用者が参加金融機関を経由して間接的にアクセスをする「間接アクセス方式」を採用し、「全銀行参加型」の金融機関がそれぞれの顧客ニーズを踏まえて、サービス提供することが可能な制度を採用している。

第3節

でんさいネットの可能性

　でんさいネットは、「手形的利用」を特長とする記録機関である。他方、手形が、そもそも商取引の支払手段として利用されてきたことを踏まえると、当然、商取引一般の支払手段としてでんさいを利用することが可能である。

　手形取引が減少するにつれて、事業者の売掛債権の活用が課題となっているが、これら売掛債権の支払手段にでんさいを活用いただくことで、資金調達等に活用することが難しかった売掛債権を資金調達に活用することが可能になり、事業者の資金調達の円滑化、ひいては我が国経済の発展に寄与することが望まれている。

　この点、大企業や国・地方公共団体等の信用力の高い事業者を債務者とする優良債権の流通への期待感は高いものと認識しており、今後も利用促進活動を通じて、これら信用力の高い事業者においても、積極的にでんさいネットを利用いただくように働きかけていきたい。

第 3 章

でんさいネットの利用
（基本編）

　本章では、でんさいネットの基本的な利用方法等について解説する。

第1節

利用の前提条件

【業務規程】

（当会社の利用）

第11条　当会社の利用は、業務規程細則で定める場合を除き、利用者でなければすることができない。

2　利用者は、第28条第1項に規定する場合を除き、窓口金融機関が定めるところにより、当該窓口金融機関を通じて、当会社を利用しなければならない。

3　個人である利用者（保証人等を除く。）は、事業以外の目的で当会社を利用することができない。

4　利用者は、自らの判断と責任において当会社を利用するものとする。

5　利用者が第3項の規定に反して当会社を利用したことにより他の利用者、当会社または参加金融機関に生じた損害については、当該利用者がその責任を負うものとする。

（利用者による利用契約の解約）

第15条　利用者は、窓口金融機関が定めるところにより、窓口金融機関に対し、利用契約の解約の申出をすることができる。

2　前項の解約は、当会社が、解約の申出をした利用者を債務者もしくは電子記録保証人または債権者とするでんさいのうち、解約の対象と

第3章　でんさいネットの利用（基本編）　29

なる利用契約に係るでんさいの全部が消滅したことを支払等記録等に
よって確認した時に、その効力を生ずる。

でんさいネットは、業務規程11条1項に定めるとおり、利用者でなければ
利用することができない。また、利用者がでんさいネットを利用する場合に
は、直接、でんさいネットに記録請求等をするのではなく、窓口金融機関
（利用者が、利用契約を締結した参加金融機関のこと。以下同じ）を通じて請求
等をする必要がある（規程11条2項）。

これらでんさいネットの利用にあたっての前提条件は以下のとおりであ
る。

1　でんさいネットの利用契約を締結すること

でんさいネットを利用するためには、参加金融機関を窓口とする利用契約
を締結し、でんさいネットの利用者となる必要がある（規程11条1項）。これ
は、債務者だけではなく、債権者、譲受人、電子記録保証人なども同様であ
る。

なお、電子記録債権に対して民事上の保証（保証契約に基づく保証。以下同
じ）をすることに特段の制限はないことから、でんさいに対する民事上の保
証も可能である。したがって、でんさいに対して民事上の保証をすること
は、でんさいネットの利用者でなくても可能であるが、民事上の保証債務を
履行した場合において、その旨の支払等記録を請求するためにはでんさい
ネットの利用者となる必要がある。

他方、でんさいネットの利用者が利用契約を解約する場合は、自らが利害
関係人となっているでんさい（例えば、自らが債務者、債権者または電子記録
保証人となっているでんさい）がすべて消滅した後でなければ解約の効力が生
じない（規程15条2項）。

また、例外的に、開示および支払不能情報照会については、でんさいネッ

トを解約した元利用者もでんさいネット利用時の窓口金融機関を通して利用することができる（細則5条）。

2　参加金融機関を窓口とすること

でんさいネットでは間接アクセス方式を採っており、利用者はでんさいネットに参加している参加金融機関を通してでんさいネットを利用しなければならない（規程11条2項）。でんさいの発生や譲渡等の記録請求、決済方法や開示事項など、基本的なサービス内容は各参加金融機関とも同じであるが、主に以下の事項は参加金融機関により取扱いが異なるので留意が必要である。

(1)　手数料・利用料

利用者のでんさいネットの利用に関する手数料・利用料は、各参加金融機関で定めることとしている。利用者は、でんさいネットの利用にあたり、窓口金融機関が定める手数料・利用料を支払わなければならない。

(2)　サービス提供時間

でんさいネットシステムの稼働時間は図表3－1のとおり7～24時であ

【図表3－1】　でんさいネットの稼働時間等

	平日 （金融機関営業日）	土日／祝日 （金融機関非営業日）
7：00～9：00	当日・予約ともに可	当日・予約ともに可
9：00～15：00	コアタイム 当日・予約ともに可	
15：00～24：00	予約のみ可	予約のみ可

※　ただし、毎月第2土曜日は、でんさいネットシステムのメンテナンスで終日停止するため、参加金融機関のサービス提供も停止する。

第3章　でんさいネットの利用（基本編）　31

る。うち平日9～15時は「コアタイム」として、全参加金融機関で利用可能であり、それ以外の時間帯の利用可否については各参加金融機関で異なる。

(3) アクセスチャネル（利用方法等）

利用者が窓口金融機関を通じてでんさいネットを利用するアクセスチャネル（利用方法）については、インターネットバンキングによる取扱いを原則としている参加金融機関が多いが、店頭窓口やファクシミリなど書面による取扱いを併用している参加金融機関もある。

なお、インターネットバンキングによる利用の場合についても、そのインターフェイスは各参加金融機関で異なる。

(4) 決済口座

業務規程では当座預貯金口座および普通預貯金口座をでんさいの決済口座として利用可能としているが（細則6条）、参加金融機関によっては（とくに債務者利用者に対して）当座預貯金口座に限定する取扱いをしている場合がある。

(5) 保証利用限定特約、発生記録の債権者請求方式、指定許可機能、予約請求機能、一括請求機能など

これらのサービスの取扱可否は参加金融機関で異なるので、利用可否については、参加金融機関に照会いただきたい。
- ○　保証利用限定特約については3章2節3参照。
- ○　発生記録の債権者請求方式については3章4節3(2)参照。
- ○　指定許可機能については3章3節3(5)b参照。
- ○　予約請求機能、一括請求機能については3章4節4、3章5節3(3)参照。

第 2 節

利用契約の締結要件

【業務規程】

（利用契約の締結要件）

第12条　利用者は、次に掲げる要件の全部を満たす者でなければならない。

一　法人、国および地方公共団体または消費者契約法（平成12年法律第61号）第2条第2項に規定する事業者である個人であること

二　日本国居住者であること

三　参加金融機関に業務規程細則で定める種別の決済用の預金口座または貯金口座を開設していること

四　暴力団、暴力団員、暴力団員でなくなった時から5年を経過しない者、暴力団準構成員、暴力団関係企業、総会屋等、社会運動等標ぼうゴロまたは特殊知能暴力集団等、その他これらに準ずるもの（以下これらを「暴力団員等」という。）に該当しない、および次のいずれかに該当しないこと

　①　暴力団員等が経営を支配していると認められる関係を有すること

　②　暴力団員等が経営に実質的に関与していると認められる関係を有すること

　③　自己、自社もしくは第三者の不正の利益を図る目的または第三

第3章　でんさいネットの利用（基本編）　33

者に損害を加える目的をもってするなど、不当に暴力団員等を利用していると認められる関係を有すること

④　暴力団員等に対して資金等を提供し、または便宜を供与するなどの関与をしていると認められる関係を有すること

⑤　役員または経営に実質的に関与している者が暴力団員等と社会的に非難されるべき関係を有すること

五　自らまたは第三者を利用して、過去に当会社または参加金融機関に次のいずれかに該当する行為をした者でないこと

①　暴力的な要求行為

②　法的な責任を超えた不当な要求行為

③　取引に関して、脅迫的な言動をし、または暴力を用いる行為

④　風説を流布し、偽計を用いまたは威力を用いて当会社の信用を毀損し、または当会社の業務を妨害する行為

⑤　その他①から④までに掲げる行為に準ずる行為

六　第1号の事業者である個人である場合には行為能力を制限されていないこと

七　でんさいに係る債務の支払能力を有していること

2　債権者利用限定特約を締結する利用者は、前項の規定にかかわらず、同項第1号から第6号までに掲げる要件の全部を満たせば足りる。

3　保証利用限定特約を締結する利用者は、第1項の規定にかかわらず、次に掲げる要件の全部を満たせば足りる。

一　第1項第2号から第6号までに掲げる要件の全部を満たすこと

二　消費者契約法第2条第2項に規定する事業者に準ずる個人（事業のために電子記録保証人となろうとする者に限る。）または保証人等であること

三　参加金融機関が認めた者であること

4　参加金融機関は、前三項に規定する要件に加えて、自らを窓口金融

機関とする利用契約（債権者利用限定特約または保証利用限定特約を
含む。）の締結要件を別に定めることができる。

でんさいネットは、中小企業金融をはじめとした金融の円滑化・効率化を
企業理念としており、売掛債権等の事業性の金銭債権をでんさいとして流通
させることを設立趣旨としている。

したがって、消費者としての個人はでんさいネットを利用することができ
ない等の制限がある。ここではでんさいネットの利用者になることができる
（利用契約を締結できる）者の要件を解説する。

1 債務者として利用する場合（規程12条１項）

でんさいの債務者（支払期日に金銭を支払う義務を負っている者。以下同じ）
としてでんさいネットを利用しようとする者は、以下①～⑦のすべての要件
を満たす必要がある。

① 法人、国および地方公共団体または消費者契約法（平成12年法律第
61号）２条２項に規定する事業者である個人であること。

前述のとおり、でんさいネットは、中小企業金融をはじめとした金
融の円滑化・効率化に資することを目的に、売掛債権等の事業性の金
銭債権をでんさいとして流通させることを設立趣旨としている。した
がって、個人の申込者に対しては、消費者契約法２条２項に規定する
事業者であることを利用契約の締結要件としている。

他方、法人については特段の制限を設けていないので、法人であれ
ば、法人形態を問わず、でんさいネットの利用契約の締結要件を満た
していることになる。

任意団体については、団体代表者名義で利用者となることが可能で
ある。この場合には、団体代表者を個人事業者として取り扱うことに
なる。民法上の組合や投資事業有限責任組合なども同様に、個人事業

第３章 でんさいネットの利用（基本編） 35

者扱いで利用可能である。

② 日本国居住者であること。

　でんさいの決済は、原則として、内国為替を利用した口座間送金決済により行う。したがって、当該口座間送金決済について外国為替の利用を前提としていないことから、日本国居住者であることを要件としている。

③ 参加金融機関に口座を開設していること。

　前述のとおり、でんさいの決済は、原則として、内国為替を利用した口座間送金決済により行う。したがって、口座間送金決済に利用する支払口座や受取口座が必要になることから、決済口座の開設を利用契約の締結要件としている。これら決済口座の種別としては、普通預金口座もしくは普通貯金口座または当座預金口座もしくは当座貯金口座が利用可能であるが（細則6条）、いずれの口座の利用が可能かは窓口金融機関により異なる。

　なお、後述するが、でんさいネットは、利用契約の申込みの審査にあたって、犯収法上の取引時確認義務を負っている。この取引時確認義務の履行の観点からも、決済口座の開設を利用契約の締結要件としている。

④ 暴力団、暴力団員、暴力団員でなくなった時から5年を経過しない者、暴力団準構成員、暴力団関係企業、総会屋等、社会運動等標ぼうゴロまたは特殊知能暴力集団等、その他これらに準ずるもの（以下これらを「暴力団員等」という）に該当しない、および次のいずれかに該当しないこと。

　ⓐ 暴力団員等が経営を支配していると認められる関係を有すること。

　ⓑ 暴力団員等が経営に実質的に関与していると認められる関係を有すること。

　ⓒ 自己、自社もしくは第三者の不正の利益を図る目的または第三者

36

に損害を加える目的をもってするなど、不当に暴力団員等を利用していると認められる関係を有すること。

ⓓ　暴力団員等に対して資金等を提供し、または便宜を供与するなどの関与をしていると認められる関係を有すること。

ⓔ　役員または経営に実質的に関与している者が暴力団員等と社会的に非難されるべき関係を有すること。

⑤　自らまたは第三者を利用して、過去にでんさいネットまたは参加金融機関に次のいずれかに該当する行為をした者でないこと。

ⓐ　暴力的な要求行為。

ⓑ　法的な責任を超えた不当な要求行為。

ⓒ　取引に関して、脅迫的な言動をし、または暴力を用いる行為。

ⓓ　風説を流布し、偽計を用いまたは威力を用いてでんさいネットの信用を毀損し、またはでんさいネットの業務を妨害する行為。

ⓔ　その他ⓐ～ⓓに掲げる行為に準ずる行為。

⑥　事業者である個人である場合には行為能力を制限されていないこと。

　　でんさいは転々流通することを前提としており、多数の利用者間ででんさいがやりとりされることを前提としている。この点、制限行為能力者（具体的には、未成年者、成年被後見人、被保佐人、被補助者）が利用者となり、でんさい取引を行った後に、当該取引を取り消した場合には、多数の利用者が不利益を被るおそれがあり、でんさい取引の安全性が確保されない問題が生じる。このため、個人である申込者に対しては、行為能力を制限されていないことを利用契約の締結要件としている。

⑦　でんさいに係る債務の支払能力を有していること。

　　転々流通することを前提とするでんさいにおいては、当然に、でんさいの債務者がでんさいに係る債務の支払能力を有していることが、でんさい取引の安全性を確保する観点からも必要な要件である。ま

た、でんさいネットでは、でんさい取引の安全性を担保する制度として、手形交換所の取引停止処分制度と同等の支払不能処分制度を設けている。

2　債権者利用限定特約を締結して利用者となる場合（規程12条2項）

債権者利用限定特約とは、でんさいネットをでんさいの債権者（支払期日に金銭を受け取る権利を持っている者。以下同じ）としてのみ利用する利用者を想定した特約である（規程2条4号）。

本特約を締結すると、でんさいの債務者となることができないほか、単独保証記録（規程2条12号）の電子記録保証人となることができない等の制限がある。

なお、譲渡記録の際に原則として併せて記録される譲渡保証記録（規程2条10号）は制限されないので、本特約を締結した場合であっても、でんさい割引などによりでんさいを譲渡した場合には、原則どおり、その譲渡記録と併せて譲渡保証記録が記録されることで電子記録保証人になるので留意が必要である。

債権者利用限定特約を締結して利用者となる場合の要件は、債務者利用における各要件のうち、「でんさいに係る債務の支払能力を有していること」（⑦）を除いた各要件である。本特約を締結して利用者となる場合、でんさいの債務者になることができないことから、債務の支払能力については要件としていない。

3　保証利用限定特約を締結して利用者となる場合（規程12条3項）

保証利用限定特約とは、①本来はでんさいネットの利用資格がない、個人事業者ではない個人に対し、事業のためという目的に限りにでんさいの電子記録保証人となることを認めること、②でんさいの利用者ではない者が、で

んさいの民事上の保証債務（物上保証を含む）を履行した場合に、当該でんさいの支払等記録をすることを認めることを目的とした特約である（規程2条18号）。

したがって、利用申込資格は、「法人、国、地方公共団体または個人事業者」であることに代えて、「事業のために電子記録保証人となろうとする個人（でんさいの債務者である法人の代表者など）」または「保証人等（でんさいについて民事上の保証債務を履行した民事上の保証人およびでんさいを被担保債権とする担保権が実行された場合における物上保証人）」（規程2条17号）としている。

また、債務者利用における各要件のうち、「でんさいに係る債務の支払能力を有していること」（⑦）も適用されない。それ以外の要件は、債務者利用および債権者利用限定特約の場合と同様である。

例えば、でんさいネットの利用資格のある法人は、電子記録保証をすることのみを目的とする場合には保証利用限定特約を利用することはできず、通常の債務者利用によりでんさいネットに申し込むこととなる。なお、保証利用限定特約は参加金融機関により利用可否が異なる（規程14条3項）。

債務者利用、債権者利用限定特約、保証利用限定特約の記録請求についてまとめると図表3－2のとおりである。

4　窓口金融機関による上乗せ要件（規程12条4項）

上記1～3に規定する利用契約の締結要件は、すべての参加金融機関で一律に適用される統一的な要件であるが、参加金融機関は、それぞれのサービス提供方針などに基づき、これら統一的な要件に上乗せする利用契約の締結要件を定めることができる。この上乗せ要件は、利用者とでんさいネットの利用申込みをする窓口金融機関との間の二者間契約で規定される。

第3章　でんさいネットの利用（基本編）　39

【図表3-2】　利用契約と主な電子記録の請求可否

電子記録		債務者利用	債権者利用限定特約	保証利用限定特約
発生記録	債務者	○	×	×
	債権者	○	○	×
譲渡記録		○	○	×
支払等記録	支払等を受けた者	○	○	○
	支払者	○	○	○
変更記録		○	○	○
保証記録の保証人	譲渡保証記録	○	○	×
	単独保証記録	○	×	△（※）

※　「保証人等」の場合は、単独保証記録をすることはできない。

5　信託の受託者として利用する場合

　でんさいネットでは、信託の電子記録が可能である（規程21条1項7号）。ただし、信託の受託者として利用できる者は、信託業法に基づく信託業の免許を有する者または金融機関の信託業務の兼営等に関する法律に基づく認可のいずれかを得た者に限られ、参加金融機関により利用可否が異なる（細則31条2項）。

第3節

利用申込手続

【業務規程】

（利用申込）

第13条 利用者になろうとする者は、参加金融機関が定めるところにより、業務規程等の内容を承認のうえ、参加金融機関に対し、利用の申込をしなければならない。

2　参加金融機関は、前項の申込を受け付けた場合には、所定の審査を行う。

3　前項の審査の結果、当会社および参加金融機関が申込者との間で利用契約を締結する場合には、参加金融機関は、遅滞なく、利用者登録をし、申込者に対し、利用者番号、利用開始日その他業務規程細則で定める事項を通知するものとする。

4　利用契約は、前項の通知に記載された利用開始日に、その効力を生ずる。

5　利用者（債権者利用限定特約または保証利用限定特約を締結した利用者を除く。）は、前項の利用契約の締結をもって、当会社および窓口金融機関の間で法第62条第１項に規定する口座間送金決済に関する契約を締結したものとする。

6　参加金融機関は、第２項の審査の結果、当会社および参加金融機関が申込者との間で利用契約を締結しないこととする場合には、申込者

第3章　でんさいネットの利用（基本編）　41

に対し、遅滞なく、その旨通知するものとする。

7　参加金融機関は自らを窓口金融機関とする利用者になろうとする場合には、第1項の規定にかかわらず、当会社にその旨申込をしなければならない。この場合において、当会社は所定の審査を行う。

でんさいネットの利用申込方法を解説する。

1　利用申込みをする場所

でんさいネットの利用者となろうとする者は、でんさいネットの参加金融機関の中から、自らがでんさいネットの利用者となった場合に利用する窓口としたい参加金融機関を選んで、利用申込みをする（規程13条1項）。でんさいネットの参加金融機関は、全国銀行協会の正会員銀行のほか、信用金庫、信用組合、農協系統金融機関など、平成28年3月1日現在573金融機関であり、でんさいネットのウェブサイト（https://www.densai.net）で確認することができる。

利用者は複数の参加金融機関に利用申込みをすることができる。同一金融機関の複数の支店に対する利用申込みは、参加金融機関により取扱可否が異なる。

2　利用申込みに必要となる書類

利用申込みの際に必要な書類は各参加金融機関が定めることとしているが、一般的には、利用申込書に法人であれば商業登記簿謄本、個人であれば住民票などの本人確認書類を添付して提出することが想定される。

これは、窓口金融機関における取引時確認のためであるが、でんさいネットでは複数の参加金融機関での利用契約締結を認めている一方、支払不能処分制度に基づく取引停止処分等は参加金融機関をまたいで利用者単位で科す

こととしていることから、同一の利用者が複数の参加金融機関と利用契約を締結する場合には、でんさいネットおよび各参加金融機関において、その利用者が同一人であることも確認する必要がある。

3 利用契約の詳細

利用申込みの際に参加金融機関からは、以下のものが書面や電子的方法等により交付される。でんさいネットの利用契約は、これらにより構成されるものである。

(1) 業務規程

業務規程は、電子記録債権法59条に基づき、電子記録の実施の方法や、口座間送金決済に関する契約等に係る事項等について定めた、でんさいネットの業務等について最も基本となる規則である。

業務規程は、記録機関の指定にあたり主務大臣が審査するほか、その内容の変更には主務大臣の認可が必要となる（法70条）。業務規程で定めるべき事項は電子記録債権法施行規則で定められており、でんさいネットの業務規程との対応は図表3－3のとおりである。

(2) 業務規程細則

でんさいネットの利用にあたり必要な事項のうち、業務規程で定めていない、より具体的な手続等について定めた規則であり、業務規程を補完する規則である（規程66条）。

(3) 二者間契約

利用申込者と各窓口金融機関との「二者間」の契約であり、業務規程や業務規程細則で、アクセスチャネルやサービス提供時間、利用申込みの上乗せ要件など各窓口金融機関が定めるものとしている事項について定めた契約で

第3章　でんさいネットの利用（基本編）　43

【図表3-3】 業務規程に定めるべき事項と業務規程との対応関係

電子記録債権法施行規則25条	でんさいネットの業務規程
記録事項に関する事項	・第6章　電子記録の請求および記録に関する事項 ・第7章　電子記録雑則
電子記録の請求に関する事項	・第5章　電子記録通則 ・第6章　電子記録の請求および記録に関する事項 ・第7章　電子記録雑則
電子記録の実施の方法に関する事項	同上
電子記録債権法62条1項に規定する口座間送金決済に関する契約に係る事項	第8章　でんさいの決済
電子債権記録機関を利用する者に関する事項	第4章　利用者
電子債権記録業を行う時間および休日に関する事項	第2章　当会社の業務等
記録原簿の安全性の確保に関する事項	第12章　記録原簿の安全性の確保
記録事項の開示その他の情報の提供に関する事項	第10章　電子記録の記録事項等の開示
その他電子債権記録業に関し必要な事項	・第1章　総則 ・第3章　参加金融機関 ・第9章　でんさいの支払不能処分制度 ・第11章　手数料 ・第13章　免責 ・第14章　雑則

ある。一般に「○○銀行でんさい利用規定」等の名称の書面となっている。

(4) 利用者情報の取扱いに関する同意書

利用申込者の情報の取扱いに関する同意書である。でんさいネットは複数

の窓口金融機関で利用することが可能であるが、複数の窓口金融機関で利用する場合であっても、利用者はでんさいネットおよび各窓口金融機関において同一の利用者として管理される。

また、1つの窓口金融機関のみで利用する場合であっても、支払不能処分に関する情報を全参加金融機関で共有することとしている。そのため、顧客から利用申込みを受けたときは、利用者情報の利用目的および第三者提供等について定めた「利用者情報の取扱いに関する同意書」に同意を得ることとしている。

でんさいネットでは、利用者情報の利用の目的を「でんさいネットおよび参加金融機関は、①電子債権記録業または参加金融機関業務を実施するため、②でんさいの円滑な流通の確保のため、③参加金融機関の与信取引上の判断のため、④その他参加金融機関が定める目的のため」と定め、「当該目的の遂行のために、他の利用者等の第三者に利用者情報を提供する場合には、利用者の同意を得るものとする」と定めている（規程63条3項）。

この定めに基づき、「利用者情報の取扱いに関する同意書」に同意を得ることが、ここでいう「利用者の同意を得る」ことの証跡である。また、「④その他参加金融機関が定める目的」は、各窓口金融機関の二者間契約等で定められる。

加えて、「利用者情報の取扱いに関する同意書」には、電子記録債権法に基づく電子記録の開示事項ではないものについて、開示等の書面に表示されることへの同意を得るという役割もある。例えば、債務者の決済口座の情報は電子記録債権法では開示事項ではないが、「利用者情報の取扱いに関する同意書」により同意を得て通常開示や特例開示で表示することとしている。

(5) 利用申込書

利用申込者は以上の各書類の内容を確認し、各窓口金融機関所定の利用申込書に記入等の上、窓口金融機関に提出する。利用申込書に関する留意事項は以下のとおりである。

a 登記簿上の住所と記録住所

でんさいネットの利用申込書の住所記入欄は、「登記簿上の住所」（以下「登記住所」という）と「営業所が存在する住所」（以下「記録住所」という）の2カ所がある。

登記住所とは、商業登記簿謄本に記載されている、本店や主たる事務所の住所のことである（個人事業者の場合は住民票の住所。細則3条2号）。

記録住所とは、当該でんさいの利用契約に係る利用申込者の営業所が存在する住所のことであり（同条3号）、債権記録に記録される住所は記録住所である。

債権記録では使用されない登記住所の提供を受ける理由は、利用申込み時の取引時確認および利用者の特定のためである。でんさいネットは、複数の参加金融機関で利用可能であり、かつ同一人で利用者番号は1つとしていることから、各参加金融機関で利用者を特定するための情報の1つとして、公的に確認できる登記住所が必要となる。

例えば、ある法人の本店と支店のそれぞれから利用申込みを受けた場合、本店と支店とは同一法人であることから、登記住所はいずれの利用契約でも同一（＝本店や主たる事務所の住所）となる。つまり、同一人の各利用申込みにおける登記住所は必ず同じになる。仮に、支店登記により支店の住所が登記されていたとしても、その住所は登記住所ではなく、記録住所として届け出る必要がある。

b 指定許可機能の利用の有無

でんさいネットでは、利用者があらかじめ記録請求を受けてもよい取引先を「指定許可先」として登録しておくことにより、登録先以外の利用者から自身を相手先とする記録請求があった場合に、その請求をエラーとする「指定許可機能」を用意している。

利用申込者が、利用契約の申込みで指定許可機能の利用を選択した場合に

46

は、「発生記録（債務者請求方式）」「発生記録（債権者請求方式）」「譲渡記録」
「単独保証記録」それぞれについて、「記録請求を受ける」相手先を指定する
ことができる。この機能により、取引先以外からの誤請求を防止することが
可能となる。なお、「指定許可機能」は参加金融機関により取扱可否が異な
る。

　指定許可機能を利用する場合、利用者は事前に指定許可先を登録しておく
必要がある。指定する相手先は、図表３－４のとおり、それぞれの記録請求
の方法に従うことになるが、取引する双方がお互いに登録する必要はない
（例えば、発生記録（債務者請求方式）の場合、債権者となる利用者側で登録して
おくことで足りる）。留意点として、「登録した先以外からは、記録請求の通
知を受けることができず、電子記録が成立しない（エラーとなる）」点が挙げ
られる（なお、エラーとなった場合でも、記録請求に係る手数料がかかる可能性
がある）。

　指定許可機能を利用する利用者は、当初は既にでんさいネットの利用者と
なっている取引先のみを登録することになるが、別の取引先が新たにでんさ
いネットの利用者となる都度、指定許可先として追加する必要があり、追加

【図表３－４】　指定許可機能

記録請求	指定許可先を登録する利用者	指定許可先（取引先）	記録請求の方法
発生記録（債務者請求方式）	債権者	債務者	債務者が記録請求→利用申込者（債権者）に通知
発生記録（債権者請求方式）	債務者	債権者	債権者が記録請求→利用申込者（債務者）に通知
譲渡記録	譲受人	譲渡人	譲渡人が記録請求→利用申込者（譲受人）に通知
単独保証記録	電子記録保証人	債権者	債権者が記録請求→利用申込者（保証人）に通知

第３章　でんさいネットの利用（基本編）　47

の登録を失念した場合は、新たな相手先がした記録請求はエラーとなる。

c 発生記録（債権者請求方式）の利用の有無

利用申込者が発生記録（債権者請求方式）の利用を選択した場合、利用申込者は「債権者として発生記録を請求すること」および「債務者として債権者からの発生記録の請求に対し諾否を選択すること」のいずれの利用も可能となる（債権者利用限定特約を締結する利用者の場合は、前者のみ可能となる）。

ただし、請求相手先の窓口金融機関が債権者請求方式を取り扱っていること、および、請求相手先も発生記録（債権者請求方式）の利用を選択している必要がある。なお、発生記録（債権者請求方式）は、参加金融機関により取扱可否が異なる。

4 窓口金融機関での審査

利用申込みを受けた窓口金融機関では、前述の各要件を満たすことの確認のほか、犯収法上の取引時確認または取引時確認が済んでいることの確認を行う。

犯収法において「電子記録を行うことを内容とする契約の締結」は、犯収法上の取引時確認を実施すべき「特定取引」として定められており（犯収法別表および犯収法施行令 7 条）、でんさいネットは、記録機関として、でんさいネットの利用申込みを受けた場合は、取引時確認を行う義務がある。

なお、利用申込者について、窓口金融機関が取引時確認を窓口金融機関の他の業務で既に行っている場合には、でんさいネットの利用申込みに関し改めての取引時確認は不要であるが（犯収法 4 条 3 項、犯収法施行令13条 1 項）、そうでない場合は、利用申込者について取引時確認が必要となる。

5 利用契約締結

　窓口金融機関の審査を経て利用契約を締結する場合は、窓口金融機関が利用申込者に対し利用者番号や利用開始日を通知する（規程13条3項）。

　利用者番号とは、でんさいネットの利用者に対して割り当てられる9桁のいわゆるID番号である。利用者番号は、1利用者に対し1つのみ割り当てられ、例えば利用者の本店と支店がそれぞれ別の窓口金融機関と利用契約を締結したような場合でも、割り当てられる利用者番号は1つであり、イメージとしては図表3－5のように1つの利用者番号に複数の利用契約がぶらさがる形となる。

　ただし、1つの利用契約が複数の支店や金融機関にまたがることはできないので、利用者が複数の支店や金融機関ででんさいネットを利用する場合は、それぞれで利用契約の締結が必要となる。

　利用契約には決済口座が登録される。図表3－5の利用契約Aのように1つの利用契約に決済口座を複数登録することも可能であるが（ただし、窓口

【図表3－5】　利用契約の体系イメージ

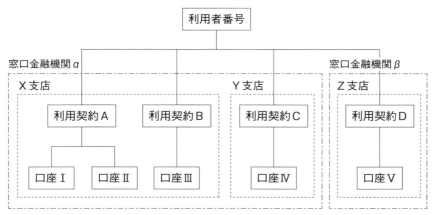

金融機関で1つの利用契約に決済口座は1つのみと制限している場合がある)、口座Ⅲを利用契約Aや利用契約Cの決済口座に追加する等、1つの決済口座を複数の利用契約に登録することや他の支店の預金口座を登録することはできない。

利用者の情報は基本的に利用契約ごとに管理される。例えば利用者に住所変更が生じ、窓口金融機関αのY支店で利用契約Cの住所変更を登録しても、その内容は利用契約A、B、Dには反映されないので、窓口金融機関αのX支店および窓口金融機関βのZ支店での変更手続も必要となる。

一方、支払不能情報は利用者単位で管理される。でんさいネットの取引停止処分は同一利用者が6ヵ月の間に2回でんさいの支払不能を発生させると科されるが、例えばそれが利用契約Aと利用契約Cとでそれぞれ1回ずつの場合でも通算2回とカウントされ、取引停止処分を科される。また、取引停止処分が科された場合には、利用契約A～Dすべてに対し債務者利用停止措置が2年間適用される。

第4節

でんさいの発生

【業務規程】

（発生記録）

第30条　発生記録の請求は、業務規程細則で定めるところにより、当会社に対し、次に掲げる事項についての情報を提供してしなければならない。ただし、利用者が、銀行営業日以外の日を第2号の支払期日として提供した場合には、その翌銀行営業日を支払期日として提供したものとみなす。

一　債務者が一定の金額を支払う旨

二　支払期日

三　債権者の氏名または名称および住所

四　債務者の氏名または名称および住所

五　口座間送金決済により支払をする（第40条第2項第1号①および②に掲げる場合を除く。）旨

六　債務者口座および債権者口座

七　債務者または債権者が第12条第1項第1号に掲げる事業者である個人である場合には、その旨

八　参加金融機関以外の者が債権者である場合において、譲受人を参加金融機関以外の者とする譲渡記録を制限する場合には、その旨

九　電子記録の日を指定する場合には、その年月日

第3章　でんさいネットの利用（基本編）　51

十　その他業務規程細則で定める事項

2　利用者は、次に掲げる事項を内容とする発生記録の請求をすることができない。

　　一　業務規程細則で定める範囲外の金額を債権金額とする旨

　　二　業務規程細則で定める期間外の日を支払期日とする旨

　　三　債権者または債務者を2人以上とする旨

　　四　支払方法を口座間送金決済以外の方法とする旨

　　五　譲渡記録をすることができないこととし、または譲渡記録、分割記録もしくは保証記録について回数その他の制限をする旨（前項第8号に掲げる事項を除く。）

　　六　法第16条第2項第2号から第8号まで、第10号、第11号、第13号、第14号および第16号に掲げる事項

　　七　その他業務規程細則で定める事項

3　当会社は、利用者から発生記録の請求がされた場合には、遅滞なく（第1項第9号に掲げる電子記録の日が指定された場合には、当該電子記録の日以後遅滞なく）、次に掲げる事項を記録原簿に記録する。

　　一　第1項第1号から第8号までに掲げる事項

　　二　記録番号

　　三　電子記録の年月日

　　四　法第16条第2項第15号の規定に関する定め

　　五　その他業務規程細則で定める事項

1　取引開始準備

　でんさいを発生させる場合、金額や支払期日等を当事者間で合意しておくことのほか、以下の準備が必要となる。

（1） 事前に受取口座を決めておくこと

でんさいの債権者となる者が、複数の利用契約や複数の決済口座を有する場合には、発生記録により受け取るでんさいそれぞれについて受取口座を事前に決めておく必要がある。

（2） 利用者番号および決済口座の連絡

発生記録を請求する場合には、取引の相手方を特定するための情報として、事前に相手方から利用者番号および決済口座の連絡を受けておく必要がある。

なお、でんさいの債権記録には、債権者および債務者の氏名・住所、利用者が法人である場合には代表者の氏名なども記録されるが、これらは各利用者の利用契約締結時の届出内容に従い自動的に記録される。

2　でんさいの発生に関する諸事項

（1） 制限事項

でんさいネットでは手形的利用を基本コンセプトとしており、でんさいを利用者にとってわかりやすい内容とするため、記録できる任意的記録事項を制限し、定型化を図っている。主なものは以下のとおりである（規程30条、細則17条）。

① 債権金額：1万円未満または100億円以上は不可（債権金額は1円単位とすることが可能）。

② 支払期日：発生日から起算して7銀行営業日以内または10年後の応当日の翌日以降は不可（支払期日を銀行営業日以外の日とすることは可。その場合、翌銀行営業日が支払期日とみなされる）。

③ 支払方法：分割払いの記録は不可（支払期日経過後に、債務者が一部

第3章　でんさいネットの利用（基本編）　53

弁済することは可)。

④　譲渡禁止特約：譲渡先を参加金融機関に限定する制限以外は不可。

⑤　通貨：日本円以外は不可。

⑥　債権者、債務者を複数とすることは不可。

⑦　利息、遅延損害金、違約金の定めおよび期限の利益喪失に関する記録は不可。

(2)　発 生 日

　平日15時までに発生記録請求の手続を行った場合はその当日がでんさいの発生日、15時以降の場合に翌日が発生日となる（予約請求機能については、本節4参照）。ただし、書面による手続の場合などは、受付窓口における事務手続の時間を確保するため、窓口金融機関によって当日付発生記録請求の受付時間を15時より前の時刻としている場合があるので留意が必要である。

3　でんさいの発生記録請求手続

(1)　債務者請求方式によるでんさい発生

　でんさいネットでは、①債務者が、利用申込みを行った窓口金融機関を通じて発生記録請求を行い、②①の請求を受けたでんさいネットが発生記録を行うことででんさいが発生する、「債務者請求方式」（規程26条）を基本的な取扱方法としている。

　でんさいネットでは、発生記録を行った後、債権者の窓口金融機関を通じて、発生記録を行った旨を債権者に通知する。通知を受けた債権者は、でんさいの内容を確認し、事前の合意内容と相違がある場合は、電子記録の日を含めて5銀行営業日以内であれば、単独でその発生記録を削除することができる。

【図表3-6】 債務者請求方式によるでんさい発生

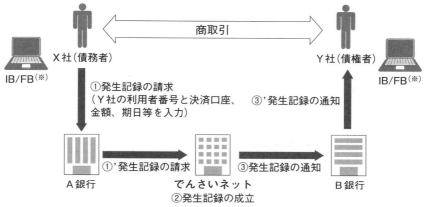

※ IB：インターネットバンキング／FB：ファームバンキング

(2) 債権者請求方式によるでんさい発生

　でんさいネットでは、①債権者が発生記録請求を行い、②通知を受けた債務者が、通知を受けた日を含めて5銀行営業日以内に承諾をした場合、③承諾をした日にでんさいが発生する「債権者請求方式」（規程27条）でも、でんさいを発生させることができる。なお、債務者が5銀行営業日以内に否認した場合または承諾・否認のいずれもしなかった場合は、当該発生記録請求の効力は失われ、でんさいは発生しない。

　ただし、参加金融機関によっては、発生記録はすべて債務者請求方式で受け付けることとし、債権者請求方式を取り扱っていない場合もある。また、利用者が利用契約で「債権者請求方式を利用しない」旨を選択した場合は、債権者請求方式の発生記録の債権者および債務者となることができない。つまり、債権者請求方式ででんさいを発生させるためには、債権者、債務者双方の窓口金融機関が、発生記録の債権者請求方式を取り扱っていること、および債権者、債務者双方が債権者請求方式を利用する旨を選択していることが必要条件となるので留意が必要である。

【図表3-7】 債権者請求方式によるでんさい発生

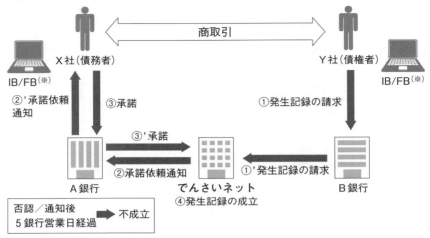

※ IB:インターネットバンキング／FB:ファームバンキング

(3) 債務者請求方式と債権者請求方式との違い

　電子記録債権法では、電子記録を請求する場合、原則として電子記録権利者（発生記録の場合、債権者）と電子記録義務者（同、債務者）との双方による請求が要件となっている（法5条1項。ただし、同時に請求することまでは求めていない（法5条3項））。

　債務者請求方式では、債権者は特段の手続は行っていないので、一見すると電子記録債権法の要件を満たしていないように見える。これは、業務規程において、でんさいの債権者が債務者に対し発生記録の請求権限を包括的に付与した上で、債務者が自身の発生記録を請求する際に、当該権限付与に基づき債権者の発生記録も併せて請求する形とする（規程26条1項・4項）ことで、電子記録債権法の双方による請求の要件を満たすものである。これにより、でんさいの発生記録請求の手続を、約束手形の振出と同様、債務者単独で行えるようにしている。

　また、でんさいの発生を取り消す場合は、利害関係人全員による手続が必

要となるが、債務者請求方式によってでんさいを発生させた場合、発生日から起算して5銀行営業日以内であれば、原則として債権者が単独で発生記録を取り消すことが可能である。これも、債務者による発生記録の請求の際と同様、業務規程において、債務者が債権者に対し、発生記録の取消しに係る変更記録の請求権限を、同期間内に限り包括的に付与（規程26条2項・5項）した上で、債権者が取消しを請求する場合に、債務者の取消請求も併せて行う形とすることによるものである。

　一方、債権者請求方式では、あらかじめ債務者から債権者にでんさいの発生記録請求の権限を付与する旨は、業務規程で定めていない。したがって、債権者請求方式では、債権者の発生記録請求のみではでんさいは発生せず、通知を受けた債務者による承諾（＝債務者による発生記録請求）があって初めて電子記録債権法の双方による請求の要件を満たし、でんさいが記録される（債権記録上は、債権者の請求日がでんさいの発生日となる）。いわば、債権者が債務者に請求書を送付し、債務者が支払に応じるような手続である。

　したがって、債務者請求方式で債権者がでんさいの発生を取り消した場合には、発生したでんさいを削除する旨の変更記録を行ったことになるので、債務者の発生記録請求日から債権者の削除日までの間はでんさいが存在したことになる。一方、債権者請求方式で債務者が債権者の請求に対し否認した場合または5銀行営業日以内に承諾・否認のいずれもしなかった場合には、発生記録の請求が債務者からはなく、電子記録債権法の双方請求の要件を満たさなかったことになるので、でんさいは当初から発生しなかったことになる。

　なお、この債務者請求方式および債権者請求方式は、他の電子記録の請求でも使用または準用される場合があり、まとめると図表3－8のとおりである。

4　予約請求機能等

　1カ月先の応当日までの日を発生記録の日と指定する予約請求（細則17条

【図表 3 − 8】　債務者方式・債権者方式を使用・準用して請求する電子記録

請求方式	電子記録の種類
債務者請求方式	・譲渡記録（細則19条 2 項）(※1) ・譲渡保証記録（細則27条 2 項 1 号）
債権者請求方式	・単独保証記録（細則27条 2 項 2 号） ・変更記録(※2) 　（利害関係人が債務者と債権者のみの場合。細則23条 4 項） ・支払等記録(※3) 　（口座間送金決済以外の方法で決済した場合の支払等記録を、債務者など支払等をした者が請求する場合。細則21条 2 項）

※ 1　分割譲渡する場合の分割記録は、債権者（分割譲渡の譲渡人）のみで可能（法43条 3 項）。
※ 2　変更記録請求は、利用者の属性情報の変更の場合を除き、利害関係人全員による請求が必要（法29条 1 項）。
※ 3　債権者など支払等を受けた者が請求する場合は、支払等を受けた者のみで可能（法25条 1 項 1 号）。

4 項）、複数の発生記録等の請求を一括して行う一括請求が可能である。なお、予約請求機能および一括請求機能は、参加金融機関により取扱可否が異なる。予約請求についての詳細は以下のとおりである。

(1)　債務者請求方式による請求の予約（細則33条）

　債務者から、予約請求の日からその 1 カ月後の応当日までの日を電子記録の日（でんさいの発生日。以下「発生日」という）と指定する発生記録請求を行う。この時点で、当日付の債務者請求方式による発生記録請求と同様、債務者および債権者による双方請求の要件を満たす。

　予約請求の場合は、指定された発生日の前日までは、債務者または債権者が単独でそれぞれ予約請求を取り消すことが可能である（ただし、窓口金融機関で、期限を発生日の前日より前の日としている場合がある）。

　この場合の予約請求の取消しは、あくまで予約の段階であり、でんさいが発生していない段階におけるものなので電子記録の請求に当たらないことか

ら、債務者および債権者ともに単独で取り消すことができる。でんさいが一度発生すると、債務者単独では取消しや変更、口座間送金決済の中止ができないので、債務者側で発生手続に不安があるということであれば、予約請求を行い、発生日までの間に確認期間を設けるといった運用も可能である（ただし、予約請求後に当該請求を取り消した場合でも、予約請求に係る手数料がかかる可能性がある）。

発生日以降は、債権者は発生日を含めて5銀行営業日以内であれば、当該でんさいを取り消す（削除の変更記録請求）ことができるのは、当日付の発生記録請求の場合と同様である。

なお、予約請求で発生記録請求を行い、発生日が到来する前の段階であっても、受け取る予定の債権者が、あらかじめ譲渡記録請求の予約を行うことも可能であるが、譲渡記録請求の予約がされると、発生記録請求の予約を取り消すことができなくなる。

(2) 債権者請求方式による請求の予約（細則34条）

債権者から、予約請求の日からその1カ月後の応当日までの日を電子記録の日（でんさいの発生日）と指定する発生記録請求を行う。発生日の前日までは、債権者が単独で当該予約請求を取り消すことができるのは、債務者請求方式の予約請求と同様である（ただし、窓口金融機関で、期限を発生日の前日より前の日としている場合がある）。ただし、債務者が当該請求に対して承諾または否認していた場合は、でんさいの成立または不成立が確定しているため、取り消すことができない。

債務者は、発生記録の予約請求の通知を受けた日から、電子記録の日（発生日）から起算して5銀行営業日までの間に、当該請求について諾否を回答することができる。承諾した場合は当該でんさいに設定された発生日に発生し、否認または回答しなかった場合は、でんさいは不成立となる。

第3章　でんさいネットの利用（基本編）　59

第 **5** 節

でんさいの譲渡（分割譲渡）

【業務規程】

（譲渡記録）

第31条 譲渡記録の請求は、業務規程細則で定めるところにより、当会社に対し、次に掲げる事項についての情報を提供してしなければならない。

一　当該譲渡記録がされることとなる債権記録の記録番号

二　でんさいの譲渡をする旨

三　譲渡人が電子記録義務者の相続人等である場合には、譲渡人の氏名および住所

四　譲受人の氏名または名称および住所

五　譲受人の決済用の預金口座または貯金口座

六　譲渡人が第12条第１項第１号に掲げる事業者である個人である場合には、その旨

七　電子記録の日を指定する場合には、その年月日

八　その他業務規程細則で定める事項

2　電子記録義務者が、譲渡記録の請求をする場合には、譲渡保証記録の請求をしなければならない。ただし、当会社および窓口金融機関が認める場合で、かつ、譲受人となる利用者が譲渡人の保証を要しない場合は、この限りでない。

3 利用者は、次に掲げる事項を内容とする譲渡記録の請求をすること
ができない。

一 法第18条第2項第3号から第5号までに掲げる事項

二 その他業務規程細則で定める事項

4 利用者は、次に掲げる場合には、譲渡記録の請求をすることができ
ない。

一 電子記録の日が指定された譲渡記録が請求され、当該譲渡記録が
される前の場合

二 債権金額の全部について支払等記録がされた場合

5 当会社は、利用者から譲渡記録の請求がされた場合には、遅滞なく
（第1項第7号に掲げる電子記録の日が指定された場合には、当該電
子記録の日以後遅滞なく）、次に掲げる事項を記録原簿に記録する。

一 第1項第2号から第6号までに掲げる事項

二 電子記録の年月日

三 その他業務規程細則で定める事項

1 電子記録債権の譲渡

電子記録債権の譲渡は、譲渡人と譲受人との双方が請求し、それを受けた
記録機関が記録原簿に譲渡記録を行うことにより成立する。

一般的な指名債権の債権譲渡と異なる主な点は、電子記録債権の内容が電
子記録（譲渡記録）により定まるため、債権譲渡の対抗要件を別途具備する
必要がないことである。債務者による承諾や債務者への通知（第三者対抗要
件としては確定日付も必要）を不要とすることで債権譲渡に係る手続を円滑化
できるとともに、開示によりいつでも譲渡記録を確認できることから、二重
譲渡のリスクを排除することができる。

一方、手形の譲渡と異なる主な点は、債権金額を分割して譲渡できること

である。これにより、譲渡人は、資金が必要な分だけ譲渡することが可能となる。

2 でんさいの譲渡の特徴

でんさいの譲渡の主な特徴は以下のとおりである。

(1) 譲渡保証記録の随伴 (規程31条2項)

電子記録債権の譲渡において、譲渡人は譲渡記録のみでは譲受人に対し債務者の支払に関する責任を負わない。でんさいネットでは、でんさいの譲渡に手形の裏書譲渡と同等の効果を持たせるため、でんさいを譲渡する際に、でんさいの譲渡人を電子記録保証人とする、すなわち発生記録における債務者の債務を主たる債務とする保証記録を併せて行うことを原則としている。

なお、窓口金融機関およびでんさいネットが認める場合で、かつ、譲受人が保証記録を不要とする場合には、譲渡保証記録なしで譲渡することも可能である。

(2) 譲渡禁止特約の制限 (規程30条2項5号)

金銭債権 (指名債権) については、譲渡禁止特約が付されているために、譲渡をして資金調達等に用いることができないことが多い。一方、でんさいネットでは、発生記録において譲渡禁止特約を付することを認めていない (変更記録でも譲渡禁止特約を付する旨の変更はできない (規程33条4項))。ただし、譲渡先の制限については、譲渡先を参加金融機関のみに限定することに限り可能としているので (規程30条1項8号)、債務者がでんさいが事業者間を転々と譲渡されることを望まない場合は、この制限をかけることで対応可能である。

3 でんさいの譲渡記録請求手続

(1) 請求手続

　譲渡記録の請求手続は、債務者請求方式となる（細則19条2項）。つまり、譲渡人が譲渡記録請求を行うことで譲渡記録が成立し、譲受人は譲渡記録の日から起算して5銀行営業日以内であれば単独でその譲渡記録を削除することができる。譲渡保証記録の請求も、譲渡記録請求に併せて行われる（なお、単独保証記録の請求は債権者請求方式で行われる）。譲受人は、譲渡保証記録が不要な場合は、譲渡記録は削除せずに譲渡保証記録のみ削除することも可能である。

　分割譲渡を行う場合には、分割記録請求と分割された子債権の譲渡記録請求とを併せて行うことになる。分割記録請求を行う場合は、新たにできる子

【図表3-9】　でんさいの譲渡記録請求手続

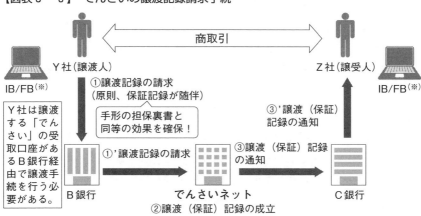

※　IB：インターネットバンキング／FB：ファームバンキング

債権は必ず譲渡しなければならない（規程36条2項）。

(2) 譲渡記録の制限事項

① （分割）譲渡の回数に制限はない（規程30条2項5号）。

② 分割譲渡する場合、新たにできる子債権は1万円以上でなければならない（細則29条4項）。なお、分割譲渡の結果、債権者が引き続き有する（譲渡の対象外となる）親債権が1万円未満となることは許容される。

③ 以下の期間は、譲渡記録を請求することができない。

○ 全額譲渡：支払期日の6銀行営業日前から、支払期日から起算して3銀行営業日を経過する日までの間（細則19条3項1号）。

○ 分割譲渡：支払期日の6銀行営業日前の日以降（細則29条2項1号）。

○ 支払期日を経過した（支払不能となった）でんさいの譲渡は、全額を譲渡する場合に限り可能であり、分割譲渡することはできない。また、支払不能事由が第2号の場合で債務者が異議申立を行った場合も譲渡記録を請求することはできない（細則19条3項2号）。

④ 債権額の全額に支払等記録がされた場合には、譲渡記録の請求はできない（規程31条4項2号）。債務者が弁済し支払等記録がされた場合はでんさいが消滅しておりそもそも譲渡自体できないが、電子記録保証人または民事上の保証人が弁済し、その旨の支払等記録を行った場合も当該でんさいの譲渡記録を行うことはできない（債務者以外による弁済の場合には、そもそも債権金額の一部について支払等記録をすることはできない（規程40条2項））。つまり、特別求償権の譲渡記録は、でんさいネットではできないということになる。なお、民事上の保証契約に基づきでんさいを弁済、支払等記録を行った後に、当該求償権を譲渡した場合の電子記録は、支払等記録における「支払等をした者」について当該求償権の譲受人に変更する旨の変更記録請求を行う（法

64

28条)。

(3) 譲渡記録の予約請求

　譲渡記録請求は、発生記録請求と同様、1カ月先までの日を譲渡記録の日付と指定する予約請求（規程31条1項7号、細則19条5項）、複数の譲渡記録等の請求を一括して行う一括請求が可能である。譲渡記録の予約請求機能を利用する場合には、発生記録の日が到来していない予約中のでんさい（発生記録の予約の段階にあるでんさい）に譲渡記録の予約請求を行うことも可能であるが、譲渡記録の予約請求を行ったでんさいを譲渡記録の日より前に重ねて別の譲渡記録の予約請求を行うことはできない（規程31条4項1号）。

　予約による譲渡記録請求の取扱いは、債務者請求方式による発生記録の予約請求の場合と同様であり（細則33条）、指定された譲渡日の前日までは、譲渡人または譲受人が単独でそれぞれ予約請求を取り消すことが可能である（ただし、窓口金融機関で、期限を譲渡日の前日より前の日としている場合がある）。

　なお、予約請求機能および一括請求機能は、参加金融機関により取扱可否が異なる。

第3章　でんさいネットの利用（基本編）　65

第 **6** 節

でんさいの支払（口座間送金決済）

【業務規程】

（口座間送金決済）

第42条　決済情報の通知を受けた窓口金融機関は、業務規程細則で定めるところにより、当該決済情報に従い、遅滞なく、支払期日に債務者口座から債権者口座に債権金額を振込（同一窓口金融機関内の振替を含む。）により口座間送金決済をしなければならない。ただし、業務規程細則で定める場合は、この限りでない。

（口座間送金決済通知および支払等記録）

第43条　口座間送金決済をした窓口金融機関は、遅滞なく、当会社に対し、法第63条第２項に規定する通知をしなければならない。

1　電子記録債権法における口座間送金決済

　電子記録債権が弁済された場合の支払等記録の請求は、電子記録義務者（債権者など支払等を受けた者）が単独で請求する、または電子記録権利者（債務者など支払等をした者）が電子記録義務者の承諾を得て請求するのが、電子記録債権法の原則的な取扱いである（法25条）。

　しかし、実務上商取引における多くの金銭債権の決済が振込によりなされ

ており、振込の都度当事者が支払等記録の請求を行うことはいかにも煩雑であることから、電子記録債権法では、①記録機関が、債務者および金融機関と、電子記録債権の支払期日に当該金融機関が債務者口座から債権者口座に対し払込みの取扱いをする旨（「口座間送金決済」）の契約を締結できること（法62条）、②口座間送金決済に関する契約を結んだ場合、記録機関は決済に関する情報を当該金融機関に提供すること（法63条1項）、③当該金融機関から支払期日に口座間送金決済がなされた旨の通知を受けた記録機関は、遅滞なく支払等記録をすること（法63条2項）を定めている。

　これにより、電子記録債権の決済が支払期日に口座間送金決済によりされた場合には、債権者や債務者による支払等記録の請求が不要となる。でんさいネットは、電子記録債権法の定めに基づき、原則として、支払期日における決済方法を口座間送金決済とする旨を定めている（規程40条1項）。

2　でんさいネットの口座間送金決済

　でんさいネットは、支払期日の2銀行営業日前に、債務者の窓口金融機関に決済情報を通知する（規程41条、細則37条1項）。ただし、当該でんさいについて、支払期日の3銀行営業日前の日までに当事者の個別請求により支払等記録がされている場合や強制執行等の記録がされている場合には、決済情報は通知されない（細則37条2項）。

　でんさいネットから決済情報の通知を受けた債務者の窓口金融機関は、当該決済情報に基づき、支払期日に債務者口座から債権者口座にでんさいの債権金額を送金する（規程42条、細則39条）。

　口座間送金決済をした債務者の窓口金融機関は、でんさいネットに対し口座間送金決済がされた旨の通知を行う。同通知を受けたでんさいネットは、支払期日から起算して3銀行営業日後に支払等記録を記録する（利用者は、3銀行営業日後のでんさいネット営業開始時以降に支払等記録を確認できる。規程43条、32条3項）。

第3章　でんさいネットの利用（基本編）　67

【図表3−10】　口座間送金決済

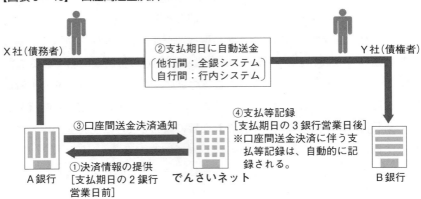

　でんさいが譲渡された場合であっても、債務者には特段の通知は行われないため、債務者がでんさいが譲渡されていたことを認識していない場合も想定されるが、でんさいネットからの決済情報には、譲渡記録に基づき譲受人の決済口座情報が反映されているので、債務者が認識していない譲受人の決済口座（記録事項の開示で確認することは可能）に自動的に送金される。また、でんさいが分割譲渡されていた場合、口座間送金決済は各債権者宛てに複数件行われることになるが、その場合でも債務者側の手続は不要で、複数件の送金が自動的に行われる。

　債権者の決済口座に入金された資金は、振込の場合と同様、入金された当日から使用することが可能である。

　電子記録債権の消滅の法的な要件は支払等記録ではなく、支払等そのものであるため、口座間送金決済が行われたでんさいの消滅時期は、支払期日である。支払等記録の日を支払期日から起算して3銀行営業日後としているのは、確実に口座間送金決済がされたのか、されなかったのか確認するための期間を設けているためである。

3 口座間送金決済の中止

　利用者に一定の事由が生じた場合や利用者から申出があった場合には、口座間送金決済を中止することがある。具体的には以下のとおりである（規程44条）。

（1）　債権者または債務者からの申出にかかわらず中止する場合（細則40条1項）

① 　債務者口座から債権金額の引落しができなかった場合。

　　 この場合、支払不能事由が第0号の場合および第2号で債務者が異議申立を行った場合を除き、債務者に支払不能処分が科される（規程47条1項）。

② 　でんさいネットが裁判所等からでんさいに対する強制執行等の書類の送達を受けた場合。

③ 　債務者が死亡した場合。

④ 　債権者に関して破産手続開始の決定がされた場合または会社更生手続開始の決定がされた場合。

⑤ 　債務者に関して破産手続開始の決定がされた場合または業務規程細則12条各号に掲げる事由に該当する場合。

（2）　債務者または債権者からの申出により中止する場合（細則42条2項）

① 　債権者からの申出である場合。

② 　債権者の同意を得た債務者からの申出である場合。

③ 　債権者の同意を得ていない債務者の申出であるが、次に掲げる抗弁その他人的関係に基づく抗弁を債権者に対抗することができる場合等。

第3章　でんさいネットの利用（基本編）　69

○ 発生記録または譲渡記録の原因である契約に不履行があったこと。

○ でんさいが存在しないこと。

○ 発生記録または譲渡記録の請求にあたって取締役会の承認等が存在しないこと。

○ 発生記録の請求の意思表示に瑕疵があったこと。

○ なりすまし、無権代理、不正アクセス、システムバグまたはオペレーションミス等により、利用者の請求がないのに電子記録がされたこと、または利用者から提供された情報の内容と異なる内容の電子記録がされたこと。

なお、③により口座間送金決済を中止した場合、債務者は異議申立手続を行わないと、第2号支払不能事由であっても支払不能処分が科される（規程48条）。

第7節

でんさいの内容の変更

【業務規程】

（変更記録）

第33条　変更記録の請求は、当会社に対し、当該変更記録につき電子記録上の利害関係を有する利用者の全員がしなければならない。

2　利用者が、事業譲渡により、自らの利用契約に係るでんさいおよびでんさいに係る債務を他の利用者に承継する場合には、前項の変更記録の請求をする。

3　変更記録の請求は、業務規程細則で定めるところにより、当会社に対し、次に掲げる事項についての情報を提供してしなければならない。

一　変更記録がされることとなる債権記録の記録番号

二　変更する記録事項

三　前号の記録事項を変更する旨およびその原因

四　第2号の記録事項についての変更後の内容（当該記録事項を記録しないこととする場合にあっては、当該記録事項を削除する旨）

五　その他業務規程細則で定める事項

4　利用者は、第30条第2項各号、第31条第3項各号、第35条第2項各号および第36条第4項各号に掲げる事項を内容とする変更記録の請求をすることができない。

第3章　でんさいネットの利用（基本編）　71

5　当会社は、利用者から変更記録の請求がされた場合には、遅滞なく、次に掲げる事項を記録原簿に記録する。

一　第3項第1号から第4号までに掲げる事項

二　電子記録の年月日

（単独請求による変更記録）

第34条　前条第1項の規定にかかわらず、次の各号に掲げる事項についての変更記録の請求は、業務規程細則で定めるところにより、当該各号に定める利用者が単独で請求することができる。

一　電子記録に記録された利用者またはその代表者の氏名もしくは名称または住所　当該利用者、当該利用者から合併もしくは会社分割によりでんさいもしくはでんさいに係る債務を承継した者または当該変更記録につき電子記録上の利害関係を有する他の利用者に対し、当該変更記録を請求すべきことを命ずる確定判決を得た者

二　債権者、債務者または譲受人の決済用の預金口座または貯金口座　当該債権者、当該債務者、当該譲受人、これらの者から合併もしくは会社分割によりでんさいもしくはでんさいに係る債務を承継した者または当該変更記録につき電子記録上の利害関係を有する他の利用者に対し、当該変更記録を請求すべきことを命ずる確定判決を得た者

2　当会社は、前項各号で定める利用者が、窓口金融機関に対し、当該各号に掲げる事項に係る第19条第1項または第3項の届出をした場合その他業務規程細則で定める場合には、業務規程細則で定めるでんさいについて、当該事項を変更する変更記録の請求をしたものとして取り扱う。

3　前条第1項の規定にかかわらず、電子記録債権法施行令（平成20年政令第325号）第8条に規定する変更記録は、業務規程細則で定めるところにより、同条に規定する債権者が単独で請求することができる。

4 当会社は、前二項の請求等がされた場合には、遅滞なく、次に掲げる事項を記録原簿に記録する。

一 前二項の請求等に係る事項

二 電子記録の年月日

三 業務規程細則で定める事項

1 電子記録債権法における電子記録債権の記録事項の変更

電子記録債権の内容の変更は、電子記録債権法に別段の定めがある場合を除き、変更記録をすることがその効力要件である（法26条）。例えば、債権額や支払期日等、債権の内容を変更したい場合は、変更記録請求を行わなければその効力は生じない。

変更記録請求手続は、当該電子記録債権について利害関係を有する者全員による請求手続が必要である（法29条1項）。

ただし、法人が合併した場合や個人に相続が発生した場合は、合併後存続する法人または相続人が単独で（ただし、相続人が複数いる場合は全員による請求が必要）請求可能である（法29条2項）。また、電子記録名義人や電子記録債務者の氏名や住所、その他電子記録債権の内容に影響を及ぼさないもので業務規程で定めた事項は、変更のあった者が単独で変更記録請求できる（法29条4項）。

2 でんさいの変更記録請求手続

(1) でんさいの内容を変更する旨の請求

債権金額、支払期日、譲渡先を参加金融機関に限定することの可否の選択および発生記録（発生記録に伴う信託の電子記録がされている場合には、発生記

第3章 でんさいネットの利用（基本編） 73

録および信託の電子記録）の削除の請求手続は、以下のとおりとなる（細則23条）。

a　発生記録（発生記録に伴う信託の電子記録）以外の電子記録および譲渡の予約請求がされていない場合

　債権者または債務者が、それぞれ債権者請求方式に準じて変更記録を請求する（窓口金融機関がオンラインでの変更記録に対応している場合もある。細則23条4項）。ここでの注意点は、利害関係人が債務者および債権者の2名のみであっても、発生記録以外の電子記録がされている場合は、次のbの方法となることである。例えば、でんさい発生後、債権者が譲渡保証記録を付さずに譲渡した場合、当該でんさいの変更記録請求は債務者および現債権者（譲受人）のみで行えばよいが、発生記録以外の記録として譲渡記録があることから、債権者請求方式に準じた方法で請求をすることはできず、書面で窓口金融機関への請求が必要となる。

　具体的には、債権者請求方式に準じて、一方の利用者の請求に対し、相手方が変更記録請求をした日から起算して5銀行営業日以内に承諾することで変更記録が成立する。

　変更記録請求が可能な期間は、支払期日の7銀行営業日前までである（細則23条2項）。

b　a以外の場合

　利害関係人の全員の承諾を得た上で、当該利害関係人のうち1名が、自らの窓口金融機関に所定の書面を提出することで変更請求を行う（細則23条3項）。変更記録を請求する者は、利害関係人のうち誰でもよい。

　変更記録請求が可能な期間は、支払期日の3銀行営業日前までである（細則23条2項）。ここでいう「3銀行営業日前」は、でんさいネットに変更を請求する書面が着信している時点を基準としており、窓口金融機関からでんさいネット宛てに当該書面を送付する期間を考慮する必要があるので留意が

必要である。

c その他

　発生記録（債務者請求方式）および譲渡記録において、電子記録の日から起算して5銀行営業日以内であれば電子記録権利者（債権者または譲受人）が単独で電子記録を削除できるとしている点も、電子記録としては変更記録の請求である。これは業務規程で債務者または譲渡人が取消しの変更記録請求の権限を債権者または譲受人に包括的に付与していることに基づく取扱いである（規程26条5項）。

　なお、支払期日変更の結果、支払期日が発生日から10年超の日以降の日となる等、発生記録の制限に抵触する内容の変更記録請求をすることはできない。

　発生したでんさいの決済口座を債権者が別の決済口座に変更したい場合には、変更記録請求により変更することはできないが、債権者が自身の異なる決済口座間にでんさいを譲渡することにより、同じ効果を得ることができる（ただし、譲渡記録請求に際し手数料が発生する可能性がある）。なお、譲渡の際には原則として譲渡保証記録が記録されるが（この場合は「債権者＝電子記録保証人」となるので、債権者に新たな負担は生じない）、それを回避する場合には、譲渡保証記録を付さない譲渡記録を依頼する等の対応が必要となる。

(2)　利用者の属性に関する情報

　電子記録債権法29条4項で定める利用者の氏名・名称、住所のほかに、法人利用者の代表者、決済口座については、変更のあった利用者が単独で変更記録請求することができる（規程34条1項）。具体的な手続としては、業務規程19条1項に基づき、各利用者が属性に関する変更を窓口金融機関に届け出た場合には、当該届出を変更記録の請求をしたものとして取り扱う（規程34条2項）。この届出に基づく変更記録は、個々のでんさい単位で行うのではなく、利用契約単位で行う。つまり、利用者が属性情報の変更を窓口金融機

第3章　でんさいネットの利用（基本編）　75

関に届け出ることで、当該利用契約に係るでんさいすべてに対し、属性情報の変更が反映される。ただし、利用者の属性情報は利用契約単位で管理されているため、利用者が複数の窓口金融機関と利用契約がある場合は、それぞれの窓口金融機関に届出が必要である。なお、窓口金融機関の支店統廃合や合併等、窓口金融機関の事由による決済口座に関する情報の変更は、窓口金融機関が利用者に代わりでんさいネットに届け出る（細則11条）。

　属性に関する情報の変更について、手続の期間の制限はなく、支払期日当日や支払期日経過後でも可能である。ただし、債務者を支払等をした者とする支払等記録が行われたでんさいについては、属性に関する情報の変更は反映されない（細則25条4項）。例えば、でんさいが消滅した後に利害関係人であった者に社名変更がありその旨を届け出た場合、当該でんさいについて開示請求を行うと、当該でんさいの利害関係人の社名は旧社名で表示される。

第 **8** 節

でんさいに係る債務の保証

【業務規程】

（保証記録）

第35条　保証記録の請求は、業務規程細則で定めるところにより、当会社に対し、次に掲げる事項についての情報を提供してしなければならない。

一　当該保証記録がされることとなる債権記録の記録番号

二　保証をする旨

三　電子記録保証人の氏名または名称および住所

四　主たる債務者の氏名または名称および住所

五　電子記録保証人が第12条第１項第１号に掲げる事業者である個人または同条第３項第２号に掲げる事業者に準ずる個人である場合には、その旨

六　その他業務規程細則で定める事項

2　利用者は、次に掲げる事項を内容とする保証記録の請求をすることができない。

一　法第32条第２項第１号から第４号までおよび第６号から第10号までに掲げる事項

二　その他業務規程細則で定める事項

3　利用者は、債権金額の全部について支払等記録がされた場合には、

第 3 章　でんさいネットの利用（基本編）　77

保証記録の請求をすることができない。

4　当会社は、利用者から保証記録の請求がされた場合には、業務規程
細則で定めるところにより、遅滞なく（譲渡保証記録の請求と併せて
された譲渡記録の請求において第31条第1項第7号に掲げる電子記録
の日が指定された場合には、当該電子記録の日以後遅滞なく）、次に
掲げる事項を記録原簿に記録する。

一　第1項第1号から第5号までに掲げる事項

二　電子記録の年月日

三　その他業務規程細則で定める事項

1　電子記録保証とでんさいネットでの取扱い

　電子記録債権に係る債務を主たる債務とする保証であって、記録機関に保証記録がされることを要件とする保証を「電子記録保証」という。電子記録保証は、主たる債務との独立性が認められる等、民事上の保証とは異なり手形保証制度に類似の独自の効力が電子記録債権法で定められている。でんさいネットでは、譲渡記録に随伴する「譲渡保証記録」と、譲渡記録に伴わず単独で保証記録を行う「単独保証記録」とがある。譲渡保証記録および単独保証記録ともに、電子記録債権法上は「電子記録保証」である。

2　単独保証記録の概要

　譲渡保証記録は、譲渡記録の請求に随伴して請求され、成立する。これに対して単独保証記録は、発生記録や譲渡記録とは別に、債権者および電子記録保証人が個々のでんさいに対して個別に請求する。単独保証記録の概要は以下のとおりである。

(1) 単独保証記録の保証人となることができる利用者

通常の債務者利用の者および保証利用限定特約を締結した者（ただし、保証人等（規程2条17号）を除く）に限られる。債権者利用限定特約を締結した者は、譲渡に伴う譲渡保証記録の保証人となることは可能であるが、単独保証記録を請求して保証人となることはできない。

(2) 被保証債務

発生記録における債務者の債務を主たる債務とするものに限る（規程2条12号）。電子記録債権法上は、発生記録における債務者の債務のほか、特別求償権を主たる債務とする電子記録保証も可能であるが（法35条2項など）、でんさいネットでは特別求償権を単独保証記録の被保証債務の対象としていない（規程35条3項では、債務者以外の者を支払等をした者として債権の全額について支払等記録がされた場合、保証記録を請求することができない旨を定めている）。

(3) 請求方法

債権者請求方式による（なお、譲渡保証記録は、譲渡記録と同様に債務者請求方式となる。細則27条2項）。具体的には、債権者が保証記録を請求し、保証人が5銀行営業日以内に承諾した場合に単独保証記録が成立する。当該期間内に保証人が否認した場合、または回答しなかった場合は、単独保証記録は不成立となる。

支払期日の6銀行営業日前から支払期日の2銀行営業日後までの間、および債務者から異議申立がされている間は、単独保証記録を請求することができない（細則27条3項）。

第3章　でんさいネットの利用（基本編）　79

3 でんさいに係る民事上の保証

電子記録債権を被保証債務とする民事上の保証契約を締結することについて、法律上特段の制限はない。したがって、でんさいを主たる債務とする民事上の保証契約は、保証人等がでんさいネットの利用者であるか否かにかかわらず可能である。でんさいに対する電子記録保証は、特定のでんさいに対するいわゆる特定債務保証のみであることから、一定の範囲のでんさいについて根保証契約を締結したい場合等は、民事上の保証契約で対応することになる。

4 でんさいに係る保証の履行

電子記録保証人または保証人等が保証債務を履行する場合には、口座間送金決済以外の方法で、当事者間での支払および支払等記録の請求をすることになる。

(1) 支払に係る制限 (規程40条 2 項)

a 支払期日前

債務者に関して破産手続、会社更生手続、民事再生手続またはそれらに準ずる倒産手続の開始の決定がされた場合であって、かつ、電子記録保証人が債権金額の全額を支払う場合に限り可能である。

b 支払期日以降

電子記録保証人および保証人等とも可能であるが、債権金額の全額を支払う場合に限られる。

(2) 支払等記録の請求

　電子記録保証人または保証人等が弁済した場合には、支払等記録は個別に請求することになる（具体的な請求手続については、4章2節を参照）。電子記録保証人が弁済した場合、その旨の支払等記録をすることが特別求償権を取得するための法的な要件となる。特別求償権は手形の遡求権と同等の権利であり、自分より前の電子記録保証人および発生記録における債務者に対して請求することができる権利である。

　民事上の保証人等が弁済した場合には、支払等記録の有無にかかわらず民事上の求償権を取得するが、電子記録上その事実を明らかにするためには支払等記録をする必要がある。でんさいネットに対して支払等記録を請求するためには、でんさいネットの利用者であることが必要である。当該保証人等がでんさいネットの利用者ではない場合、当該保証人等はでんさいネットの利用者となった上で支払等記録を請求することになるが、個人事業者ではない個人など、本来でんさいネットの利用資格がない者であっても、保証利用限定特約を締結することにより、この支払等記録を請求することおよび関連する変更記録を請求することを目的としてでんさいネットの利用者となることが可能である。なお、法人の場合、電子記録保証人となることを目的として保証利用限定特約を利用することはできないが、民事上の保証を履行した旨の支払等記録をすることを目的として保証利用限定特約を利用することは可能である（ただし、保証利用限定特約の取扱可否は窓口金融機関により異なる）。

第 9 節

でんさいの記録事項の確認①
（通常開示）

【業務規程】

（債権記録に記録されている事項の開示）

第57条　次の各号に掲げる者およびその相続人等ならびにこれらの者の
　　財産の管理および処分をする権利を有する者は、法第87条および業務
　　規程細則で定めるところにより、窓口金融機関を通じて当会社に対
　　し、当該各号に定める事項の開示を請求することができる。

　一　債権者　次に掲げる事項

　　①　法第87条第１項第１号に規定する事項

　　②　利用者が開示に同意した記録事項

　二　債務者または電子記録保証人　次に掲げる事項

　　①　法第87条第１項第２号に規定する事項

　　②　利用者が開示に同意した記録事項

　三　債権記録に記録されている者であって、前二号に掲げる者以外の
　　者　法第87条第１項第３号に規定する事項

２　当会社は、前項に規定する請求がされた場合には、業務規程細則で
　　定めるところにより、当該請求をした者に対し、同項各号に定める事
　　項について業務規程細則で定める事項を開示する。

３　利用者は、当会社が窓口金融機関との間の業務委託契約を解除する
　　場合または災害もしくはシステム障害等により窓口金融機関が参加金

融機関業務を遂行することができない状態が継続した場合その他業務
規程細則で定める場合には、当会社に対し、当会社が別途指定する方
法により、第1項の請求をすることができる。

（記録請求に際して提供された情報の開示）

第59条 利用者または利用契約を解約しもしくは解除された元利用者
は、法第88条および業務規程細則で定めるところにより、窓口金融機
関を通じて当会社に対し、当該利用者を請求者とする電子記録の請求
に当たって、当会社に提供された情報の開示を請求することができ
る。

2 前項に規定する請求がされた場合には、当会社は、業務規程細則で
定めるところにより、同項に規定する情報を開示する。

3 利用者は、当会社が窓口金融機関との間の業務委託契約を解除する
場合または災害もしくはシステム障害等により窓口金融機関が参加金
融機関業務を遂行することができない状態が継続した場合その他業務
規程細則で定める場合には、当会社に対し、当会社が別途指定する方
法により、第1項の請求をすることができる。

1 電子記録債権法における開示の概要

電子記録債権は、通常の金銭債権では困難な「可視化」を実現していること
とが特長であるが、不動産登記のように誰でも閲覧可能なものではなく、開
示を受けることのできる者は利害関係のある者に限られる。また、同じ債権
記録であっても、開示を請求する者の立場（債権者か債務者か等）や、開示
を必要とする理由（債務者が債権者等に対し人的抗弁を有する場合等）によっ
ては利害関係が異なることから、開示される内容の範囲が異なる場合があ
る。

開示請求者は、債権記録に記録されている事項の開示（以下「記録事項の

開示」という）および電子記録の請求にあたって記録機関に提供した情報の開示（以下「提供情報の開示」という）を請求することができる（法87条、88条）。

2　でんさいネットにおける開示

　でんさいネットにおける開示について、記録事項の開示は業務規程57条・58条、提供情報の開示は業務規程59条・60条で定めている。開示される情報は、記録事項の開示は記録原簿に記録された事項が、提供情報の開示は請求受付簿に記録された事項がもとになる。

　開示される内容や対象者は基本的に電子記録債権法に沿ったものとなるが、法定の開示事項に加えて、利用者があらかじめ開示に同意した事項を開示対象としている（規程57条1項1号②・2号②）。具体的には、債務者の決済口座情報や法人利用者の代表者情報などである。これらの開示は、利用契約締結時に「利用者情報の取扱いに関する同意書」で開示の同意を利用者から得ていることに基づくものである。

　開示の種類は、記録事項の開示、提供情報の開示それぞれについて通常開示と特例開示とがある。通常開示は開示事項の一部のみの開示であるが、後述の「最新債権情報開示」は利用者によるオンラインでの請求および確認が可能である。特例開示は開示事項の全部が開示されるが、特例開示は、請求方法および開示方法が書面に限られる。また、残高証明書の発行も開示の一類型として規定している（細則56条2項3号）。本節では通常開示について解説し、特例開示については4章1節、残高証明書については本章10節で解説する。

3　通常開示および最新債権情報開示

（1）　記録事項の開示

一般的な記録事項の確認方法として、「通常開示」および「最新債権情報開示」がある。

a　開示対象者

「最新債権情報開示」「通常開示」とも、開示されるでんさいの債権者、債務者および電子記録保証人である。支払等記録がされたでんさいも開示対象となるが、支払等記録における支払等をした者が「保証人等」（規程2条17号）の場合は、当該保証人等も開示対象者となる。なお、過去に債権者であったが譲渡記録により債権者でなくなった者であっても、譲渡における原則的扱いのとおり譲渡保証記録を行っていれば、電子記録保証人として開示対象者となる。口座間送金決済等により、債務者を支払等をした者とする支払等記録がされたでんさいについても、でんさいが存在していた当時の利害関係人は開示対象者となるが、その後に利用契約を解約した者は、最新債権情報開示および通常開示の対象者とはならない（特例開示により請求することが可能）。

b　開示内容

最新債権情報開示および通常開示でそれぞれ以下のとおりとなる。法定の開示事項であるが以下に含まれていない事項は、特例開示により開示される。

①　最新債権情報開示

開示請求時点の債権の支払金額、支払期日等の情報（分割・譲渡記録の予約請求期間中に、当該債権の譲受人が開示請求した場合は、予約成

第3章　でんさいネットの利用（基本編）　85

立後の記録番号および債権金額）および債務者、債権者、電子記録保証人の情報が開示される。

② 通常開示

次の記録を除く、すべての記録が開示される（細則56条7項1号、同別表1）。

○ 譲渡記録のうち電子記録年月日が最も新しい譲渡記録を除く、すべての譲渡記録

○ 訂正および回復の記録

過去の譲渡記録が開示されないのは、電子記録債権法の定めによるものである。電子記録債権の譲渡人は、譲渡記録のみでは、手形の裏書譲渡と異なり担保責任を負わないため、当該電子記録債権の利害関係人ではなくなる。でんさいの譲渡人が債権者に対して責任を負うのは、譲渡記録ではなく保証記録（譲渡保証記録）により電子記録保証債務を負うためであり、当該保証記録は開示されることになる。なお、債務者が開示請求する場合で譲渡人に対し人的抗弁を有している場合等は、過去の譲渡記録が開示されることになるが（法87条）、このような場合は特例開示によって請求することになる（規程58条）。

c 請求・開示方法

各参加金融機関で定めることとしている。最新債権情報開示については、アクセスチャネルがインターネットバンキング等オンラインに対応している参加金融機関では、一般的にオンラインでの請求・開示が可能と思われる。通常開示については、参加金融機関により、請求・開示方法が異なる。

d その他

通常開示の対象となる記録事項は、「利用者情報の取扱いに関する同意書」に基づき、各利用者の窓口金融機関も開示請求が可能である。つまり、窓口金融機関は、自行の利用者が通常開示で閲覧できるでんさいの記録事項を閲

覧できる（細則57条）。

(2) 提供情報の開示

a 開示対象者

「電子記録債権法上の記録請求を行った利用者」が対象となり、記録請求の種類ごとに異なる。例えば、債務者請求方式の記録請求は、電子記録権利者が電子記録義務者に対し記録請求の権限を包括的に付与した上で、電子記録義務者が記録請求する際に、当該権限付与に基づき電子記録権利者の記録請求も併せて行う形としていること（規程26条）から、譲渡記録における譲渡人の請求は、譲渡人、譲受人とも開示対象となる。一方、債権者請求方式の記録請求では、電子記録権利者が行う請求は電子記録権利者のみが、電子記録権利者の請求に対する電子記録義務者の承諾は電子記録義務者のみが開示対象者となる。電子記録債権法で開示対象とされている、電子記録の請求が適法であるかどうかについて利害関係のある者や利用契約を解除した者は、特例開示により請求することとなる（規程60条）。

b 開示内容

利用者による「電子記録債権法上の記録請求」が対象となる。発生記録や譲渡記録等の記録請求のほか、変更記録請求なども対象となる。債務者請求方式における電子記録権利者による否認は「削除の変更記録」の請求であり、電子記録義務者が電子記録権利者に変更記録請求の権限を付与していることから、電子記録義務者および電子記録権利者の双方に開示される。一方、債権者請求方式における電子記録義務者による否認は、電子記録権利者が記録請求した事項について請求を行わないことの意思表示ではあるが、電子記録の請求ではないので、開示対象とはならない。また、口座間送金決済による支払等記録や強制執行等の記録など、でんさいネットが行う電子記録は、請求なく記録する電子記録であるため、提供情報の開示の対象とはなら

ない。

　譲渡記録の提供情報の開示でも、記録事項の開示と同様、譲渡人が相続人等である場合を除き、譲渡人の情報は開示されない。業務規程では、譲渡人の情報は、提供すべき情報として定められていないことに基づくものである（規程31条１項）。

　発生記録や譲渡記録の予約請求も、電子記録の日が指定された電子記録の請求であることから、開示の対象となる。利用者が予約請求したでんさいの内容を予約期間中に確認したい場合は、提供情報の開示で確認することができる。

ｃ　請求・開示方法

　各参加金融機関で定めることとしている。インターネットバンキング等オンラインでの記録請求に対応している場合は、オンラインでの請求および開示が可能と思われる。

(3)　記録事項の開示の具体例

　図表３−11に基づいて説明する。通常開示の開示対象となる利用者は、債務者のA、電子記録保証人のB、Dおよび債権者のEとなる。

　全部開示で開示される電子記録は、①（発生記録）、②´（保証記録）、④´（保証記録）および④（最新の譲渡記録）である。A、B、D、Eいずれが請求した場合でも、この場合は開示される範囲は同じである。なお、譲渡保証記録と単独保証記録とは開示においてその区別はなされないので、②´や④´が譲渡保証記録であるかは、開示される記録事項からは必ずしも明らかではない。

　Eが請求する場合で、譲渡記録の譲渡人または譲受人が個人である譲渡記録は、電子記録債権法上開示の対象となる（法87条１項１号ロ）。例えば、Cが個人であった場合、Eは、②・③の譲渡記録の開示を受けることができる。②・③は通常開示（全部開示）では開示されないが、特例開示で開示を

【図表３－11】　開示の例

A————B————C————D————E
　　　①　　　②②′　　③　　　④④′

① 　発生記録【Ａ：債務者、Ｂ：債権者】
② 　譲渡記録・②′（譲渡）保証記録【Ｂ：譲渡人、Ｃ：譲受人】
③ 　譲渡記録【Ｃ：譲渡人、Ｄ：譲受人。譲渡保証記録なし】
④ 　譲渡記録・④′（譲渡）保証記録【Ｄ：譲渡人、Ｅ：譲受人】

受けることが可能である。

　Ｃは譲渡の際に譲渡保証を行っておらず、当該でんさいの債務者、債権者および電子記録保証人のいずれでもないことから、当該でんさいの通常開示を受けることはできない。電子記録債権法上、Ｃは①の発生記録およびＣが譲受人または譲渡人である②・③の譲渡記録の開示を受けることができるが（法87条１項３号イ）、これは特例開示で開示が可能である。

第３章　でんさいネットの利用（基本編）　89

第**10**節

残高証明書の発行

【業務規程細則】

（債権記録に記録されている事項の開示の請求の方法等）

第56条　規程第57条第１項に規定する開示の請求は、この条に規定する
ところによりしなければならない。

2　次の各号に掲げる開示の請求は、当該各号に定める方法でしなけれ
ばならない。

　一　通常開示　窓口金融機関が定める方法

　二　特例開示　窓口金融機関を通じて書面を当会社に提出する方法

　三　残高の開示　次に掲げる方法

　　①　請求日より前の日を基準日として指定する場合　窓口金融機関
を通じて、当会社所定の書面を当会社に提出する方法

　　②　請求日以降のＥを基準日として指定する場合　窓口金融機関を
通じて、利用者データベースに基準日を登録する方法

　　③　定期的な基準Ｅを指定する場合　窓口金融機関を通じて、利用
者データベースに定期的な基準日を登録する方法

3　前項第１号に掲げる通常開示の請求は、規程第57条第１項第１号ま
たは第２号に掲げる者およびその相続人等ならびにこれらの者の財産
の管理および処分をする権利を有する者でなければすることができな
い。この場合において、窓口金融機関に対し、次に掲げる情報を提供

しなければならない。

一　開示の請求をする者の情報

二　開示を請求するでんさいを特定するための情報

三　その他窓口金融機関が定める情報

4　第2項第2号に掲げる特例開示の請求は、窓口金融機関を通じて当
　会社に対し、次に掲げる情報を記載した書面を提出してしなければな
　らない。この場合において、当会社は、当該請求をした者に対し、規
　程第58条第1項または第2項に規定する事実に係る資料の提出を求め
　ることができる。

一　開示の請求をする者の情報

二　開示を請求するでんさいを特定するための情報

三　請求の原因となる事実に係る情報

5　第2項第3号①に掲げる残高の開示の請求は、窓口金融機関を通じ
　て当会社に対し、次に掲げる情報を記載した書面を提出してしなけれ
　ばならない。

一　残高の基準日

二　残高の開示を請求する利用契約を特定するための情報

三　その他当会社が定める事項

6　第2項第3号②および③に掲げる残高の開示の請求は、窓口金融機
　関に対し、次に掲げる情報を提供してしなければならない。

一　残高の基準日

二　残高の開示を請求する利用契約を特定するための情報

三　その他窓口金融機関が定める情報

7　規程第57条第2項に規定する事項は、次の各号に掲げる開示の請求
　に応じて当該各号に定める事項を開示するものとする。

一　第2項第1号に掲げる通常開示　次に掲げる事項

①　開示する債権記録のうち、規程第57条第1項第1号または第2
　号に定める事項。ただし、電子記録の訂正または回復の年月日お

第3章　でんさいネットの利用（基本編）　91

よび規程第58条第1項に定める事項を除く。

　　②　開示する債権記録のうち、別表1に規定する事項

　二　第2項第2号に掲げる特例開示　開示する債権記録のうち、規程
　　第57条第1項各号に定める事項

　三　第2項第3号に掲げる残高の開示　開示請求の対象である利用契
　　約にもとづいてされた債権記録（債務者を支払等をした者とする支
　　払等記録がされていないでんさいに係るものに限る。）のうち、別
　　表2に規定する事項

8　規程第57条第2項に規定する開示の方法は、次の各号に掲げる開示
　の請求に応じて、当該各号に定める方法とする。

　一　第2項第1号に掲げる通常開示　窓口金融機関が定める方法

　二　第2項第2号に掲げる特例開示　窓口金融機関を通じて書面を提
　　供する方法

　三　第2項第3号に掲げる残高の開示　当会社が定める方法

　でんさいネットでは、でんさいの内容を確認する方法として通常開示および特例開示の開示請求のほかに、「残高証明書の発行」を提供している。業務規程等では、記録事項等の開示の一類型として定めている（細則56条2項3号）。

　残高証明書の発行請求の方法は、都度発行方式（細則56条2項3号①）と定例発行方式（細則56条2項3号②・③）との2種類がある。

1　残高証明書の内容

　利用者から残高証明書の発行請求があった利用契約に関連して、利用者が指定した発行基準日時点において、でんさいネットの記録原簿に記録されている、でんさいの債権、債務、電子記録保証、特別求償権、求償権（自らが民事上の保証人等となったでんさいのうち、債務者に代わり弁済し民事上の求償

【図表 3 － 12】 細則別表 2

No.	開示する事項
1	残高の基準日の年月日
2	残高の開示の対象となる利用契約に係る利用者番号および決済口座に係る情報
3	でんさい（特別求償権を除く）の合計件数および合計金額
4	発生記録等における債務者の債務の合計件数および合計金額
5	電子記録保証債務の合計件数および合計金額
6	特別求償権の合計件数および合計金額
7	保証人等を支払等をした者とする支払等記録等がされたでんさいの合計件数および合計金額
8	でんさい（特別求償権を除く）について次に掲げる事項 (1) 債権記録の記録番号 (2) 発生記録の電子記録の年月日 (3) 発生記録等の支払期日の年月日 (4) 発生記録等の債務者が支払うべき債権金額 (5) 債務者の氏名または名称
9	発生記録等における債務者の債務について、次に掲げる事項 (1) 債権記録の記録番号 (2) 発生記録の電子記録の年月日 (3) 発生記録等の支払期日の年月日 (4) 発生記録等の債務者が支払うべき債権金額
10	電子記録保証債務について、次に掲げる事項 (1) 債権記録の記録番号 (2) 発生記録の電子記録の年月日 (3) 発生記録等の支払期日の年月日 (4) 発生記録等の債務者が支払うべき債権金額 (5) 債務者の氏名または名称
11	特別求償権について、次に掲げる事項 (1) 債権記録の記録番号 (2) 発生記録の電子記録の年月日 (3) 発生記録等の支払期日の年月日

		(4)　発生記録等の債務者が支払うべき債権金額
		(5)　債務者の氏名または名称
12	保証人等を支払等をした者とする支払等記録等がされたでんさいについて、次に掲げる事項 (1)　債権記録の記録番号 (2)　発生記録の電子記録の年月日 (3)　発生記録等の支払期日の年月日 (4)　発生記録等の債務者が支払うべき債権金額 (5)　債務者の氏名または名称	

権が生じ、かつ支払等記録を行ったもの）それぞれの件数および残高等が記載される（細則別表2）。

2　発行請求手続

（1）　都度発行方式

　都度発行方式により残高証明書の発行請求をする場合とは、過去の特定日を残高証明書の発行基準日として指定する場合であり、将来の特定日を残高証明書の発行基準日として指定する場合には、定例発行方式に従って請求する必要がある。

　つまり、都度発行方式を利用する場合は、過去日付の残高証明書の発行を希望する場合に限られ、将来日付の特定日を発行基準日とする残高証明書の発行は、後述する定例発行方式で行う点に留意が必要である。

a　請求できる者

　利用者および元利用者のほか、代理人（税理士・公認会計士等）、相続人、財産の管理および処分をする権利を有する者による請求が可能である。

b 請求方法

都度発行方式による残高証明書の発行請求は、書面による手続となる。

○ 利用者が窓口金融機関に、所定の残高証明書発行請求書で残高証明書の発行を請求する。

○ 窓口金融機関は本人確認や請求内容の確認を行った上、請求書をでんさいネットに送付する。

○ 請求書の送付を受けたでんさいネットは、残高証明書を作成の上、利用者（または、請求書で利用者が指定した監査法人等の第三者）へ直接簡易書留で郵送する。

(2) 定例発行方式

定例発行方式により残高証明書の発行請求をする場合とは、将来の特定日を残高証明書の発行基準日として指定する場合または毎年定期的に到来する残高証明書の発行基準日を指定する場合であり、過去の特定日を残高証明書の発行基準日として指定する場合には、都度発行方式で請求する必要がある。

この定例発行方式を活用することにより、例えば、決算日など、毎年定期的に到来する特定日を残高証明書の発行基準日として登録することで、毎年、定例的に残高証明書が発行されることになり、管理事務の軽減につながる。

a 請求できる者

利用者のほか、代理人（税理士・公認会計士等）、届出相続人、財産の管理および処分をする権利を有する者による請求が可能である。

b 請求方法

定例発行方式による残高証明書の発行請求は、窓口金融機関が定める方法による手続となる。

○ 利用者が窓口金融機関に対し、定例的に残高証明書の発行を希望する日の登録を依頼する。

○ 窓口金融機関は本人確認や請求内容の確認を行った上で、利用者が指定した日を残高証明書の発行基準日としてでんさいネットシステムに登録する。

○ 残高証明書の発行基準日が到来した場合には、でんさいネットは、残高証明書を作成の上、利用者（または、請求書で利用者が指定した監査法人等の第三者）へ直接簡易書留で郵送する。

3　留意事項

(1)　発行単位

　残高証明書は、利用契約単位で発行される。つまり、複数の窓口金融機関または同一金融機関の複数支店で利用契約がある利用者がすべての利用契約について残高証明書の発行を希望する場合には、窓口金融機関または支店ごとに請求する必要がある。

　また、1つの利用契約に複数の決済口座が登録されている場合は、その複数の決済口座分のでんさいが、まとめて残高証明書に掲載される。残高証明書発行請求書には決済口座記入欄は1口座分しか設けていないが、これは利用契約を特定するためであり、例えば、ある利用契約の決済口座として当座預金A・普通預金Bが登録されている場合、残高証明書発行請求書の決済口座欄には当座預金A・普通預金Bのいずれを記入してもよく、発行される残高証明書には、当座預金Aおよび普通預金Bを決済口座とするでんさいの合計が掲載される。

(2)　掲載内容

　でんさいの残高証明書は、発行基準日現在のでんさいネットシステムの記

録原簿に記録されている残高を証明するものである。主に以下の点に注意が
必要である。

○　原則として、発行基準日として指定された日において、支払等をし
た者が債務者である支払等記録が記録されていないでんさいは残高証
明書に掲載される（ただし、発行基準日までに口座間送金決済が行わ
れ、支払等記録がされていないでんさいは掲載されない。なお、平成26年
2月23日以前の日を発行基準日として指定した場合には、発行基準日まで
に口座間送金決済が行われ、支払等記録がされていないでんさいは残高証
明書に掲載されるので留意が必要である）。

○　発生記録請求（債権者請求方式）、単独保証記録請求および債務者
（支払等をした者）による支払等記録請求など、債権者請求方式による
電子記録の請求が行われ、発行基準日現在で被請求者が承諾していな
いものは、電子記録が成立しておらず記録原簿に記録されていないた
め、残高証明書には掲載されない。

　一方、発生記録請求（債務者請求方式）、譲渡記録請求および譲渡保
証記録請求など債務者請求方式による電子記録の請求の場合は、請求
者の請求により電子記録が成立するため、発行基準日現在、被請求者
が単独で取消可能であっても残高証明書に掲載される。発生日が発行
基準日当日で、その翌銀行営業日に債権者が取り消した場合には、利
用者に残高証明書が届く時点ではでんさいは存在しないが、発行基準
日現在ではでんさいが存在し記録原簿に記録されていることから、掲
載される。

○　予約請求による発生記録等で、発行基準日現在、予約した発生日等
の電子記録の日が到来していないものは、残高証明書の残高には掲載
されない。

○　債権者が、自身の異なる決済口座間ででんさいを譲渡した場合で、
譲渡記録請求において譲渡保証記録を付していた場合、当該でんさい
は「債権残高」「保証残高」の両方に掲載される。

第3章　でんさいネットの利用（基本編）　97

第 **4** 章

でんさいネットの利用
（応用編）

本章では、でんさいネットの応用的な利用方法等について解説する。

第1節

でんさいの記録事項の確認②
（特例開示）

【業務規程細則】

（債権記録に記録されている事項の開示の請求の方法等）

第56条　規程第57条第1項に規定する開示の請求は、この条に規定するところによりしなければならない。

2　次の各号に掲げる開示の請求は、当該各号に定める方法でしなければならない。

一　通常開示　窓口金融機関が定める方法

二　特例開示　窓口金融機関を通じて書面を当会社に提出する方法

三　残高の開示　次に掲げる方法

① 　請求日より前の日を基準日として指定する場合　窓口金融機関を通じて、当会社所定の書面を当会社に提出する方法

② 　請求日以降の日を基準日として指定する場合　窓口金融機関を通じて、利用者データベースに基準日を登録する方法

③ 　定期的な基準日を指定する場合　窓口金融機関を通じて、利用者データベースに定期的な基準日を登録する方法

3　前項第1号に掲げる通常開示の請求は、規程第57条第1項第1号または第2号に掲げる者およびその相続人等ならびにこれらの者の財産の管理および処分をする権利を有する者でなければすることができない。この場合において、窓口金融機関に対し、次に掲げる情報を提供

第4章　でんさいネットの利用（応用編）　101

しなければならない。

一　開示の請求をする者の情報

二　開示を請求するでんさいを特定するための情報

三　その他窓口金融機関が定める情報

4　第2項第2号に掲げる特例開示の請求は、窓口金融機関を通じて当会社に対し、次に掲げる情報を記載した書面を提出してしなければならない。この場合において、当会社は、当該請求をした者に対し、規程第58条第1項または第2項に規定する事実に係る資料の提出を求めることができる。

一　開示の請求をする者の情報

二　開示を請求するでんさいを特定するための情報

三　請求の原因となる事実に係る情報

5　第2項第3号①に掲げる残高の開示の請求は、窓口金融機関を通じて当会社に対し、次に掲げる情報を記載した書面を提出してしなければならない。

一　残高の基準日

二　残高の開示を請求する利用契約を特定するための情報

三　その他当会社が定める事項

6　第2項第3号②および③に掲げる残高の開示の請求は、窓口金融機関に対し、次に掲げる情報を提供してしなければならない。

一　残高の基準日

二　残高の開示を請求する利用契約を特定するための情報

三　その他窓口金融機関が定める情報

7　規程第57条第2項に規定する事項は、次の各号に掲げる開示の請求に応じて当該各号に定める事項を開示するものとする。

一　第2項第1号に掲げる通常開示　次に掲げる事項

①　開示する債権記録のうち、規程第57条第1項第1号または第2号に定める事項。ただし、電子記録の訂正または回復の年月日お

およひ規程第58条第1項に定める事項を除く。

　　②　開示する債権記録のうち、別表1に規定する事項

　二　第2項第2号に掲げる特例開示　開示する債権記録のうち、規程
　　第57条第1項各号に定める事項

　三　第2項第3号に掲げる残高の開示　開示請求の対象である利用契
　　約にもとづいてされた債権記録（債務者を支払等をした者とする支
　　払等記録がされていないでんさいに係るものに限る。）のうち、別
　　表2に規定する事項

8　規程第57条第2項に規定する開示の方法は、次の各号に掲げる開示
　の請求に応じて、当該各号に定める方法とする。

　一　第2項第1号に掲げる通常開示　窓口金融機関が定める方法

　二　第2項第2号に掲げる特例開示　窓口金融機関を通じて書面を提
　　供する方法

　三　第2項第3号に掲げる残高の開示　当会社が定める方法

1　特例開示の概要

　保有する（または支払義務を負っている）でんさいの内容を確認する場合に
おいて、債権金額や支払期日、利害関係人などを確認したいときは、一般的
には通常開示で十分である。

　しかし、電子記録債権法において、原則として開示対象外としている過去
の譲渡記録について、一定の請求理由（債務者が債権者等に対して人的抗弁を
有する等）がある場合には開示対象とする旨を定めており（法87条1項2号ロ
など）、当該請求理由について利用者からの申出および窓口金融機関におけ
る確認が必要であること、ならびに利用契約を解除した元利用者についても
開示請求が認められることを踏まえると（細則5条）、当該利用契約を解除
した元利用者の本人確認手続が個別に必要となること等から、窓口金融機関

第4章　でんさいネットの利用（応用編）　103

が書面で受け付ける開示請求を、通常開示とは別に特例開示として定めている（細則56条、58条）。

2 特例開示の開示対象者および内容

記録事項の開示および提供情報の開示については、それぞれ図表４－１のとおりである。開示内容は、図表４－１の内容に加えて通常開示の内容も対

【図表４－１】 開示の対象者と内容

開示種類	開示対象者	開示内容
記録事項の開示	債権者	①訂正および回復の記録 ②譲渡人または譲受人が個人である、過去の譲渡記録
	債務者および電子記録保証人	③訂正および回復の記録 ④発生記録の債権者または譲渡記録の譲受人に対して人的抗弁を有する場合の一定の過去の譲渡記録（※）
	過去に債権者であった者で、譲渡記録等により債権者でなくなった者	⑤発生記録 ⑥自らが譲受人または譲渡人となっている譲渡記録 ⑦譲渡記録がなりすましによりされている場合に、自己から債権者に至るまでの譲渡記録
	利用契約を解除した者	⑧利用契約を解除した時点で、通常開示および特例開示の対象であった記録
提供情報の開示	電子記録の請求が適法であるかどうかについて利害関係を有する者	⑨当該電子記録の請求の際に提供された情報
	利用契約を解除した者	⑩利用契約を解除した時点で、通常開示および特例開示の開示対象であった提供情報

※ 請求者の人的抗弁の相手側が、「発生記録の債権者」または「譲渡記録の譲受人」として記録されている譲渡記録以降に記録された譲渡記録。

104

象となる。

　開示内容は、同じ請求者からのものであっても、特例開示の請求理由により異なる場合がある。例えば、図表4－1の④にあるとおり、債務者または電子記録保証人が発生記録の債権者または譲渡記録の譲受人に対して人的抗弁を有することを理由として開示請求を行う場合は過去の譲渡記録が開示されるが、それ以外の理由で特例開示を請求した場合は、過去の譲渡記録は電子記録債権法の原則どおり開示されない。

　中間譲渡人が譲渡の際に譲渡保証記録を行っていた場合は、当該利用者は「電子記録保証人」であると同時に、「過去に債権者であった者で、譲渡記録等により債権者でなくなった者」にも該当する。

　なお、図表4－1の④、⑦の場合に開示される譲渡記録の記録事項は、電子記録債権法の定めに従い通常開示の内容に譲受人の名称または氏名および住所を加えたものに限られる。

3　特例開示の請求手続

　特例開示を必要とする利用者は、開示請求書を窓口金融機関に書面で提出して請求する（細則56条・58条）。記録事項の開示において図表4－1の④、⑦に該当する場合および提供情報の開示において図表4－1の⑨に該当する場合は、当該請求の原因となる事実についての資料の提出も併せて必要である（規程58条・60条）。

　開示結果の利用者への開示は、窓口金融機関を通じてでんさいネットが作成した書面を交付することで行う。

4　記録事項の特例開示の具体例

　図表4－2に基づいて説明する。

　Aが特例開示を請求する場合、開示される記録は①、②´、④、④´であ

第4章　でんさいネットの利用（応用編）　105

り、これは通常開示と同じである。ただし、例えば、AがBに対し人的抗弁を有する場合は、②および③の譲渡記録の開示も受けることができる。ただし、②の譲渡記録の開示で開示される事項は、記録事項のうちCの名称または氏名および住所、③の譲渡記録の開示で開示される事項は、記録事項のうちDの名称または氏名および住所に限られる（法87条1項2号ロ）。

【図表4－2】 特例開示の例

A————B————C————D————E
　　①　　②②′　　③　　④④′

① 発生記録【A：債務者、B：債権者】
② 譲渡記録・②′（譲渡）保証記録【B：譲渡人、C：譲受人】
③ 譲渡記録【C：譲渡人、D：譲受人】※譲渡保証記録なし
④ 譲渡記録・④′（譲渡）保証記録【D：譲渡人、E：譲受人（債権者）】

［特例開示における、原則的な開示事項］

開示の請求者	①発生記録	②譲渡記録	②′保証記録	③譲渡記録	④譲渡記録	④′保証記録	備　考
A	○	×	○	×	○	○	一定の場合、開示範囲の拡張あり
B	○	○	○	×	○	○	一定の場合、開示範囲の拡張あり
C	○	○	×	○	×	×	一定の場合、開示範囲の拡張あり
D	○	×	○	○	○	○	一定の場合、開示範囲の拡張あり
E	○	△	○	△	○	○	△：譲渡人または譲受人が個人の場合、開示対象

（参考：通常開示における開示対象者および開示事項）

A、B、D、E	○	×	○	×	○	○	

106

B、Dに関し、通常開示では過去の譲渡記録は非開示となるが、特例開示においては、Bは②の譲渡記録が、Dは③の譲渡記録が開示される。これは、BまたはDは、②または③の譲渡記録において「過去に債権者であった者で、譲渡記録等により債権者でなくなった者」であり、かつ各譲渡記録において譲受人または譲渡人に該当するからである。また、BまたはDが債権者または譲受人に対し人的抗弁を有する場合には、A（債務者）の場合と同様、開示範囲が拡張される。

　Cが開示を請求する場合、通常開示ではCは当該でんさいの債務者、債権者、電子記録保証人のいずれでもないため開示を受けることができないが、特例開示では、①の発生記録およびCが譲受人または譲渡人である②・③の譲渡記録の開示を受けることができる（法87条1項3号イ）。また、③の譲渡記録がなりすましによりされている場合は、加えて④の譲渡記録の開示を受けることができる。ただし、④の譲渡記録の開示で開示される事項は、記録事項のうちEの名称または氏名および住所に限られる（法87条1項3号ロ）。

　Eが特例開示を請求する場合、開示される記録は①、②´、④、④´であり、これは通常開示（全部開示）と同じである。ただし、特例開示では、②または③の譲渡記録において、譲渡人または譲受人が個人である場合、当該譲渡記録も開示される（法87条1項1号ロ）。例えば、Bが個人の場合は②が、Cが個人の場合は②・③が開示される。

第4章　でんさいネットの利用（応用編）　107

第2節

口座間送金決済以外の支払

【業務規程】

（決済の方法）

第40条 債務者によるでんさいに係る債務の支払期日における支払い
は、法第62条第1項に規定する口座間送金決済に関する契約にもとづ
き、同条第2項に規定する口座間送金決済によりしなければならな
い。

2 でんさいに係る債務の支払いは、次に掲げる支払の方法によりして
はならない。

一 第三者による支払い（次に掲げる場合を除く。）

① 電子記録保証人または保証人等が、支払期日以後に債権金額の
全額を支払う場合

② 債務者に関して破産手続、会社更生手続、民事再生手続または
それらに準ずる倒産手続の開始の決定がされた場合または窓口金
融機関が特に認めた場合において、電子記録保証人が支払期日前
に債権金額の全額を支払う場合

二 支払期日前の債権金額の一部の支払い

でんさいの決済は、原則として支払期日における口座間送金決済で行われ
る。この口座間送金決済が行われた場合の支払等記録は、でんさいネットが

口座間送金決済通知に基づき記録することから利用者の手続は不要である。

　ただし、当事者間の合意により支払期日の変更を行わずに支払期日より前に決済する場合、支払期日に弁済できず支払期日後に弁済する場合および電子記録保証人等、債務者以外の者が弁済する場合なども想定されるため、口座間送金決済以外による支払については、一定の制限をした上で認めている。

　なお、口座間送金決済以外の方法で支払った場合には、利用者からの支払等記録の請求が必要となるが、利用者が支払等記録の請求を失念した場合には、支払期日に口座間送金決済手続が行われ二重弁済が生じる可能性があるので留意が必要である（支払期日を経過している場合を除く）。

1　でんさいの支払ができる者

　でんさいの支払の制限事項は、業務規程40条2項で定めている。一覧表にすると図表4−3のとおりである。

　支払期日より前の弁済は、債務者に法的整理の事由が生じた場合を除き債務者が弁済する場合に限られること、一部弁済は支払期日以後に債務者が弁済する場合に限られることに留意が必要である。

2　支払等記録の請求手続

　電子記録債権法において、支払等記録は電子記録債権の弁済の法的要件ではないため、必ずしも支払等記録の請求を弁済日と同日に行う必要はない（口座間送金決済の場合でも、支払等記録が記録されるのは支払期日の3銀行営業日後である）。しかし、取引の安全のためには、弁済後遅滞なく支払等記録の請求をするべきである。例えば、債務者が支払期日前に弁済した場合で支払等記録が記録されないまま支払期日前に債権者が当該でんさいを譲渡した場合などは、電子記録債権法19条の善意取得や同法20条の人的抗弁の切断が

第4章　でんさいネットの利用（応用編）　109

【図表4－3】　でんさいの支払の制限事項

弁済者		弁済の形態	弁済時期	
			支払期日より前	支払期日以後
債務者		全額	○	○
		一部	×	○
第三者	電子記録保証人	全額	△（※1）	○
		一部	×	×
	保証人等（※2）	全額	×	○
		一部	×	×
	電子記録保証人または保証人等以外の第三者	全額	×	×
		一部	×	×

※1　債務者に関して破産手続、会社更生手続、民事再生手続またはそれらに準ずる倒産手続の開始の決定がされた場合、窓口金融機関がとくに認めた場合に限る。
※2　でんさいについて民事上の保証債務を履行した民事上の保証人およびでんさいを被担保債権とする担保権が実行された場合における物上保証人（規程2条16号）。

成立する可能性があり、また支払期日に口座間送金決済が行われる可能性がある。

　支払等記録の請求は、債権者など支払等を受けた者が請求する場合は、単独で請求することができる（法25条1項1号）。

　他方、債務者など支払等をした者が請求する場合は、債権者など支払等を受けた者の承諾を得る必要がある（法25条1項3号）。でんさいネットでも、支払等記録の請求手続は電子記録債権法の定めに沿って定めており（規程32条1項）、支払等を受けた者が請求するときは単独で、支払等をした者が請求するときは、債権者請求方式に準じ、請求した日から起算して5銀行営業日以内に支払等を受けた者の承諾を得ることで、支払等記録を行う（細則21条2項）。

　請求が可能な期間は、支払期日より前の場合は、支払等を受けた者が請求するときは支払期日の3銀行営業日前まで、支払等をした者が請求するとき

は支払期日の7銀行営業日前までとなる。支払期日以降の場合は、債務者の窓口金融機関からでんさいネットに対し支払不能事由の通知が出された後であれば請求が可能であるが、当該通知が出されたことに伴い支払期日から支払期日の2銀行営業日後までの間に支払等記録を請求したときは、支払等記録が行われるのは支払期日の3銀行営業日後となる（細則21条3項）。

第3節

信託財産としての活用

【業務規程】

（信託の電子記録）

第37条　信託の電子記録の請求は、業務規程細則で定めるところにより、業務規程細則で定める利用者に限りすることができる。

2　当会社が前項の利用者から予め信託財産の受託者として利用する旨申出を受けた場合において、次に掲げる請求がされたときは、当該利用者から信託の電子記録の請求が併せてされたものとして取り扱う。

一　当該利用者を債権者とする発生記録の請求

二　当該利用者を譲受人とする譲渡記録の請求

三　当該利用者を譲渡人とする譲渡記録を削除する旨の変更記録の請求

四　当該利用者を債権者とする旨の変更記録の請求

五　当該利用者が債務者でない場合には、当該利用者を支払等をした者とする支払等記録の請求

3　当会社は、信託の電子記録がされている債権記録について、第1項の利用者から次に掲げる請求がされた場合には、信託の電子記録を削除する旨の変更記録の請求が併せてされたものとして取り扱う。

一　当該利用者を債権者とする発生記録を削除する旨の変更記録の請求

二　当該利用者を譲受人とする譲渡記録を削除する旨の変更記録の請求

三　当該利用者を譲渡人とする譲渡記録の請求

四　当該利用者が債権者となっているでんさいについて、債権者の変更をする旨の変更記録の請求

五　当該利用者が債権者の場合には、当該利用者を支払等を受けた者とする支払等記録の請求

4　前二項の規定にかかわらず、第1項の利用者の信託財産に属するでんさいが固有財産に属することにより当該でんさいが信託財産に属しないこととなった場合にあっては、業務規程細則で定めるところにより、当該利用者および当該でんさいの属する信託の受益者または信託管理人の双方で請求をしなければならない。

5　当会社は、第2項各号に掲げる請求がされた場合には、信託の電子記録の請求のため、次に掲げる事項についての情報が第1項の利用者から提供されたものとして取り扱う。

一　信託の電子記録がされることとなる債権記録の記録番号

二　信託財産に属する旨

三　信託財産に属するでんさいを特定するために必要な事項

四　その他業務規程細則で定める事項

6　当会社は、第1項の利用者から第2項各号に掲げる請求がされた場合には、遅滞なく（第2項第1号または同項第2号に掲げる請求において、第30条第1項第9号または第31条第1項第7号に掲げる電子記録の日が指定された場合には、当該電子記録の日以後遅滞なく）、信託の電子記録として次に掲げる事項を記録原簿に記録する。

一　前項第1号から第3号までに掲げる事項

二　電子記録の年月日

三　その他業務規程細則で定める事項

1 電子記録債権法における信託の電子記録

信託とは、委託者が受託者に対して財産を移転して受託者の財産として帰属させた上で、信託行為（当事者による信託契約など）に基づく一定の目的に従って、受益者のために管理、処分等をさせる制度であり、電子記録債権も信託可能な財産の１つである。

電子記録債権法では、「信託の電子記録」について定めた上で、信託の電子記録は、電子記録債権が信託財産に属することについての第三者対抗要件と規定している（法48条１項）。つまり、ある委託者が電子記録債権を信託設定のために受託者に譲渡した場合、電子記録債権の譲渡の効力および対抗要件は譲渡記録により、当該譲渡が信託設定のために行われたものであること（当該電子記録債権が受託者の固有財産に属しないこと）の効力は委託者（兼受益者）と受託者との間の信託行為により、第三者対抗要件は信託の電子記録により成立するということである。

信託の電子記録は原則として受託者が単独で請求することができる（施行令３条１項）。ただし、信託財産に属する電子記録債権が、受託者の固有財産に属することとなった場合には、受託者および受益者（または信託管理人）の双方による請求が必要である（施行令５条１項）。また、電子記録債権の発生または譲渡により、電子記録債権が信託財産に属することとなる場合等は、当該発生記録または譲渡記録と同時に信託の電子記録をする必要がある（施行令３条２項）。

2 でんさいネットにおける信託の電子記録

(1) 受託者として信託の電子記録を利用できる者

信託業法に基づく信託業の免許または金融機関の信託業務の兼営等に関す

る法律に基づく認可のいずれかを得た者に限られる（細則31条2項）。なお、前者の、信託業法に基づく信託業の免許を得ている者は、平成27年10月13日現在、全国で7社である。

(2) 利用申込みおよび請求手続

利用契約締結時に信託利用の有無を選択する。ここで信託利用として申し込んだ場合、当該利用契約における業務規程37条2項に定める請求（受託者を債権者とする発生記録など）は、すべて信託の電子記録を併せて請求したものと取り扱われ、個別の請求ごとに信託の電子記録の要否を選択することはできない。

例えば、委託者が受託者に対しでんさいを信託行為に基づき信託設定のために譲渡する場合、譲渡人である委託者が、譲受人である受託者の決済口座（信託利用を申し込んだ利用契約の決済口座）を指定して譲渡記録請求を行うが、このとき業務規程26条1項に基づき譲渡人が併せて行う譲受人の譲渡記録請求については、同時に信託の電子記録の請求も行われたこととして取り扱われる。受託者を債権者とする発生記録を削除する旨の変更記録請求など業務規程37条3項に定める請求が、すべて信託の電子記録を削除する旨と取り扱われることも同様である。

したがって、利用者が自身の固有勘定および信託勘定それぞれででんさいを利用したい場合は、それぞれで利用契約を分けて管理する必要がある。

(3) 請求手続の特則

利用者の信託財産に属する電子記録債権が、利用者の固有財産に属することとなった場合の記録請求は、受託者である利用者が受益者全員または信託管理人の請求に係る書面を取りまとめた上で、自らの窓口金融機関に対して行わなければならない（細則31条4項）。

第4章　でんさいネットの利用（応用編）　115

第 5 章

支払不能処分制度

　本章では、でんさいネットの支払不能処分制度について解説する。

第**1**節

手形交換所の取引停止処分制度

　手形を利用した取引の安全性を確保するため、手形交換所では取引停止処分制度を運用している。これは、著しく信用力に劣る債務者の信用利用を制限し、手形の支払確実性を高め、手形取引の信用純化を図るものである。

　具体的には、支払呈示のあった日に当該支払が行われない手形（以下「不渡手形」という）の振出人等について、図表5－1のとおり処分する制度である。

　この取引停止処分制度により、手形の支払確実性が担保され、決済手段としての手形の安全性が高まり、その流通性が確保される効果がある。また、信用力の高い金融手段であることを前提として、手形割引等の金融取引を通じた事業者の資金調達手段として利用が図られる効果がある。

【図表5－1】　取引停止処分制度

1回目の不渡	不渡手形の振出人等の情報を手形交換所参加銀行に対して「不渡報告」で通知
2回目の不渡 （※）	・不渡手形の振出人等の情報を「取引停止報告」で通知 ・「取引停止報告」の通知日から2年間、当座勘定取引および貸出取引を禁止

※　「不渡報告」に係る不渡手形の交換日から6カ月以内の日に別の手形を不渡にした場合。

第5章　支払不能処分制度　119

第2節

でんさいネットの支払不能処分制度

【業務規程】

（支払不能通知）

第47条　当会社は、前条各項の通知を受けたときには、次に掲げる場合を除き、支払期日から起算して3銀行営業日を経過した日以後において、支払不能でんさいに係る業務規程細則で定める情報（以下「支払不能情報」という。）を参加金融機関に通知する。

一　第0号支払不能事由が通知された場合

二　第2号支払不能事由が通知され、当該第2号支払不能事由に対し、第50条に規定する異議申立がされた場合

三　すでに取引停止処分が科された利用者に係る場合

2　当会社は、前項の規定にかかわらず、前条各項の通知を受けたときには、支払期日から起算して3銀行営業日を経過した日以後に、窓口金融機関を通じて支払不能でんさいの債権者および債務者に対し、支払不能でんさいを特定するために必要な情報および支払不能事由その他窓口金融機関が必要と認める事項を通知する。

（取引停止通知）

第48条　当会社は、前条第1項の規定による通知（以下「支払不能通知」という。）に係る支払不能でんさいの債務者について、当該支払不能でんさいの支払期日から起算して6か月以内の日を支払期日とす

る他のでんさいに係る2回目の支払不能事由が窓口金融機関から通知された場合には、次に掲げる場合を除き、当該2回目の支払不能事由に係るでんさいの支払期日から起算して3銀行営業日を経過した日において、当該債務者に対し、取引停止処分を科すものとし、その旨および支払不能情報を参加金融機関に通知する。

一　第0号支払不能事由が通知された場合

二　第2号支払不能事由が通知され、当該第2号支払不能事由に対し、第50条に規定する異議申立がされた場合

三　すでに取引停止処分が科された利用者に係る場合

（取引停止処分の効果）

第49条　取引停止処分は、前条の規定による通知（以下「取引停止通知」という。）を参加金融機関に発した日から同条に規定する2回目の支払不能事由に係る支払不能でんさいの支払期日から起算して2年を経過する日まで（以下「取引停止処分期間」という。）継続するものとする。

2　参加金融機関は、取引停止処分を科された利用者に対し、取引停止処分期間中は貸出の取引をすることはできない。ただし、債権保全のための貸出の取引は、この限りでない。

でんさいネットは、「手形的利用」を前提とした電子記録債権を取り扱っており、中小企業金融をはじめとした金融の円滑化・効率化を図るという、でんさいネットの理念を達成するため、支払期日の支払確実性を担保し、支払手段としての流通性を確保するとともに、金融取引に利用してもらうために手形交換所の不渡処分制度と同等の支払不能処分制度を導入している。

1　支払不能の定義

「支払不能」という用語は、一般的には破産法上の用語として使用される

第5章　支払不能処分制度　121

ことが多いが、でんさいネットの「支払不能」は破産法上の「支払不能」の
定義と異なるので注意が必要である。

でんさいネットの「支払不能」の定義は、「支払期日に口座間送金決済に
よる支払がされなかったこと」であり、でんさいの原則的な支払方法である
口座間送金決済により支払がされなかったことを「支払不能」と定義付けて
いる。

2 支払不能事由

支払期日に口座間送金決済による支払がされなかった場合には、一律「支
払不能」に該当する。ただし、例えば債権者の契約不履行等により債務者が
でんさいの支払を拒む何らかの理由がある場合など、「支払不能」に該当し
たからといって、一律に債務者に支払不能処分を科すことが望ましくないこ
ともあり得る。

したがって、でんさいネットでは、支払不能を引き起こした原因別に支払
不能事由を区分管理しており、債務者の信用に関する事由である第1号支払
不能事由および第2号支払不能事由を支払不能処分の対象としている。

【図表5-2】 支払不能処分制度

支払不能 事由	概　　要	支払不能処分の対象
第0号支払 不能事由	・債務者の信用に関しない事由（債権者同意による支払猶予等） ・支払不能処分を科すことが不適切な事由（破産手続開始決定等）	対象外
第1号支払 不能事由	債務者の信用に関する事由（資金不足、債務者口座なし等）	対象
第2号支払 不能事由	第0号、第1号支払不能事由以外の事由（契約不履行、不正作出等）	対象（ただし、異議申立の手続をすれば、処分を猶予）

なお、第2号支払不能事由については、後述する異議申立の手続をすることにより、支払不能処分の猶予を受けることができる。

(1)　第0号支払不能事由

　第0号支払不能事由は、「債務者の信用に関しない事由その他業務規程細則で定める事由」（規程46条1項）であり、具体的には、以下のとおりである（細則43条1項）。

- ○　債権者または債務者について破産手続開始の決定等がされたこと。
- ○　でんさいについて支払禁止の仮処分が命じられたこと。
- ○　でんさいについて当会社が強制執行等の命令の送達を受けたこと。
- ○　債権者、または債権者の同意を得た債務者から口座間送金決済の中止の申出がされたこと。
- ○　債務者が死亡したこと。
- ○　債権者口座に入金することができないこと。
- ○　債権者口座が存在しないこと。

　これらの事由については、債務者の信用に関しない事由であることが明らかであることまたは支払不能処分を科すことが不適切であることから、支払不能処分の対象外としている。

(2)　第1号支払不能事由

　第1号支払不能事由は、「資金不足その他業務規程細則で定める事由」（規程46条2項1号）であり、具体的には、以下のとおりである（細則43条2項）。

- ○　債務者口座から債権金額の引落しができなかったこと。
- ○　債務者口座が存在しないこと。
- ○　上記2つに準ずる事由。

　これらの事由については、債務者の信用に関する事由であることが明らかであることから、支払不能処分の対象である。

(3) 第2号支払不能事由

第2号支払不能事由は、「債務者の申出により口座間送金決済を中止することができる事由として業務規程細則で定める事由」（規程46条2項2号）であり、具体的には、以下のとおりである（細則43条3項）。

○ 発生記録または譲渡記録の原因である契約に不履行があったこと。

○ でんさいが存在しないこと。

○ 発生記録または譲渡記録の請求にあたって取締役会の承認等が存在しないこと。

○ 発生記録の請求の意思表示に瑕疵があったこと。

○ なりすまし、無権代理、不正アクセス、システムバグまたはオペレーションミス等により、利用者の請求がないのに電子記録がされたこと、または利用者から提供された情報の内容と異なる内容の電子記録がされたこと。

○ その他第0号支払不能事由および第1号支払不能事由に該当しない事由。

これらの事由は、主に当事者間の問題によって口座間送金決済による支払に応じ難い場合であることから、それが債務者の信用に関しない事由である場合には、異議申立の手続をすることにより、支払不能処分を猶予することとしている。

ただし、第2号支払不能事由に該当する場合であっても、そもそも支払資金がないなど、第1号支払不能事由に該当する場合には、原則として第1号支払不能事由が優先的に適用され、支払不能処分を科されることがあるので留意が必要である。

3　支払不能処分の内容

（1）　1回目の支払不能（規程47条）

　でんさいの債務者が1回目の支払不能でんさいを出した場合には、全参加
金融機関に対し、当該債務者が1回目の支払不能でんさいを出した旨、支払
不能通知を通知する。

　また、支払不能でんさいの債権者および債務者に対しては、支払不能でん
さいの支払期日から起算して3銀行営業日を経過した日以後に、支払不能が
確定した旨、窓口金融機関を通じて通知することとしている。

　なお、この時点では、支払不能通知が全参加金融機関に通知されるのみで
あり、具体的なペナルティーは科されない。

（2）　2回目の支払不能（規程48条、49条）

　1回目の支払不能でんさいを出した債務者が、1回目の支払不能でんさい
の支払期日から起算して6カ月以内の異なる日を支払期日とする他のでんさ
いを支払不能とした場合には、取引停止処分を科すこととし、全参加金融機
関に取引停止通知を通知する。

　取引停止通知により通知された債務者は、2回目の支払不能でんさいの支
払期日から起算して2年間、でんさいネットの債務者としての利用が禁止さ
れる（債権者利用限定特約での利用は可能）ほか、参加金融機関との間の貸出
取引（ただし、債権保全のための貸出取引を除く）が禁止される取引停止処分
を受ける。

　なお、1回目の支払不能でんさいの支払期日から6カ月を経過した日以後
に別のでんさいを支払不能とした場合には、新たに1回目の支払不能でんさ
いとしてカウントされ、取引停止処分は受けない。

第5章　支払不能処分制度　125

4　異議申立手続

（1）　異議申立手続の趣旨

　債務者に口座間送金決済による支払に応じ難い事由が生じている場合であっても、支払不能処分が科せられることのみを理由としてでんさいの支払を強制されることがあってはならない。

　この口座間送金決済による支払に応じ難い事由は当事者間の問題によるものであり、それが債務者の信用に関しない事由である場合には、異議申立の手続をすることにより、支払不能処分を猶予することとしている（規程47条1項2号、48条2号）。

（2）　異議申立の手続の方法

　でんさいの口座間送金決済による支払は、支払期日当日に実施されるため、口座間送金決済による支払がされた後になって口座間送金決済を中止したいと申出を受けても直ちに対応することが難しいことから、異議申立の手続は原則として支払期日の前日までに行うこととしている。

　この異議申立ての手続にあたり、原則として、口座間送金決済を中止するでんさいの債権金額と同額の異議申立預託金を窓口金融機関に預け入れる必要があるが、これは、口座間送金決済の中止が債務者の信用に関しない事由であることを疎明するためのものである。

　異議申立預託金については、異議申立手続終了事由が生じた場合には、預入れをした債務者または債権者の返還請求を受けて、返還されることになる。

（3）　異議申立終了事由

　以下の事象が生じた場合には、異議申立手続を終了する（規程51条1項）。

○ でんさいネットが他の支払不能でんさいにより債務者に対し取引停止処分を科した場合。

○ 債務者から、支払不能通知がされることまたは取引停止処分を科されることがやむを得ないものとして異議申立の取下げの請求がされた場合。

○ 異議申立をした日から起算して2年を経過した場合。

○ 債務者が死亡した場合。

○ 支払不能でんさいの支払義務の有無について裁判（調停、裁判上の和解等、確定判決と同一の効力を有するものを含む）により確定した場合。

○ 支払不能でんさいを請求債権とし異議申立預託金の返還請求権を差押債権とする差押命令が債務者の窓口金融機関に送達された場合。

○ 債務者の窓口金融機関に預金保険法49条2項に規定する保険事故が生じた場合。

○ その他異議申立の原因となった第2号支払不能事由が解消した場合。

第 6 章

よくある質問への回答

本章では、でんさいネットによく寄せられる質問について解説する。

第1節

下請代金の支払手段として利用する場合

1　下請取引とは何か

　下請代金支払遅延等防止法（以下「下請法」という）では、取引を委託する事業者の資本金、受注する事業者の資本金等により、図表6－1のとおり、「親事業者」「下請事業者」を定義し、取引の内容に応じて規定されている資本金区分に該当する取引を「下請取引」としている。

【図表6－1】　下請取引

① 取引の内容が、物品の製造委託／修理委託または情報成果物作成委託／役務提供委託（プログラム作成、運送、物品の倉庫における保管および情報処理に係るもの）の場合

親事業者	下請事業者
資本金3億円超	資本金3億円以下（個人を含む）
資本金1000万円超3億円以下	資本金1000万円以下（個人を含む）

② 取引の内容が、情報成果物作成委託／役務提供委託（プログラム作成、運送、物品の倉庫における保管および情報処理に係るものを除く）の場合

親事業者	下請事業者
資本金5000万円超	資本金5000万円以下（個人を含む）
資本金1000万円超5000万円以下	資本金1000万円以下（個人を含む）

第6章　よくある質問への回答　131

この下請取引に該当する場合には、下請法等の規制を遵守して、その代金の支払を行う必要がある。

2　公正取引委員会事務総長通達および取引部長通知

　公正取引委員会では、電子記録債権法の施行を踏まえて、平成21年6月19日付で、事務総長通達「電子記録債権が下請代金の支払手段として用いられる場合の下請代金支払遅延等防止法及び私的独占の禁止及び公正取引の確保に関する法律の運用について」（以下「事務総長通達」という）および取引部長通知「電子記録債権が下請代金の支払手段として用いられる場合の指導方針について」（以下「取引部長通知」という）を発出している。

　いずれも、電子記録債権を利用して下請代金を支払う場合に親事業者が留意すべき事項を取りまとめたものであり、でんさいを利用して支払をする場合にも留意すべき事項である。とくに留意が必要な事項は以下のとおりである。

(1)　下請事業者に対する十分な説明と合意を得ること

　親事業者は、下請代金の支払をでんさいに変更する場合には、下請事業者に十分な説明を行い、下請事業者の合意を得る必要がある。この点、下請事業者に対して、でんさいで支払を受けることを強制することはできないので留意が必要である（事務総長通達3）。

(2)　でんさいの支払サイト

　でんさいの支払サイトは、手形と同様、120日以内（繊維業の場合は90日以内）である必要がある。この点、下請事業者からの納品受領からでんさいの支払期日までの関係を手形を用いて支払をした場合と対比したものは、図表6－2のとおりである（取引部長通知2）。

【図表6-2】 手形とでんさいを用いた支払サイトの対比
（手形）

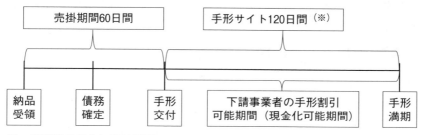

※　繊維業の場合には90日間。

（でんさい）

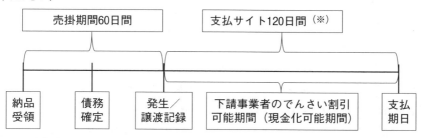

※　繊維業の場合には90日間。

(3) 下請事業者が利用する一般の金融機関の預金口座を利用すること

　でんさいネットは多数の参加金融機関があり、親事業者と下請事業者とで取引する参加金融機関が異なる場合が考えられるが、下請事業者に対して、特定の参加金融機関の預金口座での受取りを強制することはできないので留意が必要である（取引部長通知4(2)）。

第 **2** 節

会計処理上の取扱い

1 原則的な取扱い

　企業会計基準委員会では、電子記録債権法の施行を踏まえて平成21年4月9日付で「実務対応報告第27号　電子記録債権に係る会計処理および表示についての実務上の取扱い」（以下「実務対応報告」という）を公表している（詳細は企業会計基準委員会ウェブサイト（https://www.asb.or.jp/top.do）参照）。

　実務対応報告では、「電子記録債権は、紙媒体ではなく電子記録により発生し譲渡され、分割が容易に行えるなど、手形債権と異なる側面があるものの、手形債権の代替として機能することが想定されており、会計処理上は、今後も並存する手形債権に準じて取り扱うことが適当であると考えられる」「発生記録により売掛金に関連して電子記録債権を発生させた場合には、電子記録債権を示す科目に振り替え、また、譲渡記録により当該電子記録債権を譲渡する際に、保証記録も行っている場合には、受取手形の割引高又は裏書譲渡高と同様に、財務諸表に注記を行う」とした上で、「重要性が乏しいときには、「受取手形」（又は「支払手形」）に含めて表示することができる」と会計処理上の取扱いを提示している。

2 留意すべき取扱い

(1) でんさいの電子記録保証付譲渡（割引を含む）の会計上の取扱い

実務対応報告では「譲渡記録により当該電子記録債権を譲渡する際に保証記録も行っている場合には、受取手形の割引高又は裏書譲渡高と同様に、財務諸表に注記を行う」とされていることを踏まえ、例えば「電子記録保証債務負担高」等、偶発債務の内容を明示して取り扱うことや重要性の原則にかんがみ、受取手形の割引高や裏書譲渡高に含めて取り扱うことが考えられる。

(2) 支払不能でんさいの会計上の取扱い

手形が不渡になった場合には、一般的に、「受取手形」勘定から「不渡手形」や「破産更生債権等」の勘定等に振替処理を行っている。

これを踏まえ、例えば「支払期日経過電子記録債権」等、支払期日が到来したにもかかわらず、支払がない電子記録債権であることを明示して取り扱うことや重要性の原則にかんがみ、「不渡手形」勘定等に含めて取り扱うことが考えられる。

第3節

債務者が取引停止処分を受けた場合

　でんさいの債務者が支払不能でんさいを発生させた場合や取引停止処分を
受けた場合には、債権者は支払不能でんさいについて、保全・回収を図って
いくことになる。

1　債務者または保証人への請求

　譲渡保証記録や単独保証記録のあるでんさいの場合、支払不能でんさいの
債権者は債務者および電子記録保証人のいずれに対しても請求することが可
能である。電子記録保証人が複数いる場合は、それぞれが電子記録保証人と
なった時期にかかわらず、いずれの電子記録保証人に対しても請求できる
（不渡手形の所持人が振出人や裏書人に請求できるのと同様である）。民事上の保
証人に対しては、当該保証契約の内容によるが、連帯保証の場合は債務者お
よび保証人のいずれにも請求可能である。

2　債務者または保証人から弁済を受けた場合

　電子記録保証人または民事上の保証人から弁済を受けた場合には、電子記
録としては支払等記録を請求する（支払等記録は、債権者が単独で請求する
が、弁済をした者からの支払等記録の請求に対し債権者が承諾することによって
もできる）。

136

不渡手形において手形所持人が裏書人から代位弁済を受けた場合、当該手形を裏書人に譲渡するが、でんさいネットでは譲渡記録ではなく支払等記録を行う。

　代位弁済をした者が電子記録保証人の場合は、支払等記録をすることで特別求償権を取得するので、代位弁済者としての権利は支払等記録で確保される。民事上の保証人が代位弁済した場合は、支払等記録の有無にかかわらず求償権を取得するが、支払等記録をすることで求償権者であることを電子記録上明らかにすることができる（ただし、民事上の保証人がでんさいネットの利用者であることが必要である）。

　なお、電子記録保証人や民事上の保証人が弁済する場合は、債権金額全額の弁済に限り支払等記録が可能であり、一部弁済は不可である（規程40条2項）。

3　法的手段

　手形の場合には、振出人等に法的請求を行う場合の手段として、簡易な訴訟制度である手形訴訟の制度が設けられているが、電子記録債権については手形訴訟に相当する特段の制度は設けられていない。したがって、でんさいの債務者に対する法的請求は、一般の金銭債権（指名債権）の場合と同様に、通常の民事訴訟等によることになる。

4　支払不能でんさいの譲渡

　実質的な回収手段として、他の利用者に支払不能でんさいを譲渡することも考えられる。支払期日の3銀行営業日後から譲渡記録の請求は可能であるが、支払期日後は分割譲渡はできず、債権金額全額の譲渡のみ可能である（細則19条3項、29条2項）。

　また、手形の期限後裏書の場合、裏書人は担保責任を負わないが（手形法

第6章　よくある質問への回答　137

20条）、でんさいネットでは、支払期日後の譲渡記録にも原則として譲渡保証記録が随伴するので、窓口金融機関に譲渡保証を付さない譲渡記録を依頼する等の対応が必要となる。

なお、支払期日経過後に記録された譲渡記録には、善意取得や人的抗弁の切断が認められないので留意が必要である（法19条2項2号、20条2項2号）。

5　消滅時効等

電子記録債権の消滅時効の期間は、手形と同様、3年間である（法23条）。手形と異なる点として、手形所持人の裏書人に対する遡求権の消滅時効期間は1年間であるのに対し、でんさいの債権者の電子記録保証人に対する消滅時効期間は、主債務者に対する場合と同期間の3年間である。なお、消滅時効の起算は、支払不能通知がされた時からではなく、支払期日からである。

時効とは別に、電子記録債権特有の留意事項として、記録機関における債権記録の保存期間の定めがあり、債権が消滅した場合はその日から5年間、消滅していない債権については支払期日または最後の電子記録がされた日から10年間である（法86条）。消滅時効期間の3年間と比べると十分な期間が確保されている。

6　形式基準による貸倒引当金計上

平成25年4月1日、所得税法施行規則および法人税法施行規則が改正され、でんさいの債務者が「一定の条件」を満たす記録機関の取引停止処分を受けた場合、債権者が当該電子記録債権の債権金額の一定部分について貸倒引当金を計上することが認められることになった（債務者が手形交換所の取引停止処分を受けた場合については、従来認められている）。

この「一定の条件」とは、①金融機関の総数の50％超に業務委託をしていること、および②取引停止処分の内容に参加金融機関による処分対象者への

貸出の停止があることである。でんさいネットは、当該条件を満たす記録機関であるため、でんさいネットが科す取引停止処分は、当該処分者を債務者とする支払不能でんさいの債権者にとり、貸倒引当金繰入事由に該当することになる。

この制度を利用して、でんさいネットの取引停止処分を受けた者を債務者とする支払不能でんさいの債権者が、当該でんさいについて貸倒引当金を計上する場合には、「貸倒引当金繰入事由が生じていることを証する書類」を保存する必要がある。債権者が当該書類を必要とする場合には、窓口金融機関を通じてでんさいネットに書面で請求する。当該請求を受けたでんさいネットは、「貸倒引当金繰入事由に係る証明書」を作成し、窓口金融機関を通して債権者に交付する。

なお、本証明書は支払不能でんさいであることの証明ではなく、あくまで債務者について「でんさいネットの取引停止処分が科されていること」の証明である。したがって、債務者の支払不能処分が1回目の支払不能通知にとどまる場合や該当する支払不能事由が第2号支払不能事由であって異議申立中である場合などは、債務者に取引停止処分が科されていないことから、本証明書の対象とはならない（証明書には該当がない旨が記載される）ので留意が必要である。

第6章　よくある質問への回答　139

第 **4** 節

法人の合併・会社分割が生じた場合

【業務規程】

（利用者登録事項の変更）

第19条　利用者は、利用者登録事項に変更が生じた場合には、窓口金融
　　機関が定めるところにより、遅滞なく、窓口金融機関に対し、変更の
　　内容を届け出なければならない。ただし、業務規程細則で定める場合
　　は、この限りでない。

2　窓口金融機関は、前項の届出を受け付けた場合には、遅滞なく、利
　　用者データベースに記録されている利用者登録事項を変更するものと
　　する。

3　第1項の規定にかかわらず、合併または会社分割により利用者登録
　　事項に変更が生じた場合には、当該合併または会社分割により利用契
　　約の地位を承継した者は、窓口金融機関が定めるところにより、遅滞
　　なく、窓口金融機関に対し、利用契約の地位を承継した旨届け出なけ
　　ればならない。この場合において、利用契約の地位を承継した者は、
　　承継した利用契約に係る取引停止処分その他第22条第1項各号に規定
　　する電子記録の請求制限を承継したものとする。

4　窓口金融機関は、前項の届出を受け付けた場合には、利用契約の地
　　位を承継した者について、第13条第2項に規定する審査に準じた審査
　　をし、利用者データベースに記録されている利用者登録事項を変更す

140

るものとする。

5 当会社は、前項の審査の結果、利用契約の地位を承継した者が、次の各号に掲げる場合には、当該各号に定める取扱いをするものとする。

一 第12条各項に規定する利用契約の締結要件を満たさない場合 当該利用契約の地位を承継した者が承継した利用契約について解除する。

二 債務者利用停止措置を受けている場合 当該利用契約の地位を承継した者が承継した利用契約についても債務者利用停止措置をする。

1 合併、会社分割の場合

　会社の合併や会社分割により、存続または設立された法人が消滅する利用者からでんさいネットの利用契約の地位を承継する場合には、承継を受けるまたは設立された法人（承継人）が消滅する利用者（被承継人）の地位を承継した旨を窓口金融機関所定の書類で届け出る必要がある（規程19条3項）。この規定は、電子記録債権法29条2項で、変更記録請求は利害関係人全員の請求が必要であることの例外として、合併の場合は合併後存続する法人または合併により設立された法人だけで請求できると定めていることに基づくものである。

　窓口金融機関では、その合併や会社分割の内容を確認するとともに、合併や会社分割により承継人の信用状態に変更が生じる可能性もあることから、利用者要件の確認および審査を行う。その結果、従来は債務者利用であった者を債権者利用限定特約を締結した者とする場合や、またはその逆となるケースも想定される。これら確認等の後、窓口金融機関で利用者承継の登録を行う（規程19条4項）。

第6章　よくある質問への回答　141

取引停止処分を受けている被承継人が当該処分を受けていない承継人に利用契約を承継させる場合には、原則として、承継人は当該取引停止処分を承継するので留意が必要である（規程19条3項）。ただし、利用契約を承継する者が取引停止処分の解除を希望する場合については、窓口金融機関はでんさいネットに支払不能処分解除請求を行うことができる（細則54条）。窓口金融機関が支払不能処分解除請求を行った場合には、でんさい事故調査会の審議に付され、でんさい事故調査会が認めたときは、取引停止処分が解除されることになる。

2　事業譲渡の場合

　利用者が事業の一部を佗の法人に譲渡した場合は、事業譲渡をする者（被承継人）が窓口金融機関宛てに所定の書類で届け出る（規程33条2項）。窓口金融機関では、原則として関係するでんさいを個別に処理する。事業譲渡に係るでんさいが債権の場合（被承継人が債権者の場合）は、承継人に譲渡記録を行う（当然ながら、承継人がでんさいネットの利用者である必要がある）。事業譲渡に係るでんさいが債務の場合（被承継人が債務者または電子記録保証人の場合）は、譲渡することができないので、原則としてそのまま決済が完了し債務が消滅するのを被承継人の利用契約で管理していくことになる。

3　そ　の　他

　利用者が法人成りまたは個人成りした場合は、法人と個人とで別人格となるので、既存の利用契約は任意解約し、法人または個人で新たに利用契約を締結しなければならない。

第 **5** 節

利用者が破産等した場合

【業務規程】

（破産手続開始決定等の届出）

第20条　利用者は、破産手続開始の決定その他業務規程細則で定める事由が生じた場合には、窓口金融機関が定めるところにより、遅滞なく、窓口金融機関に対し、その旨届け出なければならない。

1　利用者の手続

　利用者は、破産手続開始決定等を受けた場合には、窓口金融機関所定の方法により、遅滞なくその旨を窓口金融機関に届け出る必要がある（規程20条、細則12条）。

2　利用契約

　利用者において破産手続開始や特別清算手続開始など、会社清算型の倒産手続が開始した場合は、でんさいネットまたは窓口金融機関による利用契約解除事由となり、利用契約は解除される（規程16条1項）。ただし、当該利用契約に係るでんさいがある場合には、すべてのでんさいが消滅するまでは利

第6章　よくある質問への回答　143

用契約は解除されない。一方、会社更生手続や民事再生手続など再建型の倒産手続の場合は、当然には利用契約の解除事由とはならない（窓口金融機関との二者間契約の内容によっては、解除される可能性はある）。

3　既発生のでんさいの取扱い

(1)　でんさいの債権者が破産等した場合

　債権者に破産手続開始の決定または会社更生手続開始の決定がされた場合には、債務者または債権者による窓口金融機関への口座間送金決済中止の申出を受けて、でんさいの口座間送金決済は中止される（細則40条1項4号、42条2項3号）。また、当該でんさいの支払不能は第0号支払不能事由に該当し（細則43条1項1号①）、支払不能通知が債権者および債務者にされる（規程47条2項）。

　債権者の決済口座が当座預金口座の場合には、当該債権者の破産手続開始決定により当座預金口座も強制解約されるが、債権者の「決済口座なし」についても第0号支払不能事由に該当する（細則43条1項2号⑥）。

(2)　でんさいの債務者が破産等した場合

　債務者に破産手続開始の決定がされたまたは業務規程細則12条各号の事由が生じた場合には、でんさいの口座間送金決済は中止される（細則40条1項5号、42条2項4号）。また、当該でんさいの支払不能は第0号支払不能事由に該当し（細則43条1項1号②）、支払不能通知が債権者および債務者にされる（規程47条2項）。

　債務者の決済口座が当座預金口座の場合には、当該債務者の破産手続開始により当座預金口座も強制解約される。債務者の「決済口座なし」は第1号支払不能事由であるが（細則43条2項2号）、破産手続開始による第0号支払不能事由と重複するので、第1号支払不能事由は適用されない（細則44条1

号）。

　また、債務者につき破産手続、会社更生手続、民事再生手続等の開始決定がされた場合は、当該でんさいの電子記録保証人は、支払期日前であってもでんさいを弁済することができる（一部の弁済は不可。規程40条2項1号②）。

4　実務での対応

　でんさいの口座間送金決済が中止され、当該でんさいが第0号支払不能となった場合には、債権者は各倒産手続に従って当該でんさいの支払を受けることとなる。例えば、債権者が破産した場合であれば、破産管財人が債務者から個別にでんさいの弁済を受け支払等記録を請求することで、債務者が破産した場合であれば、破産手続に従い破産配当を受けた債権者が、でんさいの債権金額のうち破産配当分は「支払」を債務消滅原因として、残額は「免除」を債務消滅原因として支払等記録を請求することで、でんさいを消滅させていくことになる。これらの手続により当該でんさいが消滅し、破産者の利用契約の解除手続が完了する。

第6章　よくある質問への回答　145

第6節

でんさいに対して差押命令等が送達された場合

【業務規程細則】

（強制執行等の命令の送達を受けた場合の取扱い）

第41条　前条第1項第2号に掲げる場合の口座間送金決済の中止は、この条に規定するところにより取り扱うものとする。

2　決済情報の通知をしたでんさいについて、第29条第3項の規定により分割記録をした場合には、当該分割記録の原債権記録および分割債権記録について、窓口金融機関は口座間送金決済をしないことができる。

3　利用者は、規程第38条に規定する書類の送達を受けた場合には、速やかにその旨および送達を受けた日を窓口金融機関に申し出て、口座間送金決済を中止するでんさいを特定しなければならない。

4　当会社および債務者の窓口金融機関は、利用者から前項に規定する申出を受けた場合には、次条第2項の申出がされたものとして取り扱う。

5　当会社および債権者または債務者の窓口金融機関は、利用者が第3項の規定に違反した場合には、強制執行等の対象であるでんさいに関して当該債権者または債務者に生じた損害について、責任を負わない。

1 概　　要

　でんさいも金銭債権であることから、でんさいの債権者が別に支払の滞っている債務を負っている場合には、当該でんさいは債権者や税務当局等による差押えや滞納処分等（以下「強制執行等」という）の対象となる。電子記録債権法では、電子記録債権について強制執行等がされた場合には、記録機関は「強制執行等の電子記録」を行う旨を定めている（法49条）。強制執行等の電子記録で記録しなければならない事項等は電子記録債権法施行令で、電子記録債権への強制執行等の手続については最高裁判所規則等で定められている。

2 でんさいネットにおける手続

　でんさいに対し強制執行等がされた場合、強制執行等の書類は、裁判所等からでんさいネット、でんさいの主たる債務者（第三債務者）および債権者（差押え等における債務者）に送達される。でんさいネットでは、送達された強制執行等の書類に基づき、当該でんさいに強制執行等の記録を行う（規程38条、細則35条。強制執行等の記録は、裁判所等から送達された書類に基づき、でんさいネット自身で行う）。

　強制執行等の記録がされた場合には、でんさいの支払期日の2銀行営業日前にされるでんさいネットから債務者の窓口金融機関への決済情報の通知は行わず、口座間送金決済は中止される。

　強制執行等の書類の送達が決済情報提供後の場合は、強制執行等の記録を行うとともに、債務者の窓口金融機関に対して口座間送金決済の中止を依頼する。強制執行等の記録を行った旨は、債権者、債務者および電子記録保証人に通知される。

　強制執行等の金額がでんさいの債権額に満たない場合には、強制執行等の

第6章　よくある質問への回答　147

金額を上回る部分について分割記録を行い、親債権に強制執行等の記録を行う（細則29条3項。分割記録は分割譲渡のみ可能であるという原則の例外となる）。この場合、例外的に支払期日の6銀行営業日前以降であっても分割記録を行う。

　この強制執行等の対象外となる子債権は、通常どおり口座間送金決済の対象となる。ただし、支払期日の2銀行営業日前以降に強制執行等が行われた場合には、分割された子債権の決済情報が債務者の窓口金融機関に提供されておらず、口座間送金決済が行われないため、当事者同士で決済および支払等記録の請求を行う必要がある。

　強制執行等の書類はでんさいの債務者および債権者にも送達されることから、各々の窓口金融機関が当該利用者から申出を受けることも想定される。窓口金融機関が利用者から強制執行等の書類の送達を受けた旨の申出を受けた場合には、原則として所定の書類を徴求し口座間送金決済を中止する手続を取る。

　なお、譲渡記録等の予約期間中に強制執行等を受けた場合、当該予約請求は取り消されたものとみなされる（細則35条8項）。

3　強制執行等の記録後

　強制執行等の記録が記録された後は、当該強制執行等に反する記録請求は受け付けないことになる（細則35条5項）。差押債権者がでんさいの債務者から取立を行った場合、またはでんさいの債務者が差押債権者に対抗できる支払等をでんさいの債権者に行った場合（でんさいの債務者がでんさいの債権者に対し差押え前に取得した反対債権により相殺した場合など）の支払等記録の請求は、窓口金融機関宛てに書面で行わなければならない。この場合の支払等記録請求は、支払期日以外に支払等記録を請求する場合と同様に、支払等を受けた者が単独で、または支払等をした者が支払等を受けた者の同意を得て行う。

148

差押債権者が支払等を受けた者であるがでんさいネットの利用者でない場合、差押債権者自らが支払等記録を請求することはできないが、支払等をした債務者等が支払等記録の請求を行う際に、当該請求に同意することによって支払等記録の請求が可能である。

　支払等記録が記録された後、でんさいネットはその旨を執行裁判所等に届け出る（細則35条7項）。当該届出に基づき、執行裁判所等からでんさいネットに強制執行等が終了した旨の通知が行われた場合には、でんさいネットで強制執行等の記録を削除する旨の変更記録を記録する（細則35条6項）。

第 **7** 節

請求したはずのない電子記録がされている場合

【業務規程】

（電子記録の訂正および回復）

第39条 当会社は、業務規程細則で定める場合には、電子記録の訂正を
する。ただし、電子記録上の利害関係を有する第三者がある場合に
あっては、当該第三者の承諾があるときに限る。

2 当会社は、法第86条各号に掲げる期間のうちのいずれかが経過する
日までに電子記録が消去されたときは、電子記録の回復をする。この
場合においては、前項ただし書の規定を準用する。

3 利用者は、当会社または窓口金融機関が電子記録の訂正または回復
の申出をした場合には、誠実に当該訂正または回復に協力するものと
する。

---

1 概　　要

　でんさいネットでは、不正アクセスによる記録の改竄やシステムダウンに
よる記録の滅失などを防ぐため、種々の対策を講じている。また、窓口金融
機関が利用者の記録請求を書面で受け付けた場合等に代行入力する際も、誤
入力等のミスが生じないよう、厳格な内部管理体制のもとで運営されてい

る。したがって、請求したはずの内容が記録されていない、あるいは請求内容と異なる内容が記録されるといった事態は生じないよう、必要な措置が取られている。

しかし、万が一そのような事態が発生した場合、速やかに正しい記録内容に修正する必要があるが、記録機関が取るべき対応等については、電子記録債権法で定められている（法10条）。でんさいネットでも、電子記録債権法の定めに従って対応を取ることになる。

2　でんさいネットにおける手続等

でんさいネットの利用者からそのような申出を受けた場合、あるいは窓口金融機関またはでんさいネットでそのような事態を把握した場合、窓口金融機関およびでんさいネットは、その原因を調査する。

調査の結果、窓口金融機関またはでんさいネットに原因があると判明した場合は、速やかに「記録の訂正・回復」を行う（規程39条）。この場合、利用者からの請求手続は不要である。

ただし、電子記録上の利害関係を有する第三者がある場合には、利害関係者全員の承諾が必要となる。これは、電子記録上の利害関係を有する第三者は、訂正によって自己の権利内容に影響を受けるほか、誤った内容の電子記録を前提に、善意取得等の第三者保護規定によって保護される場合もあり得るためである。業務規程では、利用者に記録の訂正・回復に協力する義務がある旨を定めているほか（規程39条3項）、その旨を知った場合は窓口金融機関に通知する旨を定めている（細則36条6項）。

第6章　よくある質問への回答　151

第 **8** 節

でんさいネットの利用を取りやめたい場合

【業務規程】

（利用者による利用契約の解約）

第15条　利用者は、窓口金融機関が定めるところにより、窓口金融機関に対し、利用契約の解約の申出をすることができる。

2　前項の解約は、当会社が、解約の申出をした利用者を債務者もしくは電子記録保証人または債権者とするでんさいのうち、解約の対象となる利用契約に係るでんさいの全部が消滅したことを支払等記録等によって確認した時に、その効力を生ずる。

（当会社および窓口金融機関による利用契約の解除）

第16条　当会社および窓口金融機関は、利用者が次に掲げる事由のいずれかに該当する場合には、当該利用者に係る利用契約を解除することができる。

一　破産手続またはそれに準ずる倒産手続が開始された場合

二　死亡した場合

三　決済用の預金口座または貯金口座が強制解約された場合

四　第12条各項（第1項第7号に掲げる事由を除く。）に規定する要件を満たさなくなった場合

五　公序良俗に違反する行為を行った場合

六　当会社が、窓口金融機関との間の業務委託契約を解除する場合

七　業務規程等に繰り返し違反しもしくは違反した状態が継続する
　　　等、当会社の運営を損なう行為があった場合
　　八　その他当会社または窓口金融機関が前各号に準ずると認めた場合
　2　前項の解除は、窓口金融機関が、業務規程細則で定めるところによ
　　り、利用者に対し、通知する解除日に、その効力を生ずる。

1　利用者による利用契約の解約

　でんさいネットは、原則として利用者でなければ利用できないことから、でんさいネットの利用者が利害関係人となっているでんさいが存在している状態で当該利用者の利用契約の解約を認めると、当該でんさいについて記録請求をすべき当事者がいなくなる等の不都合が生じる。

　このため、利用者が利用契約の解約を希望する場合には、その申出をすること自体に特段の制限はないが、当該利用契約で当該利用者が債権者、債務者または電子記録保証人となっているでんさいがある場合は「解約を予約した」状態にとどまり、それらすべてのでんさいが消滅した後に、解約の効力が生じることとしている（規程15条）。

　利用者が利用契約の解約を申し出た場合で、当該利用者が利害関係人であるでんさいがないときには、特段の手続なく解約することが可能であるが、当該利用者が利害関係人であるでんさいがあるときには、当該でんさいがすべて消滅し解約の効力が生じるまでの間は、発生記録の請求や譲渡記録における譲受人となることができない等、でんさいの債権債務の残高を増やす請求ができなくなる利用制限措置がかけられる。

　解約は利用契約単位となるため、利用者が複数の窓口金融機関と取引がある場合で、それらの利用契約をすべて解約したいときは、各窓口金融機関にそれぞれ解約を申し出る必要がある。

第6章　よくある質問への回答　153

2 でんさいネットおよび窓口金融機関による利用契約の解除

　でんさいネットの利用契約の解約は、利用者が解約を希望した場合に可能であるほか、利用者に一定の事由が生じた場合は、でんさいネットおよび窓口金融機関による利用契約の解除が可能である（規程16条。規程では、利用者からの解約を「解約」、でんさいネットおよび窓口金融機関による解約を「解除」という）。利用契約の解除事由は以下のとおりである。

① 破産手続またはそれに準ずる倒産手続が開始された場合。

　利用者が破産手続開始決定を受けた場合は、利用契約の解除事由となる（詳細は第5節参照）。「それに準ずる倒産手続」とは、特別清算など会社清算型の倒産手続を指し、会社更生手続や民事再生手続など会社再建型の倒産手続開始決定は、本事由には含まれない。

② 死亡した場合。

　個人の利用者が死亡した場合は、利用契約の解除事由となる（詳細は9節参照）。

③ 決済用の預金口座または貯金口座が強制解約された場合。

　決済口座として登録された預金口座が強制解約された場合、口座間送金決済ができなくなるため、利用契約の解除事由としている。具体的には、利用者の信用状態を理由として当座預金口座を強制解約したが、当該窓口金融機関では、普通預金口座を決済口座として認めていない場合等が想定される。支払期日にでんさいが本事由によって、未決済となった場合、債務者の預金口座が強制解約されているでんさいは第1号支払不能事由、債権者の預金口座が強制解約されているでんさいは第0号支払不能事由による支払不能でんさいとなる（細則43条）。

④ 業務規程12条各項（1項7号に掲げる事由を除く）に規定する要件を満たさなくなった場合。

利用者要件を満たさなくなった場合は、当然ながら利用契約の解除事由となる。「1項7号（でんさいに係る債務の支払能力を有していること）に掲げる事由を除く」としているのは、債務者利用している者が債務の支払能力を喪失した場合は、基本的には窓口金融機関が債務者利用停止措置を行い（規程18条）、債権者利用による利用契約の継続を想定していることによるものである。

⑤　公序良俗に違反する行為を行った場合。

⑥　でんさいネットが、窓口金融機関との間の業務委託契約を解除する場合。

　　利用者の窓口金融機関が、でんさいネットの参加金融機関でなくなった場合である。この場合、当該金融機関は、自らを窓口金融機関とする利用者のでんさいネットの継続利用のために必要な措置を講じなければならない（規程8条）。

⑦　業務規程等に繰り返し違反しもしくは違反した状態が継続する等、でんさいネットの運営を損なう行為があった場合。

⑧　その他でんさいネットまたは窓口金融機関が①〜⑦に準ずると認めた場合。

これらのほかに、窓口金融機関と利用者との二者間契約で、個別に利用契約の解除事由が定められている場合がある。

なお、利用契約の解除事由に該当しても、当該利用者が利害関係人であるでんさいがすべて消滅するまでは解除の効力は生じないこと、でんさいの債権債務の残高を増やす請求ができなくなる利用制限がかけられることは、利用者による解約の場合と同様である。

利用契約の解除の効力は、利用契約単位のものとすべての利用契約に及ぶものとがある。例えば、窓口金融機関において決済口座が強制解約されたことは、当該窓口金融機関内での事由であるので、利用契約単位での解除となるが、利用者について破産手続が開始したことは、当該利用者の属性に係る事由であるので、全利用契約が解除の対象となる。

第6章　よくある質問への回答　155

第9節

個人である利用者が死亡した場合

【業務規程】

（個人である利用者が死亡した場合の取扱い）

第17条　当会社および窓口金融機関は、利用者が死亡したことを知った場合には、当該利用者の名義による請求等を受け付けないものとする。

2　相続人等は、業務規程細則で定めるところにより、窓口金融機関に対し、自らが死亡した利用者の地位を承継した旨届け出た場合には、当会社に対し、第22条第1項第6号に定める電子記録の請求をすることができる。ただし、当会社および窓口金融機関が特に認めた場合は、この限りでない。

1　概　　要

　個人である利用者が死亡した場合には、原則として利用契約は解除される（規程16条1項2号）。ただし、相続発生時に当該利用契約に係るでんさいがある場合には、当該でんさいに係る債権および債務は相続人等に承継されることから、当該でんさいが消滅するまでは相続人等全員からの届出に基づき相続人等の代表を当事者として利用契約は継続され、すべてのでんさいが消

滅した後に解除される。

2 相続による承継手続

　利用者に相続が発生した場合には、決済口座の取扱いは各窓口金融機関の判断となるが、原則として入出金が停止されるほか、決済口座が当座預金口座の場合は解約される。でんさいの利用契約については、記録請求や口座間送金決済が中止される（規程17条1項。なお、開示請求は認められ、一部の相続人等からの請求も可能である）。

　相続人等全員の同意のもと、相続人等のうち1人が、相続人等の代表（届出相続人）として当該利用契約に係るでんさいの処理を行うことを希望する場合には、「利用継続届」および所定の書類を窓口金融機関に提出し、当該でんさいがすべて消滅するまでの間、「一部の記録請求等」に限り、届出相続人による利用の継続を行うことができる（規程17条2項）。「一部の記録請求等」とは、譲渡人としての譲渡記録や支払等記録など債権債務の残高を減らす記録のことであり、新規の発生記録や譲受人としての譲渡記録といった、債権債務の残高を増やす記録請求はできない。利用者登録をしていない届出相続人であっても、利用の継続は可能である。このような利用制限措置を取った後、すべてのでんさいが消滅した段階で、利用契約が解除される。

　相続人等がでんさいの分割相続を希望する場合には（ただし、でんさいの債権者の場合に限る）、相続人等全員による「利用継続届」に基づき、相続人等を利用者登録した上で、被相続人から相続人に対する分割譲渡を行う。この場合、相続人等は個人事業者でなくても、利用者登録は認められる。この場合においても、相続人等の代表がでんさいの処理を行う場合と同内容の利用制限がかけられる。そして、すべてのでんさいが消滅した段階で、利用契約が解除されることとなる。

　いずれの場合も、決済口座として相続人の預金口座を新たに指定することもできるが、当該窓口金融機関に開設されている預金口座に限られる。

第6章　よくある質問への回答　157

例外的な取扱いとして、一定の条件を満たした上で窓口金融機関がとくに認めた場合は、被相続人の利用契約を相続人等が承継することができる。この場合、被相続人の利用者番号を相続人が継続して利用することになる。

3　相続人等全員による手続ができない場合

　一部の相続人等が行方不明である等の理由で、相続人等全員による相続手続ができないことは、銀行業務でもしばしば発生する。電子記録債権の場合、相続を原因とする利用者の変更を内容とする変更記録請求は、相続人等全員によることが必要である旨、電子記録債権法で規定されている（法29条2項）。仮に相続人等が変更記録を必要とするにもかかわらず相続人等全員による手続ができない場合は、相続人等は訴訟手続により変更記録を請求すべきことを命ずる確定判決を得ることによって、変更記録を請求する（法29条3項）。

第 7 章

金融機関からの
資金調達への活用

第 **1** 節

でんさい割引

1 概　　要

　手形の債権者は、手形を金融機関に裏書譲渡することにより、当該手形を支払期日前に資金化することができる。金融機関は、債権者から裏書譲渡を受ける際、支払期日までの利息に相当する金額を手形の額面金額から差し引いた上で資金を提供する。この取引を手形割引といい、金融機関が行う与信業務の中で最も一般的なものである。

　でんさいの場合も、手形のように割引による資金調達への活用が可能である。これを「でんさい割引」という。でんさい割引の場合、債権金額の大きなでんさいであっても、必要な資金の分だけ分割して割引することができる点が、手形割引にないメリットである。なお、でんさい割引はでんさいネットが行う業務ではなく、参加金融機関の与信取引であるため、取扱可否や具体的手続等は参加金融機関により異なるとともに、具体的なでんさいの割引可否は参加金融機関の与信判断となるので留意が必要である。

2 でんさい割引の利用の要件等

　手形割引の場合は、債権者が所持している手形を金融機関に裏書譲渡するのに対し、でんさい割引の場合は、でんさいの債権者が割引を依頼する金融

第 7 章　金融機関からの資金調達への活用　161

機関を譲受人とする譲渡記録を記録することで行う。

（1） 利用者の要件

譲渡記録および譲渡保証記録を請求できる利用者がでんさい割引を利用することができる。つまり、記録請求に制限のない債務者利用の利用者はもちろん、債権者利用限定特約の利用者もでんさい割引を利用可能である。

（2） 対象となるでんさい

でんさいに対し譲渡制限をかけている場合であっても、参加金融機関に譲渡することは可能である（規程30条１項８号）。したがって、参加金融機関に対してでんさいの割引を依頼する場合は、すべてのでんさいが対象となり得る。

（3） 割引を依頼する金融機関

でんさいの譲渡記録は譲渡人・譲受人がともにでんさいネットの利用者であれば可能であることから、割引依頼人は自身の窓口金融機関はもちろん、窓口金融機関以外の参加金融機関または利用者である金融機関に対して割引を依頼することも可能である。

ただし、参加金融機関によっては、割引の対象とするでんさいを自身が窓口金融機関であるものに限定する取扱いとしている場合がある。この場合には、割引依頼人が他行を窓口金融機関とするでんさいを割引依頼するための方法として、割引依頼人が、割引を依頼する参加金融機関においてもでんさいネットの利用契約を締結した上で、当該でんさいについて、割引を依頼する参加金融機関に開設した自らの決済口座宛てに、すなわち自分から自分宛てに譲渡記録を請求する方法がある（ただし、この際に、利用者に譲渡記録に対する手数料が発生する可能性がある）。

（4） 買戻請求権

手形割引において、金融機関は、一般的に銀行取引約定書等において買戻

請求権を定めている。これは、手形の支払期日前の遡求権の行使は、振出人が破産手続開始決定を受けた場合等手形法43条各号（手形法77条1項4号）に定める場合に限定されることを踏まえ、手形の債務者や割引依頼人に一定の事由が生じた場合に割引依頼人に手形の買戻しを請求できるとすることで、債権保全を図っているものである。

でんさい割引の場合には、でんさいの支払期日前の電子記録保証人による弁済は、債務者が法的倒産手続の開始決定を受けたことを理由に債権金額の全額を弁済する場合にのみ認められている（規程40条2項1号②）。また、特段の約定がない場合、破産手続開始決定等法定の期限の利益喪失事由（民法137条）以外の場合は、金融機関からの請求に対し電子記録保証人は期限の利益を主張することができる。したがって、手形割引の場合と同様に、でんさい割引において支払期日前に一定の事由が生じた場合に金融機関が割引依頼人に支払を請求するためには、でんさい割引における買戻請求権について、手形割引の場合と同様利用者と約定を締結する必要がある。

3　実務上の留意点

(1)　金融機関におけるでんさいの内容の確認

でんさいの開示は、利害関係人以外は認められないため、でんさいの譲渡を受けようとする者は、譲渡人が譲渡記録請求をし、譲渡記録がされるまでの間、当該でんさいの内容をでんさいネットシステム上で確認することができない（ただし、譲渡記録の予約請求がされている場合は、譲受予定者として、当該債権の内容をでんさいネットシステム上で確認することができる）。

この点、参加金融機関がでんさい割引の依頼を受ける場合において、当該でんさいが自らを窓口金融機関とするときには、開示により当該でんさいの内容を確認することができる（細則57条）。

他方、他行が窓口金融機関であるでんさいの場合には、一般的なでんさい

の譲渡の場合と同様、割引の対象となるでんさいの内容を事前にでんさいネットシステムで確認することができない。このため、事前にでんさいの内容を確認するためには、割引依頼人に開示結果の書面の提出を求める、あるいは予約で譲渡記録請求を受けた上で譲渡記録の日までに金融機関で審査を終える等の対応が考えられる。

(2) 支払期日前後の記録請求の制限

でんさいの譲渡記録は、支払期日の6銀行営業日前から2銀行営業日後までの間は請求することができない（分割譲渡の場合は、支払期日の6銀行営業日前からできない)。したがって、その間に利用者と金融機関との約定に基づき買戻請求権が行使された場合であっても、対象となるでんさいの割引依頼人への再譲渡が遅れる可能性があるので留意が必要である。

他方、譲渡保証記録に基づき割引依頼人から弁済を受ける場合には、でんさいの支払等記録は、支払期日の2銀行営業日前から、債務者の窓口金融機関からでんさいネットに対して当該でんさいの支払不能通知がされるまで（通常は支払期日当日）は請求することができないものの、支払等記録はでんさいの弁済の法的要件ではないため、弁済を受けることは可能である。ただし、弁済をした割引依頼人（電子記録保証人）が特別求償権を取得するためには、支払等記録が必要である。

なお、上記のとおり、譲渡保証記録に基づく弁済を受けられるケースは、一般に買戻請求権により買戻しを受ける場合よりも限定される。

まとめると図表7－1のとおりである。

(3) 第三者との取引で取得したでんさい

a 銀行取引約定書の適用

銀行取引約定書を締結している利用者との取引において、でんさい割引など当該利用者との直接取引によるでんさいの取得は、当然、銀行取引に該当

【図表7－1】　買戻請求権と電子記録保証債務との比較

	買戻請求権	電子記録保証債務の履行請求権
1　権利の根源	銀行取引約定書など個別約定	電子記録債権法に基づく保証記録
2　権利の内容	個別約定に基づく、でんさいの再売買の請求	電子記録保証債務に基づく、でんさいの支払請求
3　権利の履行期	銀行取引約定書におけるでんさい割引の取扱いは統一されていないが、手形の割引の際に、一般的な銀行取引約定書に定められる買戻事由は以下のとおり。 ①　手形の主債務者が期日に支払わなかったとき ②　割引依頼人または手形の主債務者に期限の利益喪失事由が発生したとき ③　割引対象となる手形について債権保全を必要とする相当の事由が生じ、金融機関が買戻請求を行ったとき	原則、以下のとおり。 ①　決済実施日（支払期日） ②　でんさいの発生記録における債務者について破産手続開始の決定がされたとき ※　保証人が自ら期限の利益を放棄することは可能
4　履行の結果、記録される電子記録およびその制限	○　割引依頼人を譲受人とする譲渡記録 　支払期日の6銀行営業日前から2銀行営業日後までの間は記録不可	○　割引依頼人を支払等をした者とする支払等記録 　支払期日の2銀行営業日前から2銀行営業日後までは記録不可（弁済自体は可能）
5　履行の結果、割引依頼人が取得する権利	でんさい	特別求償権
6　割引依頼人の回収手段	○　債務者または他の電子記録保証人に対する支払請求 ○　でんさいの譲渡	債務者または他の電子記録保証人に対する支払請求

することから、銀行取引約定書が適用されると考えられる。他方、顧客である利用者を債務者とするでんさいを、第三者とのでんさい割引等で取得した場合の取扱いについては留意が必要である。

この場合には、当該利用者と金融機関との間に直接的な取引関係が存在しないことから、当然に銀行取引約定書が適用されるものではない。手形取引においては、一般的に銀行取引約定書に第三者を通じて顧客を債務者とする手形を取得した場合であっても、銀行取引約定書が適用される旨を定めることで対応しているものと考えられる。

でんさいでも同様に、顧客を債務者とするでんさいを第三者との取引で取得した場合についても銀行取引約定書を適用するときには、銀行取引約定書等にその旨を定め、顧客との間で合意する必要がある。

b　根抵当権の被担保債権

銀行が根抵当権の設定を受ける場合には、根抵当権の被担保債権の範囲は、一般的に「銀行取引　手形債権　小切手債権」として登記していると考えられる。この点、でんさい割引など取引先との直接の与信取引は、「銀行取引」に含まれ根抵当権で担保されると考えられる。

他方、前記 a のように利用者を債務者とするでんさいを、第三者との取引で取得した場合に、根抵当権の被担保債権に含まれるかは検討が必要である。手形の場合、現在の銀行実務のように根抵当権の被担保債権の範囲に「手形債権　小切手債権」等を定めることで、第三者を通じて顧客を債務者とする手形も当該根抵当権で担保することが可能である（民法398条の2第3項、398条の3第2項）。

でんさいの場合には、被担保債権の範囲が「銀行取引　手形債権　小切手債権」となっている根抵当権において、第三者を通じて取得したでんさいを「手形債権」に含めることは困難と思われる。なお、被担保債権を「銀行取引　手形債権　小切手債権　電子記録債権」とする根抵当権の登記は可能とされているが、その登記により、第三者を通じて取得したでんさいが被担保

債権に含まれるかは、少なくとも現行の民法の文言上では明記されていない。現状の実務の対応としては、民法の該当条文の適用を期待して、被担保債権の範囲に「電子記録債権」を加えることも検討可能と思われる。

4　信用保証制度の利用

平成25年9月20日に、「小規模企業の事業活動の活性化のための中小企業基本法等の一部を改正する等の法律」が施行され、電子記録債権割引等についても信用保証制度の対象債権として取り扱われることになった。これにより、債権者が保有するでんさいについて金融機関に割引等の依頼をするときに信用保証制度を利用することが可能である。この信用保証制度の利用にあたっての留意点を解説する。

(1)　保証形態等

保証人が電子記録債権に係る債務を保証する場合には、電子記録保証人として保証記録を記録する方法と民法上の保証契約を締結する方法（別途、保証契約書を締結する方法）とが考えられるが、信用保証協会が信用保証制度の一環で電子記録債権割引等に係る債務を保証する場合には、民法上の保証契約（信用保証書）を締結することで行う。したがって、保証人である信用保証協会は、電子記録債権の電子記録上、保証した時点では表示されない。

なお、信用保証協会の保証対象債務は、割引した電子記録債権の買戻債務である。したがって、ノンリコース型の電子記録債権の譲渡は、保証対象債務となる買戻債務が存在しないため信用保証の対象外であるが、でんさいネットでは、譲渡記録に保証記録が随伴するリコース型を原則的な取扱いとしているので、多くのでんさいについて信用保証を利用可能である。

(2)　代位弁済時の対応

割引依頼人が金融機関の買戻請求に応じることができない場合など、信用

第7章　金融機関からの資金調達への活用　167

保証協会が代位弁済をしたときには、金融機関は、信用保証協会に電子記録債権を譲渡する。したがって、信用保証協会は、代位弁済に伴い求償権を取得するとともに、電子記録債権も取得する。

この譲渡記録が記録されることにより、信用保証協会は電子記録債権の電子記録上、債権者として表示される。

(3) 代位弁済後の対応

信用保証協会が求償権を行使し、割引依頼人や電子記録債権の主たる債務者が支払に応じた場合において、当該支払をした割引依頼人等が支払等記録を希望するときには、信用保証協会に支払等記録を請求するように依頼する。当該依頼を受けた信用保証協会は、窓口金融機関を通じて支払等記録を請求し、支払等記録が記録される。

この支払等記録が記録されることにより、割引依頼人が支払をした場合には、当該割引依頼人は特別求償権を取得し、また電子記録債権の主たる債務者が支払をした場合には、当該電子記録債権は消滅することになる。

第 **2** 節

でんさい担保

1 概　　要

　手形を活用した金融機関の与信業務としては、手形割引のほか、手形を担保として活用する商業手形担保がある。商業手形担保は、手形の所持人（担保提供者）が、金融機関に手形を担保として裏書譲渡することにより資金調達に活用する。でんさいの場合も、「でんさい担保」として、でんさいの債権者（担保提供者）が金融機関にでんさいを担保として譲渡することで、資金調達に活用することができる。

　電子記録債権法では質権設定記録の規定がある一方（法36条～42条）、記録機関は質権設定記録を取り扱わない旨を業務規程で定めることができる（法7条2項）。でんさいネットでは質権設定記録を扱わない旨を業務規程で定めているため（規程21条3項）、でんさいへの担保設定方法は、譲渡記録による譲渡担保に限られる。

　なお、でんさい担保は、でんさい割引と同様でんさいネットが行う業務ではなく、参加金融機関が行う業務であるため、具体的手続等は参加金融機関により異なるとともに、具体的なでんさいの担保差入可否は、参加金融機関の与信判断となるので留意が必要である。

第7章　金融機関からの資金調達への活用　169

2　でんさい担保の利用の要件等

　でんさい担保は、でんさい割引と同様に利用者から金融機関への譲渡記録請求により行うことから、基本的な要件はでんさい割引の場合と同様である。

(1)　利用者の要件

　債務者利用の利用者および債権者利用限定特約の利用者が利用することができる。

(2)　対象となるでんさい

　譲渡先を参加金融機関に限定したでんさいであっても、担保提供を受ける金融機関が参加金融機関であれば、担保提供することが可能である。

(3)　でんさい担保の設定を受ける金融機関

　でんさいの譲渡記録は譲渡人と譲受人とがともにでんさいネットの利用者であれば可能であることから、担保の提供を希望する者は、自身の窓口金融機関はもちろん、窓口金融機関以外の参加金融機関または利用者である金融機関に対して、担保を提供することが可能である。ただし金融機関によっては、担保提供の対象となるでんさいを自らが窓口金融機関であるでんさいに限っている可能性があることは、割引の場合と同様である。

(4)　約 定 書

　商業手形担保の場合、担保提供者と金融機関との間で締結される約定書により、担保手形が決済され資金化された場合の取扱いや、担保提供者に期限の利益喪失事由が生じた場合の取扱いおよび担保手形が不渡となった場合等の取扱いについて定めているのが一般的であると考えられる。でんさい担保

も商業手形担保と同様の取扱いとしたい場合は、基本的には商業手形担保の場合に準じた内容の約定書を担保提供者と締結する必要がある。

3　実務上の留意点

(1)　金融機関におけるでんさいの内容の確認

でんさい割引の場合と同様、担保提供を受ける利用者は利害関係のないでんさいについて、譲渡記録が記録されるまでの間、でんさいネットシステムでその内容を確認することはできない。ただし、参加金融機関の場合は、自らが窓口金融機関となっているでんさいについては、譲渡記録前であっても確認することが可能である。

(2)　支払期日前後の記録請求の制限

でんさいの譲渡記録は、支払期日の6銀行営業日前から2銀行営業日後までの間は請求することができない（分割譲渡の場合は、支払期日の6銀行営業日前からできない）。担保提供を受けたでんさいを約定により差し替えたい場合であっても、当該期間は譲渡記録が請求できない点については留意が必要である。

(3)　代金取立手形との比較

金融機関が与信取引の債務者から手形の取立の依頼を受けていた場合で、債務者に破産手続開始決定等の期限の利益喪失事由が生じた場合、金融機関は債務者から債務の弁済がないことをもって当該手形に対し商事留置権を有する。そして、一般的には銀行取引約定書の定めに基づき、法定の手続によらず当該手形を債務の弁済に充当することができる。金融実務では、債務者から担保の提供の同意を得られない場合に、この事実上の担保の効力に期待して代金取立手形の受入れを行う場合があると思われる。

第7章　金融機関からの資金調達への活用　171

でんさいに当てはめると、自らを窓口金融機関とする利用者が債権者としてでんさいを有する場合に、金融機関が当該利用者に対する債権の弁済に当該でんさいを充てることができるかということになる。この点につき、でんさいに対しては商事留置権が生じるか否かという点については議論があることから慎重に対応することが望ましい。このため金融機関が当該でんさいを債務の弁済に充てたいと考えるときは、他の一般財産に対する場合と同様、仮差押え等も検討する必要があると思われる。

第 **3** 節

でんさい貸付

1　概　　要

　金融機関の貸付業務では、短期貸付などで、金銭消費貸借契約証書の代わりに借入人を振出人、金融機関を受取人とする約束手形（単名手形）を振り出すことが一般的に行われている。「でんさい貸付」は、この手形貸付における単名手形の代わりに、自らを窓口金融機関とする借入人を債務者、自らを債権者、借入日を発生日、返済期限を支払期日とするでんさいを発生させることをいう。

　手形貸付と比べた場合、印紙税の負担がないこと、貸付人である金融機関で現物を保管する必要がないこと等がメリットである。なお、でんさい貸付は、でんさい割引やでんさい担保と同様でんさいネットが行う業務ではなく、参加金融機関が行う業務であるため、取扱可否や具体的手続は参加金融機関により異なるので留意が必要である。

2　でんさい貸付の利用の要件等

（1）　利用者の要件

　利用者は金融機関からの借入人であるとともに、でんさいの債務者となる

ことから、でんさい貸付を利用できる者は債務者利用の利用者に限られ、債権者利用限定特約の利用者は利用できない。また、一般的には、各金融機関において、自金融機関で、でんさいネットの利用契約があること（借り入れる金融機関を窓口金融機関とするでんさいを用いること）を要件としていることが多いと考えられる。

(2) 貸付の条件等

手形貸付と異なる点として、でんさい貸付の場合、支払期日は最長で発生日の10年後の応当日までであること、債権金額は、1万円以上100億円未満に限られることが挙げられる。

その他の点では、利息や遅延損害金などの定めの記録ができないこと、分割弁済の貸出であってもその旨の記録ができないことは、単名手形の場合と同様である。

なお、分割弁済や支払期日前に一部弁済を受けた場合などは、その返済分について支払等記録を行うことはできない。支払期日前の一部弁済については、債権金額を変更する変更記録請求、または弁済を受けた金額について、金融機関を譲渡人、借入人を譲受人とする分割譲渡記録をすることで、でんさいの債権金額を減らし貸出の元本の減少を電子記録に反映させることが可能である（後者の場合、借入人が分割譲渡により譲り受けたでんさいは、債権者と債務者が同一人となるものの、それだけでは電子記録債権法の定めにより消滅しない。消滅させるためには、借入人が混同を債権消滅原因とする支払等記録を請求する必要がある）。

(3) 保　　証

代表者等から保証を徴求する場合は、貸金等根保証契約等民事上の保証で対応するか、保証利用限定特約により保証人と利用契約を締結した上ででんさいに電子記録保証を付するか検討が必要である。

3　実務上の留意点

　でんさい貸付の場合、貸付の貸出日に合わせて同日を発生日とするでんさいを発生させる（例えば、債権者請求方式で金融機関が発生記録の請求を行い、債務者が承諾したことを受けて、債務者の口座に資金を入金する等）ことになる。一方、貸付の返済期限（でんさいの支払期日）における取扱いについては、手形貸付にはない、留意事項がいくつかある。

（1）　貸出が完済となる場合

　返済期限で完済となる場合、金融機関で特段の手続を行わなければ、債務者の決済口座から自金融機関の口座に口座間送金決済が行われる。貸付金の返済事務を金融機関の利用契約の決済口座を通さずに行う等貸付の事務との関係で口座間送金決済を行わないほうがよい場合は、個別に口座間送金決済を中止する等の手続が必要となる。

　とくに、返済期限前に一部弁済があったものの、でんさいの債権金額が当初の債権金額のままの場合は、口座間送金決済が行われないよう注意が必要である。

（2）　貸出を継続する場合

　返済期限において貸出を継続する場合、でんさいの書替えあるいは支払期日の延長を内容とする変更記録請求を行う。

　でんさいの書替えの場合、新たなでんさいを発生させた上で、既存のでんさいについては口座間送金決済を行わず、支払等記録のみ行う等の対応が考えられる。変更記録請求により支払期日の延長を行う場合は、延長後の支払期日が当初の発生日から10年を超えない期限までしか延長できないことに留意が必要である。

　また、いずれの手続も、支払期日の前後は記録請求が制限されることか

第7章　金融機関からの資金調達への活用　175

ら、貸出継続の事務もそれを踏まえた対応が必要となる。

資　料

【資料1】　でんさいネット用語集

【資料2】　電子記録債権法制3段表

【資料3】　株式会社全銀電子債権ネットワーク業務規程・業務規
　　　　　　程細則2段表

【資料4】　電子記録債権が下請代金の支払手段として用いられる
　　　　　　場合の指導方針について

【資料5】　電子記録債権が下請代金の支払手段として用いられる
　　　　　　場合の下請代金支払遅延等防止法及び私的独占の禁止及
　　　　　　び公正取引の確保に関する法律の運用について

【資料6】　残高証明書【都度発行方式】（2014年2月24日以降の
　　　　　　基準日を指定した場合）のサンプルイメージ

【資料7】　残高証明書【定例発行方式】のサンプルイメージ

【資料1】 でんさいネット用語集

（出典） 全銀電子債権ネットワークホームページ（https://www.densai.net/glossary）。

電子記録債権・でんさいネットの用語	手形の用語	解　説
電子記録債権／でんさい	手形	電子記録債権は、電子記録債権法に基づき、電子債権記録機関に電子記録がされることをその発生や譲渡等の要件とする金銭債権です。電子記録債権は、手形や指名債権を電子化したものではなく、新たな金銭債権として制定されています。また、でんさいネットが取扱う電子記録債権のことを「でんさい」といいます。他の電子債権記録機関の電子記録債権は、でんさいネットで取り扱うことができません。また、でんさいも、他の電子債権記録機関で取り扱いすることはできません。
電子債権記録機関	―	手形の振出しや譲渡は当事者間のみで行い、何らかの機関への申請や登録などは不要ですが、電子記録債権は、国の指定を受けた電子債権記録機関の記録原簿に電磁的記録がなされることにより、発生や譲渡など電子記録債権法で定められた電子記録債権としての効力が生じます。
窓口金融機関	当座預金を開設した金融機関（振出人） 手形取立を依頼する金融機関（手形の所持人）	でんさいネットでは間接アクセス方式をとっており、利用者はでんさいネットに参加している金融機関との間で利用契約を締結し、当該金融機関を通してでんさいネットを利用します。手形の場合、手形の所持人は金融機関に当座預金を開設していなくても手形の取立を金融機関に依頼することが可能ですが、でんさいの場合、債権者としてのみでんさいを利用する場合でも、でんさいネットの利用契約を締結する必要があります（債権者としてのみでんさいを利用する旨の特約を結ぶことも可能です（債権者限定特約）。）。
記録事項	必要的記載事項 任意的記載事項	手形と同様に、電子記録債権も電子記録債権法にて「記録しなければならない事項」と「記録

【資料1】　179

電子記録債権・でんさいネットの用語	手形の用語	解　説
		をすることができる事項」とが定められています。但し、「記録をすることができる事項」は、各電子債権記録機関が業務規程にて定めることにより、対象を限定することができます。でんさいネットでは、手形と類似の制度とするため、分割払いの合意の記録を認めない等、「記録をすることができる事項」を限定しています。
―	白地手形	手形では、必要的記載事項の一部を空欄のまま振り出すことが実務上ありますが、でんさいネットでは、「記録しなければならない事項」と業務規程で定める「記録をすることができる事項」を全て記録する必要があります。なお、利用者の名称など属性に関する情報は、予め利用者が届け出たデータをもとに自動的に記録されます。
発生記録	振出し	手形は振出人が単独で振り出すことができますが、電子記録債権の発生は、債務者および債権者の双方が電子記録を請求することが法的要件です。でんさいネットでは、あらかじめ債権者が債務者に発生記録請求の権限を包括的に付与することで、手形の振出実務に即した形で債務者単独で発生記録の請求が行えるようにしています（債務者請求方式）。債権者は、発生したでんさいの内容を確認の上、債務者と合意した内容と異なっていた場合は、5銀行営業日以内であれば単独で取り消すことができます。でんさいネットでは、発生記録はこの債務者請求方式が原則となります。債権者からでんさいを発生させる方法（債権者請求方式）もありますが、窓口金融機関により取扱いの可否が異なります。
譲渡記録	裏書譲渡	でんさいネットでは、でんさいの譲渡を禁止する旨の記録を行うことおよび譲渡回数を制限することはできません（譲渡先を窓口金融機関に

電子記録債権・でんさいネットの用語	手形の用語	解　説
		限定する旨の記録を行うことは可能です。）。譲渡に関し手形と異なる点として、債権額の一部のみの譲渡が可能であることおよび譲渡記録のみでは譲渡人は譲受人に対し責任を負わないことがあります（⇒「譲渡保証記録」の解説をご参照ください。）。
分割記録	—	電子記録債権は分割させることが可能です。でんさいネットでは、でんさいの債権額の一部を譲渡する場合にのみ分割記録は可能です。
譲渡保証記録	裏書人の担保責任	でんさいネットでは、でんさいの譲渡に手形の裏書譲渡と同様の効果を持たせるため、でんさいを譲渡する際に、でんさいの譲渡人を電子記録保証人、発生記録における債務者の債務を主たる債務とする保証記録をあわせて行うことを原則としています（でんさいネットおよび窓口金融機関が認める場合で、かつ譲受人が保証を不要とする場合は、譲渡保証記録なしで譲渡することも可能です。）。
単独保証記録	手形保証	でんさいネットでは、譲渡を伴わずに発生記録における債務者の債務を主たる債務とする保証記録を行うことも可能です。
電子記録保証	—	電子記録債権にかかる債務を主たる債務とすることおよび電子債権記録機関に保証記録がされることを要件とする保証のことをいいます。民事上の保証とは異なる独自の効力が電子記録債権法にて定められています。譲渡保証記録と単独保証記録は譲渡に伴うものか否かで区別しており、ともに電子記録債権法上の電子記録保証です。
支払等記録	—	電子記録債権を弁済した旨を記録する電子記録をいいます。電子記録債権の発生および譲渡は電子記録が効力発生の要件となりますが、電子記録債権の弁済については、電子記録は効力要件ではありません。

電子記録債権・でんさいネットの用語	手形の用語	解　説
特別求償権	遡求権	手形が不渡りとなった場合、遡求を受けて支払った裏書人がその前の裏書人に再遡求できるのと同様に、弁済をした電子記録保証人は、自分より前の電子記録保証人および発生記録における債務者に対して特別求償権を行使して一定の金額を請求することができます。
口座間送金決済	手形の取立	でんさいネットでは、でんさいの債務者の窓口金融機関が支払期日に債務者の口座から債権金額を引き落とし、債権者の窓口金融機関の口座に送金を行うことにより決済することを原則としています。でんさいの債権者は、手形の呈示や取立依頼のような手続は不要です。
支払不能	不渡	でんさいが債務者の資金不足等により支払期日に決済されないことをいいます。支払不能事由は第0号から第2号まであり、その区別は手形の不渡事由の第0号から第2号の各号に概ね対応します。
支払不能処分制度	不渡処分制度	でんさいネットでも、取引安全のために手形交換所の不渡処分制度と類似の制度を設けています。でんさいが支払不能になると、でんさいネットに参加している全ての金融機関に支払不能通知がなされるほか、同一債務者がでんさいの支払不能を6か月の間に2回生じさせると、当該債務者に対して取引停止処分が科されます。なお、手形交換所の不渡処分制度とは別個の制度であり、手形の不渡とでんさいの支払不能は別々にカウントされ、取引停止処分も各々で科されます。
取引停止処分	取引停止処分	6か月の間に2回支払不能のでんさいを生じさせた債務者へは、取引停止処分が科されます。当該債務者は、債務者としてのでんさいネットの利用ができなくなる他、でんさいネットに参加している金融機関との間の貸出取引が2年間禁止されます。

電子記録債権・でんさいネットの用語	手形の用語	解　説
異議申立	異議申立	でんさいの支払不能事由が契約不履行や不正作出など第2号支払不能事由の場合に、債務者は期限までにでんさいの債権金額と同額の金額を異議申立預託金として窓口金融機関に預け入れることで、支払期日の前銀行営業日までであれば支払不能通知または取引停止処分の猶予を求めることができます。異議申立が受理された場合は、支払期日に決済されないことによる支払不能通知または取引停止処分の対象とはなりません。異議申立預託金の預け入れ期限については、窓口金融機関にお問い合わせください。
開示請求	手形の記載事項の確認	電子記録債権の内容を確認したい場合など、利用者は、債権記録に記録されている事項または記録請求に際して電子債権記録機関に提供した情報の開示を電子債権記録機関に求めることができます。開示請求できる者および開示される事項の範囲は、電子記録債権および業務規程にて定められており、取引内容を第三者に知られてしまう心配はありません。でんさいネットでは、利用者は窓口金融機関を通して請求することになります。利用契約を解約した後も請求することが可能です。

【資料1】　183

【資料2】 電子記録債権法制3段表

電子記録債権法	電子記録債権法施行令
第1章　総　則	
（趣旨） **第1条**　この法律は、電子記録債権の発生、譲渡等について定めるともに、電子記録債権に係る電子記録を行う電子債権記録機関の業務、監督等について必要な事項を定めるものとする。	
（定義） **第2条**　この法律において「電子記録債権」とは、その発生又は譲渡についてこの法律の規定による電子記録（以下単に「電子記録」という。）を要件とする金銭債権をいう。 2　この法律において「電子債権記録機関」とは、第51条第1項の規定により主務大臣の指定を受けた株式会社をいう。 3　この法律において「記録原簿」とは、債権記録が記録される帳簿であって、磁気ディスク（これに準ずる方法により一定の事項を確実に記録することができる物として主務省令で定めるものを含む。）をもって電子債権記録機関が調製するものをいう。 4　この法律において「債権記録」とは、発生記録により発生する電子記録債権又は電子記録債権から第43条第1項に規定する分割をする電子記録債権ごとに作成される電磁的記録（電子的方式、磁気的方式その他人の知覚によっては認識する	

184

電子記録債権法施行規則

（定義）
第1条 この命令において使用する用語は、電子記録債権法（平成19年法律第102号。以下「法」という。）において使用する用語の例によるほか、次の各号に掲げる用語の意義は、それぞれ当該各号に定めるところによる。

一　一部保証記録　法第32条第2項第1号に掲げる事項が記録された保証記録をいう。

二　原債権金額　分割記録の直前に原債権記録に記録されていた法第16条第1項第1号（当該原債権記録が他の分割における分割債権記録である場合にあっては、法第44条第1項第3号又は第4条第1項第3号、第8条第1項第3号、第12条第1項第3号若しくは第16条第1項第3号）に規定する一定の金額をいう。

三　特別求償権発生記録　特別求償権の発生の原因である支払等が記録された支払等記録をいう。

四　支払等金額　法第24条第2号の規定により記録される支払等をした金額（利息、遅延損害金、違約金又は費用が生じている場合にあっては、消滅した元本の額を含む。）をいう。

（磁気ディスクに準ずる物）
第2条 法第2条第3項に規定する主務省令で定める物は、光ディスクとする。

電子記録債権法	電子記録債権法施行令
ことができない方式で作られる記録で あって、電子計算機による情報処理の用 に供されるものをいう。以下同じ。）を いう。 5 この法律において「記録事項」とは、 この法律の規定に基づき債権記録に記録 すべき事項をいう。 6 この法律において「電子記録名義人」 とは、債権記録に電子記録債権の債権者 又は質権者として記録されている者をい う。 7 この法律において「電子記録権利者」 とは、電子記録をすることにより、電子 記録上、直接に利益を受ける者をいい、 間接に利益を受ける者を除く。 8 この法律において「電子記録義務者」 とは、電子記録をすることにより、電子 記録上、直接に不利益を受ける者をい い、間接に不利益を受ける者を除く。 9 この法律において「電子記録保証」と は、電子記録債権に係る債務を主たる債 務とする保証であって、保証記録をした ものをいう。	
第2章 電子記録債権の発生、譲渡等 **第1節 通 則** **第1款 電子記録**	
（電子記録の方法） **第3条** 電子記録は、電子債権記録機関が 記録原簿に記録事項を記録することに よって行う。	
（当事者の請求又は官公署の嘱託による電 子記録） **第4条** 電子記録は、法令に別段の定めが ある場合を除き、当事者の請求又は官庁 若しくは公署の嘱託がなければ、するこ とができない。	

電子記録債権法施行規則

【資料2】 187

電子記録債権法	電子記録債権法施行令
2 請求による電子記録の手続に関するこの法律の規定は、法令に別段の定めがある場合を除き、官庁又は公署の嘱託による電子記録の手続について準用する。	**（電子記録の嘱託）** **第11条** この政令に規定する電子記録の請求による電子記録の手続に関する法の規定には当該規定を法第4条第2項において準用する場合を含むものとし、この政令中「請求」及び「請求者」にはそれぞれ嘱託及び嘱託者を含むものとする。
（請求の当事者） **第5条** 電子記録の請求は、法令に別段の定めがある場合を除き、電子記録権利者及び電子記録義務者（これらの者について相続その他の一般承継があったときは、その相続人その他の一般承継人。第3項において同じ。）双方がしなければならない。 2 電子記録権利者又は電子記録義務者（これらの者について相続その他の一般承継があったときは、その相続人その他の一般承継人。以下この項において同じ。）に電子記録の請求をすべきことを命ずる確定判決による電子記録は、当該請求をしなければならない他の電子記録権利者又は電子記録義務者だけで請求することができる。 3 電子記録権利者及び電子記録義務者が電子記録の請求を共同してしない場合における電子記録の請求は、これらの者のすべてが電子記録の請求をした時に、その効力を生ずる。	
（請求の方法） **第6条** 電子記録の請求は、請求者の氏名又は名称及び住所その他の電子記録の請求に必要な情報として政令で定めるものを電子債権記録機関に提供してしなければならない。	**（電子記録の請求に必要な情報）** **第1条** 電子記録の請求をする場合に電子債権記録機関に提供しなければならない電子記録債権法（以下「法」という。）第6条の情報の内容は、次に掲げる事項とする。 一 請求者の氏名又は名称及び住所 二 請求者が法人であるときは、その代

電子記録債権法施行規則

【資料2】 189

電子記録債権法	電子記録債権法施行令
	表者の氏名

三　代理人によって電子記録の請求をするときは、当該代理人の氏名又は名称及び住所並びに代理人が法人であるときはその代表者の氏名

四　民法（明治29年法律第89号）第423条その他の法令の規定により他人に代わって電子記録の請求をするときは、請求者が代位者である旨、当該他人の氏名又は名称及び住所並びに代位原因

五　請求者が電子記録権利者、電子記録義務者又は電子記録名義人の相続人その他の一般承継人であるときは、その旨

六　前号の場合において、電子記録名義人となる電子記録権利者の相続人その他の一般承継人が電子記録の請求をするときは、電子記録権利者の氏名又は名称及び一般承継の時における住所

七　前3号の場合を除き、請求者が電子記録権利者又は電子記録義務者（電子記録権利者及び電子記録義務者がない場合にあっては、電子記録名義人）でないときは、電子記録権利者、電子記録義務者又は電子記録名義人の氏名又は名称及び住所

八　前各号に掲げるもののほか、別表の電子記録欄に掲げる電子記録の請求をするときは、同表の電子記録の請求に必要な情報欄に掲げる事項

別表　（第1条関係）

項	電子記録	電子記録の請求に必要な情報
一	発生記録	イ　法第16条第1項第1号から第6号までに掲げる事項 ロ　法第16条第2項

電子記録債権法施行規則

電子記録債権法	電子記録債権法施行令		
			第1号から第14号までに掲げる事項
	二	譲渡記録	イ 当該譲渡記録がされることとなる債権記録の記録番号
			ロ 法第18条第1項第1号から第3号までに掲げる事項
			ハ 法第18条第2項第1号から第4号までに掲げる事項
	三	支払等記録	イ 当該支払等記録がされることとなる債権記録の記録番号
			ロ 法第24条第1号から第5号までに掲げる事項
	四	変更記録	イ 当該変更記録がされることとなる債権記録の記録番号
			ロ 法第27条第1号から第3号までに掲げる事項
			ハ 被担保債権の一部について譲渡がされた場合における質権又は転質の移転による変更記録の請求をするときは、当該譲渡の目的である被担保債権の額
	五	保証記録	イ 当該保証記録が

電子記録債権法施行規則

【資料 2】

電子記録債権法	電子記録債権法施行令		
			されることとなる債権記録の記録番号
			ロ　法第32条第1項第1号から第3号までに掲げる事項
			ハ　法第32条第2項第1号から第9号までに掲げる事項
	六	質権設定記録（次項の電子記録を除く。）	イ　当該質権設定記録がされることとなる債権記録の記録番号
			ロ　法第37条第1項第1号から第3号までに掲げる事項
			ハ　法第37条第2項第1号から第7号までに掲げる事項
	七	根質権の質権設定記録	イ　当該根質権の質権設定記録がされることとなる債権記録の記録番号
			ロ　法第37条第3項第1号から第4号までに掲げる事項
			ハ　法第37条第4項第1号から第5号までに掲げる事項
	八	質権の順位の変更の電子記録	イ　当該電子記録がされることとなる債権記録の記録番号
			ロ　法第39条第1項第1号から第3号までに掲げる事項

電子記録債権法施行規則

【資料 2】　195

電子記録債権法	電子記録債権法施行令		
	九	転質の電子記録（次項の電子記録を除く。）	イ　当該転質の電子記録がされることとなる債権記録の記録番号 ロ　転質の目的である質権の質権番号 ハ　法第40条第2項において準用する法第37条第1項第1号から第3号までに掲げる事項 ニ　法第40条第2項において準用する法第37条第2項第1号から第7号までに掲げる事項
	十	根質権を設定する転質の電子記録	イ　当該転質の電子記録がされることとなる債権記録の記録番号 ロ　転質の目的である質権の質権番号 ハ　法第40条第2項において準用する法第37条第3項第1号から第4号までに掲げる事項 ニ　法第40条第2項において準用する法第37条第4項第1号から第5号までに掲げる事項
	十一	根質権の担保すべき元本の確定の電子記録	イ　当該電子記録がされることとなる債権記録の記録番号 ロ　法第42条第1項

196

電子記録債権法施行規則

電子記録債権法	電子記録債権法施行令		
			第1号から第3号までに掲げる事項
	十二	分割記録	イ　原債権記録の記録番号 ロ　電子記録債権の分割をする旨 ハ　法第44条第1項第3号に掲げる事項 ニ　法第45条第1項第2号から第4号までに掲げる事項 ホ　法第46条第1項第3号及び第4号に掲げる事項 ヘ　法第47条各号に掲げる場合にあっては、ハからホまでの規定にかかわらず、これらの規定の例に準じて主務省令で定める事項
	十三	信託の電子記録	イ　当該信託の電子記録がされることとなる債権記録の記録番号 ロ　第2条第1号及び第2号に掲げる事項
	十四	強制執行等	イ　当該強制執行等

電子記録債権法施行規則

第21条 電子記録債権法施行令（平成20年政令第325号）別表の12の項へに規定する主務省令で定める事項は、次の各号に掲げる場合の区分に応じ、当該各号に定める事項とする。

一　原債権記録に債権者ごとの債権の金額が記録されている場合　次に掲げる事項
　　イ　第4条第1項第3号及び第4号に掲げる事項
　　ロ　第5条第1項第3号から第7号までに掲げる事項
　　ハ　第6条第1項第3号から第6号までに掲げる事項

二　原債権記録に債務者ごとの債務の金額が記録されている場合　次に掲げる事項
　　イ　第8条第1項第3号に掲げる事項
　　ロ　第9条第1項第3号から第5号までに掲げる事項
　　ハ　第10条第1項第3号から第5号までに掲げる事項（第6条第1項第7号に掲げる事項を除く。）

三　原債権記録に一部保証記録がされている場合　次に掲げる事項
　　イ　第12条第1項第3号に掲げる事項
　　ロ　第13条第1項第4号及び第5号に掲げる事項
　　ハ　第14条第1項第3号及び第4号に掲げる事項（第6条第1項第7号に掲げる事項を除く。）

四　原債権記録に特別求償権が記録されている場合（分割債権記録に特別求償権を記録するために分割記録の請求をする場合に限る。）　次に掲げる事項
　　イ　第16条第1項第3号及び第4号に掲げる事項
　　ロ　第17条第1項第7号から第9号までに掲げる事項
　　ハ　第19条第1項第5号に掲げる事項

五　原債権記録に特別求償権が記録されている場合（分割債権記録に特別求償権を記録するために分割記録の請求をする場合を除く。）　次に掲げる事項
　　イ　前号イに掲げる事項
　　ロ　第18条第1項第2号に掲げる事項
　　ハ　前条第1項第3号に掲げる事項（第6条第1項第7号に掲げる事項を除く。）

【資料2】

電子記録債権法	電子記録債権法施行令	
	の電子記録	の電子記録がされることとなる債権記録の記録番号 ロ　第6条第1号から第4号までに掲げる事項
（電子債権記録機関による電子記録） **第7条**　電子債権記録機関は、この法律又はこの法律に基づく命令の規定による電子記録の請求があったときは、遅滞なく、当該請求に係る電子記録をしなければならない。 2　電子債権記録機関は、第51条第1項第5号に規定する業務規程（以下この章において単に「業務規程」という。）の定めるところにより、保証記録、質権設定記録若しくは分割記録をしないこととし、又はこれらの電子記録若しくは譲渡記録について回数の制限その他の制限をすることができる。この場合において、電子債権記録機関が第16条第2項第15号に掲げる事項を債権記録に記録していないときは、何人も、当該業務規程の定めの効力を主張することができない。		
（電子記録の順序） **第8条**　電子債権記録機関は、同一の電子記録債権に関し2以上の電子記録の請求があったときは、当該請求の順序に従って電子記録をしなければならない。 2　同一の電子記録債権に関し同時に2以上の電子記録が請求された場合において、請求に係る電子記録の内容が相互に矛盾するときは、前条第1項の規定にかかわらず、電子債権記録機関は、いずれの請求に基づく電子記録もしてはならない。		

電子記録債権法施行規則

電子記録債権法	電子記録債権法施行令
3 同一の電子記録債権に関し２以上の電子記録が請求された場合において、その前後が明らかでないときは、これらの請求は、同時にされたものとみなす。	
（電子記録の効力） 第９条 電子記録債権の内容は、債権記録の記録により定まるものとする。 2 電子記録名義人は、電子記録に係る電子記録債権についての権利を適法に有するものと推定する。	
（電子記録の訂正等） 第10条 電子債権記録機関は、次に掲げる場合には、電子記録の訂正をしなければならない。ただし、電子記録上の利害関係を有する第三者がある場合にあっては、当該第三者の承諾があるときに限る。 一 電子記録の請求に当たって電子債権記録機関に提供された情報の内容と異なる内容の記録がされている場合 二 請求がなければすることができない電子記録が、請求がないのにされている場合 三 電子債権記録機関が自らの権限により記録すべき記録事項について、記録すべき内容と異なる内容の記録がされている場合 四 電子債権記録機関が自らの権限により記録すべき記録事項について、その記録がされていない場合（一の電子記録の記録事項の全部が記録されていないときを除く。） 2 電子債権記録機関は、第86条各号に掲げる期間のうちのいずれかが経過する日までに電子記録が消去されたときは、当該電子記録の回復をしなければならない。この場合においては、前項ただし書	（電子記録の訂正） 第９条 電子債権記録機関は、発生記録に法第16条第２項第12号又は第15号に掲げる事項が記録されている場合において、その記録の内容に抵触する譲渡記録、保証記録、質権設定記録又は分割記録がされているときは、電子記録の訂正をしなければならない。ただし、電子記録上の利害関係を有する第三者がある場合にあっては、当該第三者の承諾があるときに限る。 2 法第10条第３項から第５項までの規定は、前項の規定による電子記録の訂正について準用する。 （電子記録の訂正等をする場合の記録事項） 第10条 電子債権記録機関は、法第10条第１項若しくは前条第１項の規定により電子記録の訂正をし、又は法第10条第２項の規定により電子記録の回復をするときは、当該訂正又は回復の年月日をも記録しなければならない。

電子記録債権法施行規則

【資料2】 203

電子記録債権法	電子記録債権法施行令
の規定を準用する。 3　電子債権記録機関は、前2項の規定により電子記録の訂正又は回復をするときは、当該訂正又は回復後の電子記録の内容と矛盾する電子記録について、電子記録の訂正をしなければならない。 4　電子債権記録機関が第1項又は第2項の規定により電子記録の訂正又は回復をしたときは、その内容を電子記録権利者及び電子記録義務者（電子記録権利者及び電子記録義務者がない場合にあっては、電子記録名義人）に通知しなければならない。 5　前項の規定による通知は、民法（明治29年法律第89号）第423条その他の法令の規定により他人に代わって電子記録の請求をした者にもしなければならない。ただし、その者が2人以上あるときは、その1人に対し通知すれば足りる。	
（不実の電子記録等についての電子債権記録機関の責任） **第11条**　電子債権記録機関は、前条第1項各号に掲げる場合又は同条第2項に規定するときは、これらの規定に規定する事由によって当該電子記録の請求をした者その他の第三者に生じた損害を賠償する責任を負う。ただし、電子債権記録機関の代表者及び使用人その他の従業者がその職務を行うについて注意を怠らなかったことを証明したときは、この限りでない。	
第2款　電子記録債権に係る意思表示等	
（意思表示の無効又は取消しの特則） **第12条**　電子記録の請求における相手方に対する意思表示についての民法第93条ただし書若しくは第95条の規定による無効	

電子記録債権法施行規則

電子記録債権法	電子記録債権法施行令
又は同法第96条第1項若しくは第2項の規定による取消しは、善意でかつ重大な過失がない第三者（同条第1項及び第2項の規定による取消しにあっては、取消し後の第三者に限る。）に対抗することができない。 2　前項の規定は、次に掲げる場合には、適用しない。 一　前項に規定する第三者が、支払期日以後に電子記録債権の譲渡、質入れ、差押え、仮差押え又は破産手続開始の決定（分割払の方法により支払う電子記録債権の場合には、到来した支払期日に係る部分についてのものに限る。）があった場合におけるその譲受人、質権者、差押債権者、仮差押債権者又は破産管財人であるとき。 二　前項の意思表示の無効又は取消しを対抗しようとする者が個人（当該電子記録において個人事業者（消費者契約法（平成12年法律第61号）第2条第2項に規定する事業者である個人をいう。以下同じ。）である旨の記録がされている者を除く。）である場合	
（無権代理人の責任の特則） **第13条**　電子記録の請求における相手方に対する意思表示についての民法第117条第2項の規定の適用については、同項中「過失」とあるのは、「重大な過失」とする。	
（権限がない者の請求による電子記録についての電子債権記録機関の責任） **第14条**　電子債権記録機関は、次に掲げる者の請求により電子記録をした場合には、これによって第三者に生じた損害を賠償する責任を負う。ただし、電子債権記録機関の代表者及び使用人その他の従	

電子記録債権法施行規則

電子記録債権法	電子記録債権法施行令
業者がその職務を行うについて注意を怠らなかったことを証明したときは、この限りでない。 一　代理権を有しない者 二　他人になりすました者	
第2節　発　生	
（電子記録債権の発生） **第15条**　電子記録債権（保証記録に係るもの及び電子記録保証をした者（以下「電子記録保証人」という。）が第35条第1項（同条第2項及び第3項において準用する場合を含む。）の規定により取得する電子記録債権（以下「特別求償権」という。）を除く。次条において同じ。）は、発生記録をすることによって生ずる。	
（発生記録） **第16条**　発生記録においては、次に掲げる事項を記録しなければならない。 一　債務者が一定の金額を支払う旨 二　支払期日（確定日に限るものとし、分割払の方法により債務を支払う場合にあっては、各支払期日とする。） 三　債権者の氏名又は名称及び住所 四　債権者が2人以上ある場合において、その債権が不可分債権であるときはその旨、可分債権であるときは債権者ごとの債権の金額 五　債務者の氏名又は名称及び住所 六　債務者が2人以上ある場合において、その債務が不可分債務又は連帯債務であるときはその旨、可分債務であるときは債務者ごとの債務の金額 七　記録番号（発生記録又は分割記録をする際に一の債権記録ごとに付す番号をいう。以下同じ。） 八　電子記録の年月日	

電子記録債権法施行規則

【資料2】　209

電子記録債権法	電子記録債権法施行令
2　発生記録においては、次に掲げる事項を記録することができる。 一　第62条第1項に規定する口座間送金決済に関する契約に係る支払をするときは、その旨並びに債務者の預金又は貯金の口座（以下「債務者口座」という。）及び債権者の預金又は貯金の口座（以下「債権者口座」という。） 二　第64条に規定する契約に係る支払をするときは、その旨 三　前2号に規定するもののほか、支払方法についての定めをするときは、その定め（分割払の方法により債務を支払う場合にあっては、各支払期日ごとに支払うべき金額を含む。） 四　利息、遅延損害金又は違約金についての定めをするときは、その定め 五　期限の利益の喪失についての定めをするときは、その定め 六　相殺又は代物弁済についての定めをするときは、その定め 七　弁済の充当の指定についての定めをするときは、その定め 八　第19条第1項（第38条において読み替えて準用する場合を含む。）の規定を適用しない旨の定めをするときは、その定め 九　債権者又は債務者が個人事業者であるときは、その旨 十　債務者が法人又は個人事業者（その旨の記録がされる者に限る。）である場合において、第20条第1項（第38条において読み替えて準用する場合を含む。）の規定を適用しない旨の定めをするときは、その定め 十一　債務者が法人又は個人事業者（その旨の記録がされる者に限る。）であって前号に掲げる定めが記録されな	

電子記録債権法施行規則

電子記録債権法	電子記録債権法施行令
い場合において、債務者が債権者（譲渡記録における譲受人を含む。以下この項において同じ。）に対抗することができる抗弁についての定めをするときは、その定め 　十二　譲渡記録、保証記録、質権設定記録若しくは分割記録をすることができないこととし、又はこれらの電子記録について回数の制限その他の制限をする旨の定めをするときは、その定め 　十三　債権者と債務者との間の通知の方法についての定めをするときは、その定め 　十四　債権者と債務者との間の紛争の解決の方法についての定めをするときは、その定め 　十五　電子債権記録機関が第7条第2項の規定により保証記録、質権設定記録若しくは分割記録をしないこととし、又はこれらの電子記録若しくは譲渡記録について回数の制限その他の制限をしたときは、その定め 　十六　前各号に掲げるもののほか、電子記録債権の内容となるものとして政令で定める事項 3　第1項第1号から第6号までに掲げる事項のいずれかの記録が欠けているときは、電子記録債権は、発生しない。 4　消費者契約法第2条第1項に規定する消費者（以下単に「消費者」という。）についてされた第2項第9号に掲げる事項の記録は、その効力を有しない。 5　第1項及び第2項の規定にかかわらず、電子債権記録機関は、業務規程の定めるところにより、第1項第2号（分割払の方法により債務を支払う場合における各支払期日の部分に限る。）及び第2項各号（第1号、第2号及び第9号を除	

電子記録債権法施行規則

電子記録債権法	電子記録債権法施行令
く。）に掲げる事項について、その記録をしないこととし、又はその記録を制限することができる。	
第3節 譲 渡	
（電子記録債権の譲渡） **第17条** 電子記録債権の譲渡は、譲渡記録をしなければ、その効力を生じない。	
（譲渡記録） **第18条** 譲渡記録においては、次に掲げる事項を記録しなければならない。 　一　電子記録債権の譲渡をする旨 　二　譲渡人が電子記録義務者の相続人であるときは、譲渡人の氏名及び住所 　三　譲受人の氏名又は名称及び住所 　四　電子記録の年月日 2　譲渡記録においては、次に掲げる事項を記録することができる。 　一　発生記録（当該発生記録の記録事項について変更記録がされているときは、当該変更記録を含む。以下同じ。）において債務の支払を債権者口座に対する払込みによってする旨の定めが記録されている場合において、譲渡記録に当たり譲受人が譲受人の預金又は貯金の口座に対する払込みによって支払を受けようとするときは、当該口座（発生記録において払込みをする預金又は貯金の口座の変更に関する定めが記録されているときは、これと抵触しないものに限る。） 　二　譲渡人が個人事業者であるときは、その旨 　三　譲渡人と譲受人（譲渡記録後に譲受人として記録された者を含む。次号において同じ。）との間の通知の方法についての定めをするときは、その定め 　四　譲渡人と譲受人との間の紛争の解決	

電子記録債権法施行規則

電子記録債権法	電子記録債権法施行令
の方法についての定めをするときは、その定め 　五　前各号に掲げるもののほか、政令で定める事項 3　消費者についてされた前項第2号に掲げる事項の記録は、その効力を有しない。 4　電子債権記録機関は、発生記録において第16条第2項第12号又は第15号に掲げる事項（譲渡記録に係る部分に限る。）が記録されているときは、その記録の内容に抵触する譲渡記録をしてはならない。	
（善意取得） **第19条**　譲渡記録の請求により電子記録債権の譲受人として記録された者は、当該電子記録債権を取得する。ただし、その者に悪意又は重大な過失があるときは、この限りでない。 2　前項の規定は、次に掲げる場合には、適用しない。 　一　第16条第2項第8号に掲げる事項が記録されている場合 　二　前項に規定する者が、支払期日以後にされた譲渡記録の請求により電子記録債権（分割払の方法により支払うものにあっては、到来した支払期日に係る部分に限る。）の譲受人として記録されたものである場合 　三　個人（個人事業者である旨の記録がされている者を除く。）である電子記録債権の譲渡人がした譲渡記録の請求における譲受人に対する意思表示が効力を有しない場合において、前項に規定する者が当該譲渡記録後にされた譲渡記録の請求により記録されたものであるとき。	

電子記録債権法施行規則

【資料2】 217

電子記録債権法	電子記録債権法施行令
（抗弁の切断） **第20条**　発生記録における債務者又は電子記録保証人（以下「電子記録債務者」という。）は、電子記録債権の債権者に当該電子記録債権を譲渡した者に対する人的関係に基づく抗弁をもって当該債権者に対抗することができない。ただし、当該債権者が、当該電子記録債務者を害することを知って当該電子記録債権を取得したときは、この限りでない。 2　前項の規定は、次に掲げる場合には、適用しない。 　一　第16条第2項第10号又は第32条第2項第6号に掲げる事項が記録されている場合 　二　前項の債権者が、支払期日以後にされた譲渡記録の請求により電子記録債権（分割払の方法により支払うものにあっては、到来した支払期日に係る部分に限る。）の譲受人として記録されたものである場合 　三　前項の電子記録債務者が個人（個人事業者である旨の記録がされている者を除く。）である場合	
第4節　消　滅	
（支払免責） **第21条**　電子記録名義人に対してした電子記録債権についての支払は、当該電子記録名義人がその支払を受ける権利を有しない場合であっても、その効力を有する。ただし、その支払をした者に悪意又は重大な過失があるときは、この限りでない。	
（混同等） **第22条**　電子記録債務者（その相続人その他の一般承継人を含む。以下この項において同じ。）が電子記録債権を取得した	

電子記録債権法施行規則

【資料2】 219

電子記録債権法	電子記録債権法施行令
場合には、民法第520条本文の規定にかかわらず、当該電子記録債権は消滅しない。ただし、当該電子記録債務者又は当該電子記録債務者の承諾を得た他の電子記録債務者の請求により、当該電子記録債権の取得に伴う混同を原因とする支払等記録がされたときは、この限りでない。 2　次の各号に掲げる者は、電子記録債権を取得しても、当該各号に定める者に対して電子記録保証によって生じた債務（以下「電子記録保証債務」という。）の履行を請求することができない。 　一　発生記録における債務者　電子記録保証人 　二　電子記録保証人　他の電子記録保証人（弁済その他自己の財産をもって主たる債務として記録された債務を消滅させるべき行為をしたとするならば、この号に掲げる電子記録保証人に対して特別求償権を行使することができるものに限る。）	
（消滅時効） **第23条**　電子記録債権は、３年間行使しないときは、時効によって消滅する。	
（支払等記録の記録事項） **第24条**　支払等記録においては、次に掲げる事項を記録しなければならない。 　一　支払、相殺その他の債務の全部若しくは一部を消滅させる行為又は混同（以下「支払等」という。）により消滅し、又は消滅することとなる電子記録名義人に対する債務を特定するために必要な事項 　二　支払等をした金額その他の当該支払等の内容（利息、遅延損害金、違約金又は費用が生じている場合にあって	

電子記録債権法施行規則

電子記録債権法	電子記録債権法施行令
は、消滅した元本の額を含む。） 三　支払等があった日 四　支払等をした者（支払等が相殺による債務の消滅である場合にあっては、電子記録名義人が当該相殺によって免れた債務の債権者。以下同じ。）の氏名又は名称及び住所 五　支払等をした者が当該支払等をするについて民法第500条の正当な利益を有する者であるときは、その事由 六　電子記録の年月日 七　前各号に掲げるもののほか、政令で定める事項	
（支払等記録の請求） **第25条**　支払等記録は、次に掲げる者だけで請求することができる。 一　当該支払等記録についての電子記録義務者 二　前号に掲げる者の相続人その他の一般承継人 三　次に掲げる者であって、前2号に掲げる者全員の承諾を得たもの 　イ　電子記録債務者 　ロ　支払等をした者（前2号及びイに掲げる者を除く。） 　ハ　イ又はロに掲げる者の相続人その他の一般承継人 2　電子記録債権又はこれを目的とする質権の被担保債権（次項において「電子記録債権等」という。）について支払等がされた場合には、前項第3号イからハまでに掲げる者は、同項第1号又は第2号に掲げる者に対し、同項第3号の承諾をすることを請求することができる。 3　電子記録債権等について支払をする者は、第1項第1号又は第2号に掲げる者に対し、当該支払をするのと引換えに、	

電子記録債権法施行規則

電子記録債権法	電子記録債権法施行令
同項第3号の承諾をすることを請求することができる。 4　根質権の担保すべき債権についての支払等をしたことによる支払等記録の請求は、当該支払等が当該根質権の担保すべき元本の確定後にされたものであり、かつ、当該確定の電子記録がされている場合でなければ、することができない。	
第5節　記録事項の変更	
(電子記録債権の内容等の意思表示による変更) **第26条**　電子記録債権又はこれを目的とする質権の内容の意思表示による変更は、この法律に別段の定めがある場合を除き、変更記録をしなければ、その効力を生じない。	
(変更記録の記録事項) **第27条**　変更記録においては、次に掲げる事項を記録しなければならない。 　一　変更する記録事項 　二　前号の記録事項を変更する旨及びその原因 　三　第1号の記録事項についての変更後の内容（当該記録事項を記録しないこととする場合にあっては、当該記録事項を削除する旨） 　四　電子記録の年月日	
(求償権の譲渡に伴い電子記録債権が移転した場合の変更記録) **第28条**　債権記録に支払等をした者として記録されている者であって当該支払等により電子記録債権の債権者に代位したものがした求償権（特別求償権を除く。）の譲渡に伴い当該電子記録債権が移転した場合における変更記録は、その者の氏名又は名称及び住所を当該求償権の譲受	

電子記録債権法施行規則

【資料2】 225

電子記録債権法	電子記録債権法施行令
人の氏名又は名称及び住所に変更する記録をすることによって行う。	

（変更記録の請求）

第29条 変更記録の請求は、当該変更記録につき電子記録上の利害関係を有する者（その者について相続その他の一般承継があったときは、その相続人その他の一般承継人）の全員がしなければならない。

2　前項の規定にかかわらず、相続又は法人の合併による電子記録名義人又は電子記録債務者の変更を内容とする変更記録は、相続人又は合併後存続する法人若しくは合併により設立された法人だけで請求することができる。ただし、相続人が2人以上ある場合には、その全員が当該変更記録を請求しなければならない。

3　第5条第2項及び第3項の規定は、第1項及び前項ただし書の場合について準用する。

4　第1項の規定にかかわらず、電子記録名義人又は電子記録債務者の氏名若しくは名称又は住所についての変更記録は、その者が単独で請求することができる。他の者の権利義務に影響を及ぼさないことが明らかな変更記録であって業務規程の定めるものについても、同様とする。

（変更記録が無効な場合における電子記録債務者の責任）

第30条 変更記録がその請求の無効、取消しその他の事由により効力を有しない場合には、当該変更記録前に債務を負担した電子記録債務者は、当該変更記録前の債権記録の内容に従って責任を負う。ただし、当該変更記録の請求における相手方に対する意思表示を適法にした者の間においては、当該意思表示をした電子記

電子記録債権法施行規則

電子記録債権法	電子記録債権法施行令
録債務者は、当該変更記録以後の債権記録の内容に従って責任を負う。 2　前項本文に規定する場合には、当該変更記録後に債務を負担した電子記録債務者は、当該変更記録後の債権記録の内容に従って責任を負う。	
第6節　電子記録保証	
（保証記録による電子記録債権の発生） **第31条**　電子記録保証に係る電子記録債権は、保証記録をすることによって生ずる。	
（保証記録） **第32条**　保証記録においては、次に掲げる事項を記録しなければならない。 　一　保証をする旨 　二　保証人の氏名又は名称及び住所 　三　主たる債務者の氏名又は名称及び住所その他主たる債務を特定するために必要な事項 　四　電子記録の年月日 2　保証記録においては、次に掲げる事項を記録することができる。 　一　保証の範囲を限定する旨の定めをするときは、その定め 　二　遅延損害金又は違約金についての定めをするときは、その定め 　三　相殺又は代物弁済についての定めをするときは、その定め 　四　弁済の充当の指定についての定めをするときは、その定め 　五　保証人が個人事業者であるときは、その旨 　六　保証人が法人又は個人事業者（その旨の記録がされる者に限る。）である場合において、保証記録をした時の債権者に対抗することができる事由について第20条第1項（第38条において読	

電子記録債権法施行規則

【資料2】 229

電子記録債権法	電子記録債権法施行令
み替えて準用する場合を含む。）の規定を適用しない旨の定めをするときは、その定め 　七　保証人が法人又は個人事業者（その旨の記録がされる者に限る。）であって前号に掲げる定めが記録されない場合において、保証人が債権者（譲渡記録における譲受人を含む。以下この項において同じ。）に対抗することができる抗弁についての定めをするときは、その定め 　八　債権者と保証人との間の通知の方法についての定めをするときは、その定め 　九　債権者と保証人との間の紛争の解決の方法についての定めをするときは、その定め 　十　前各号に掲げるもののほか、政令で定める事項 3　第1項第1号から第3号までに掲げる事項のいずれかの記録が欠けているときは、電子記録保証に係る電子記録債権は、発生しない。 4　消費者についてされた第2項第5号に掲げる事項の記録は、その効力を有しない。 5　電子債権記録機関は、発生記録において第16条第2項第12号又は第15号に掲げる事項（保証記録に係る部分に限る。）が記録されているときは、その記録の内容に抵触する保証記録をしてはならない。	
（電子記録保証の独立性） **第33条**　電子記録保証債務は、その主たる債務者として記録されている者がその主たる債務を負担しない場合（第16条第1項第1号から第6号まで又は前条第1項	

電子記録債権法施行規則

【資料2】 231

電子記録債権法	電子記録債権法施行令
第1号から第3号までに掲げる事項の記録が欠けている場合を除く。）においても、その効力を妨げられない。 2　前項の規定は、電子記録保証人が個人（個人事業者である旨の記録がされている者を除く。）である場合には、適用しない。	
（民法等の適用除外） **第34条**　民法第452条、第453条及び第456条から第458条まで並びに商法（明治32年法律第48号）第511条第2項の規定は、電子記録保証については、適用しない。 2　前項の規定にかかわらず、電子記録保証人が個人（個人事業者である旨の記録がされている者を除く。）である場合には、当該電子記録保証人は、主たる債務者の債権による相殺をもって債権者に対抗することができる。	
（特別求償権） **第35条**　発生記録によって生じた債務を主たる債務とする電子記録保証人が出えん（弁済その他自己の財産をもって主たる債務として記録された債務を消滅させるべき行為をいう。以下この条において同じ。）をした場合において、その旨の支払等記録がされたときは、民法第459条、第462条、第463条及び第465条の規定にかかわらず、当該電子記録保証人は、次に掲げる者に対し、出えんにより共同の免責を得た額、出えんをした日以後の遅延損害金の額及び避けることができなかった費用の額の合計額について電子記録債権を取得する。ただし、第3号に掲げる者に対しては、自己の負担部分を超えて出えんをした額のうち同号に掲げる者の負担部分の額に限る。	

電子記録債権法施行規則

電子記録債権法	電子記録債権法施行令
一　主たる債務者 二　当該出えんをした者が電子記録保証人となる前に当該者を債権者として当該主たる債務と同一の債務を主たる債務とする電子記録保証をしていた他の電子記録保証人 三　当該主たる債務と同一の債務を主たる債務とする他の電子記録保証人（前号に掲げる者及び電子記録保証人となる前に当該出えんをした者の電子記録保証に係る債権者であったものを除く。） 2　前項の規定は、同項の規定によって生じた債務を主たる債務とする電子記録保証人が出えんをした場合について準用する。 3　第1項の規定は、電子記録保証債務を主たる債務とする電子記録保証人が出えんをした場合について準用する。この場合において、同項中「次に掲げる者」とあるのは、「次に掲げる者及びその出えんを主たる債務者として記録されている電子記録保証人がしたとするならば、次に掲げる者に該当することとなるもの」と読み替えるものとする。	
第7節　質　権	
（電子記録債権の質入れ） **第36条**　電子記録債権を目的とする質権の設定は、質権設定記録をしなければ、その効力を生じない。 2　民法第362条第2項の規定は、前項の質権については、適用しない。 3　民法第296条から第300条まで、第304条、第342条、第343条、第346条、第348条、第349条、第351条、第373条、第374条、第378条、第390条、第391条、第398条の2から第398条の10まで、第398条の	

電子記録債権法施行規則

電子記録債権法	電子記録債権法施行令
19、第398条の20（第1項第3号を除く。）及び第398条の22の規定は、第1項の質権について準用する。	

（質権設定記録の記録事項）

第37条 質権設定記録（根質権の質権設定記録を除く。次項において同じ。）においては、次に掲げる事項を記録しなければならない。

一　質権を設定する旨

二　質権者の氏名又は名称及び住所

三　被担保債権の債務者の氏名又は名称及び住所、被担保債権の額（一定の金額を目的としない債権については、その価額。以下同じ。）その他被担保債権を特定するために必要な事項

四　一の債権記録における質権設定記録及び転質の電子記録がされた順序を示す番号（以下「質権番号」という。）

五　電子記録の年月日

2　質権設定記録においては、次に掲げる事項を記録することができる。

一　被担保債権につき利息、遅延損害金又は違約金についての定めがあるときは、その定め

二　被担保債権に付した条件があるときは、その条件

三　前条第3項において準用する民法第346条ただし書の別段の定めをするときは、その定め

四　質権の実行に関し、その方法、条件その他の事項について定めをするときは、その定め

五　発生記録において電子記録債権に係る債務の支払を債権者口座に対する払込みによってする旨の定めが記録されている場合において、質権設定記録に当たり質権者が質権者の預金又は貯金

電子記録債権法施行規則

【資料2】 237

電子記録債権法	電子記録債権法施行令

　の口座に対する払込みによって支払を
　受けようとするときは、当該口座（発
　生記録において払込みをする預金又は
　貯金の口座の変更に関する定めが記録
　されているときは、これと抵触しない
　ものに限る。）
　六　質権設定者と質権者（質権設定記録
　　後に当該質権についての質権者として
　　記録された者を含む。次号において同
　　じ。）との間の通知の方法についての
　　定めをするときは、その定め
　七　質権設定者と質権者との間の紛争の
　　解決の方法についての定めをするとき
　　は、その定め
　八　前各号に掲げるもののほか、政令で
　　定める事項
3　根質権の質権設定記録においては、次
　に掲げる事項を記録しなければならな
　い。
　一　根質権を設定する旨
　二　根質権者の氏名又は名称及び住所
　三　担保すべき債権の債務者の氏名又は
　　名称及び住所
　四　担保すべき債権の範囲及び極度額
　五　質権番号
　六　電子記録の年月日
4　根質権の質権設定記録においては、次
　に掲げる事項を記録することができる。
　一　担保すべき元本の確定すべき期日の
　　定めをするときは、その定め
　二　根質権の実行に関し、その方法、条
　　件その他の事項について定めをすると
　　きは、その定め
　三　発生記録において電子記録債権に係
　　る債務の支払を債権者口座に対する払
　　込みによってする旨の定めが記録され
　　ている場合において、根質権の質権設
　　定記録に当たり根質権者が根質権者の

電子記録債権法施行規則

電子記録債権法	電子記録債権法施行令
預金又は貯金の口座に対する払込みによって支払を受けようとするときは、当該口座（発生記録において払込みをする預金又は貯金の口座の変更に関する定めが記録されているときは、これと抵触しないものに限る。） 　四　根質権設定者と根質権者（根質権の質権設定記録後に当該根質権についての根質権者として記録された者を含む。次号において同じ。）との間の通知の方法についての定めをするときは、その定め 　五　根質権設定者と根質権者との間の紛争の解決の方法についての定めをするときは、その定め 　六　前各号に掲げるもののほか、政令で定める事項 5　電子債権記録機関は、発生記録において第16条第2項第12号又は第15号に掲げる事項（質権設定記録に係る部分に限る。）が記録されているときは、その記録の内容に抵触する質権設定記録をしてはならない。	
（善意取得及び抗弁の切断） **第38条**　第19条及び第20条の規定は、質権設定記録について準用する。この場合において、第19条第1項中「譲受人」とあるのは「質権者」と、「当該電子記録債権」とあるのは「その質権」と、同条第2項第2号中「譲受人」とあるのは「質権者」と、同項第3号中「された譲渡記録」とあるのは「された質権設定記録」と、第20条第1項中「債権者に当該電子記録債権を譲渡した」とあるのは「質権者にその質権を設定した」と、「当該債権者に」とあるのは「当該質権者に」と、同項ただし書中「当該債権者が」と	

電子記録債権法施行規則

電子記録債権法	電子記録債権法施行令
あるのは「当該質権者が」と、「当該電子記録債権を取得した」とあるのは「当該質権を取得した」と、同条第２項第２号中「債権者」とあり、及び「譲受人」とあるのは「質権者」と読み替えるものとする。	
（質権の順位の変更の電子記録） **第39条** 第36条第３項において準用する民法第374条第１項の規定による質権の順位の変更の電子記録においては、次に掲げる事項を記録しなければならない。 一 質権の順位を変更する旨 二 順位を変更する質権の質権番号 三 変更後の質権の順位 四 電子記録の年月日 ２ 前項の電子記録の請求は、順位を変更する質権の電子記録名義人の全員がしなければならない。この場合においては、第５条第２項及び第３項の規定を準用する。	
（転質） **第40条** 第36条第３項において準用する民法第348条の規定による転質は、転質の電子記録をしなければ、その効力を生じない。 ２ 第37条第１項から第４項までの規定は、転質の電子記録について準用する。 ３ 転質の電子記録においては、転質の目的である質権の質権番号をも記録しなければならない。 ４ 質権者が２以上の者のために転質をしたときは、その転質の順位は、転質の電子記録の前後による。	
（被担保債権の譲渡に伴う質権等の移転による変更記録の特則） **第41条** 被担保債権の一部について譲渡がされた場合における質権又は転質の移転	

電子記録債権法施行規則

電子記録債権法	電子記録債権法施行令
による変更記録においては、第27条各号に掲げる事項のほか、当該譲渡の目的である被担保債権の額をも記録しなければならない。 2 根質権の担保すべき債権の譲渡がされた場合における根質権の移転による変更記録の請求は、当該譲渡が当該根質権の担保すべき元本の確定後にされたものであり、かつ、当該確定の電子記録がされている場合でなければ、することができない。	
（根質権の担保すべき元本の確定の電子記録） **第42条** 根質権の担保すべき元本（以下この条において単に「元本」という。）の確定の電子記録においては、次に掲げる事項を記録しなければならない。 一 元本が確定した旨 二 元本が確定した根質権の質権番号 三 元本の確定の年月日 四 電子記録の年月日 2 第36条第3項において準用する民法第398条の19第2項又は第398条の20第1項第4号の規定により元本が確定した場合の電子記録は、当該根質権の電子記録名義人だけで請求することができる。ただし、同号の規定により元本が確定した場合における請求は、当該根質権又はこれを目的とする権利の取得の電子記録の請求と併せてしなければならない。	
第8節 分 割	
（分割記録） **第43条** 電子記録債権は、分割（債権者又は債務者として記録されている者が2人以上ある場合において、特定の債権者又は債務者について分離をすることを含む。）をすることができる。	

電子記録債権法施行規則

【資料2】 245

電子記録債権法	電子記録債権法施行令
2 電子記録債権の分割は、次条から第47条までの規定により、分割をする電子記録債権が記録されている債権記録（以下「原債権記録」という。）及び新たに作成する債権記録（以下「分割債権記録」という。）に分割記録をすると同時に原債権記録に記録されている事項の一部を分割債権記録に記録することによって行う。 3 分割記録の請求は、分割債権記録に債権者として記録される者だけですることができる。	
（分割記録の記録事項） **第44条** 分割記録においては、分割債権記録に次に掲げる事項を記録しなければならない。 一 原債権記録から分割をした旨 二 原債権記録及び分割債権記録の記録番号 三 発生記録における債務者であって分割債権記録に記録されるものが一定の金額を支払う旨 四 債権者の氏名又は名称及び住所 五 電子記録の年月日 2 分割記録においては、原債権記録に次に掲げる事項を記録しなければならない。 一 分割をした旨 二 分割債権記録の記録番号 三 電子記録の年月日 3 電子債権記録機関は、発生記録において第16条第2項第12号又は第15号に掲げる事項（分割記録に係る部分に限る。）が記録されているときは、その記録の内容に抵触する分割記録をしてはならない。	

電子記録債権法施行規則

電子記録債権法	電子記録債権法施行令

（分割記録に伴う分割債権記録への記録）

第45条　電子債権記録機関は、分割記録と同時に、分割債権記録に次に掲げる事項を記録しなければならない。

一　分割債権記録に記録される電子記録債権についての原債権記録中の現に効力を有する電子記録において記録されている事項（次に掲げるものを除く。）

　イ　債務者が一定の金額を支払う旨

　ロ　当該電子記録債権が分割払の方法により債務を支払うものである場合における各支払期日及び当該支払期日ごとに支払うべき金額

　ハ　譲渡記録、保証記録、質権設定記録又は分割記録をすることができる回数（以下「記録可能回数」という。）が記録されている場合におけるその記録可能回数

　ニ　原債権記録の記録番号

　ホ　原債権記録に分割記録がされている場合における当該分割記録において記録されている事項（イに掲げるものを除く。）

二　分割債権記録に記録される電子記録債権が原債権記録において分割払の方法により債務を支払うものとして記録されている場合には、当該電子記録債権の支払期日（原債権記録に支払期日として記録されているものに限る。）

三　前号に規定する場合において、分割債権記録に記録される電子記録債権が分割払の方法により債務を支払うものであるときは、当該電子記録債権の各支払期日ごとに支払うべき金額（原債権記録に記録されている対応する各支払期日ごとに支払うべき金額の範囲内のものに限る。）

四　原債権記録に記録可能回数が記録さ

電子記録債権法施行規則

電子記録債権法	電子記録債権法施行令
れている場合には、当該記録可能回数（分割記録の記録可能回数にあっては、当該記録可能回数から1を控除した残りの記録可能回数）のうち、分割債権記録における記録可能回数 2　電子債権記録機関は、分割債権記録に前項第1号に掲げる事項を記録したときは当該事項を原債権記録から転写した旨及びその年月日を、同項第2号から第4号までに掲げる事項を記録したときはその記録の年月日を当該分割債権記録に記録しなければならない。	
（分割記録に伴う原債権記録への記録） **第46条**　電子債権記録機関は、分割記録と同時に、原債権記録に次に掲げる事項を記録しなければならない。 　一　分割債権記録に記録される電子記録債権について原債権記録に記録されている事項のうち、前条第1項第1号イからハまでに掲げる事項の記録を削除する旨 　二　発生記録における債務者が分割記録の直前に原債権記録に記録されていた第16条第1項第1号（当該原債権記録が他の分割における分割債権記録である場合にあっては、第44条第1項第3号）に規定する一定の金額から分割債権記録に記録される第44条第1項第3号に規定する一定の金額を控除して得た金額を支払う旨 　三　分割債権記録に記録される電子記録債権が原債権記録において分割払の方法により債務を支払うものとして記録されている場合には、分割記録の後も原債権記録に引き続き記録されることとなる支払期日 　四　前号に規定する場合において、分割	

電子記録債権法施行規則

電子記録債権法	電子記録債権法施行令
記録の後も原債権記録に引き続き記録されることとなる電子記録債権が分割払の方法により債務を支払うものであるときは、当該電子記録債権の各支払期日ごとに支払うべき金額 　五　原債権記録に記録可能回数が記録されている場合には、当該記録可能回数（分割記録の記録可能回数にあっては、当該記録可能回数から1を控除した残りの記録可能回数）から分割債権記録における記録可能回数を控除した残りの記録可能回数 2　電子債権記録機関は、原債権記録に前項各号に掲げる事項を記録したときは、その記録の年月日を当該原債権記録に記録しなければならない。	
（主務省令への委任） **第47条**　第43条第3項及び前3条の規定にかかわらず、次に掲げる場合における分割記録の請求、分割記録の記録事項並びに分割記録に伴う分割債権記録及び原債権記録への記録について必要な事項は、これらの規定の例に準じて主務省令で定める。 　一　原債権記録に債権者ごとの債権の金額又は債務者ごとの債務の金額が記録されている場合 　二　原債権記録に第32条第2項第1号に掲げる事項が記録された保証記録がされている場合 　三　原債権記録に特別求償権が記録されている場合 　四　前3号に掲げるもののほか、主務省令で定める場合	

電子記録債権法施行規則

（分割記録の請求）

第3条 原債権記録に債権者ごとの債権の金額が記録されている場合における分割記録の請求は、次の各号に掲げる場合の区分に応じ、当該各号に定める者だけですることができる。

一　原債権記録に記録可能回数が記録されている場合　原債権記録に記録されている電子記録名義人の全員

二　原債権記録において一部保証記録に基づく電子記録保証の対象である電子記録債権を分割債権記録に記録する場合　原債権記録に記録されている電子記録名義人のうち、当該一部保証記録に基づく電子記録保証を受けるものの全員

三　前2号に掲げる場合以外の場合　分割債権記録に債権者として記録される者

（分割記録の記録事項）

第4条 原債権記録に債権者ごとの債権の金額が記録されている場合における分割記録においては、分割債権記録に次に掲げる事項を記録しなければならない。

一　原債権記録から分割をした旨

二　原債権記録及び分割債権記録の記録番号

三　発生記録における債務者であって分割債権記録に記録されるものが一定の金額を支払う旨

四　分割債権記録に記録される電子記録債権の債権者の氏名又は名称及び住所

五　電子記録の年月日

2　原債権記録に債権者ごとの債権の金額が記録されている場合における分割記録においては、原債権記録に次に掲げる事項を記録しなければならない。

【資料2】　253

電子記録債権法	電子記録債権法施行令

電子記録債権法施行規則

　一　分割をした旨

　二　分割債権記録の記録番号

　三　電子記録の年月日

3　法第44条第3項の規定は、原債権記録に債権者ごとの債権の金額が記録されている場合について準用する。

（分割記録に伴う分割債権記録への記録）

第5条　電子債権記録機関は、原債権記録に債権者ごとの債権の金額が記録されている場合において分割記録をするときは、分割記録と同時に、分割債権記録に次に掲げる事項を記録しなければならない。

　一　原債権記録中の発生記録において記録されている事項（次に掲げるものを除く。）

　　イ　債務者が一定の金額を支払う旨

　　ロ　当該電子記録債権が分割払の方法により債務を支払うものである場合における各支払期日及び当該支払期日ごとに支払うべき金額

　　ハ　債権者の氏名又は名称及び住所

　　ニ　債権者ごとの債権の金額

　　ホ　記録可能回数が記録されている場合におけるその記録可能回数

　　ヘ　原債権記録の記録番号

　二　前号に掲げるもののほか、分割債権記録に記録される電子記録債権についての原債権記録中の現に効力を有する電子記録（分割記録を除く。）において記録されている事項

　三　分割債権記録に記録される電子記録債権が原債権記録において分割払の方法により債務を支払うものとして記録されている場合には、当該電子記録債権の支払期日（原債権記録に支払期日として記録されているものに限る。）

　四　前号に規定する場合において、分割債権記録に記録される電子記録債権が分割払の方法により債務を支払うものであるときは、当該電子記録債権の各支払期日ごとに支払うべき金額（原債権記録に記録されている対応する各支払期日ごとに支払うべき金額の範囲内のものに限る。）

　五　分割債権記録に記録される電子記録債権の債権者の氏名又は名称及び住所

　六　前号の債権者が2人以上ある場合には、債権者ごとの債権の金額

　七　原債権記録に記録可能回数が記録されている場合には、当該記録可能回数（分割記録の記録可能回数にあっては、当該記録可能回数から1を控除した残りの記録可能回数）のうち、分割債権記録における記録可能回数

2　電子債権記録機関は、分割債権記録に前項第1号及び第2号に掲げる事項を記録したときは当該事項を原債権記録から転写した旨及びその年月日を、同項第3号から第7号までに掲げる事項を記録したときはその記録の年月日を当該分割債権記録に記録しなければならない。

（分割記録に伴う原債権記録への記録）

第6条　電子債権記録機関は、原債権記録に債権者ごとの債権の金額が記録されている

【資料2】　255

電子記録債権法	電子記録債権法施行令

電子記録債権法施行規則

場合において分割記録をするときは、分割記録と同時に、原債権記録に次に掲げる事項を記録しなければならない。

一　分割債権記録に記録される電子記録債権について原債権記録に記録されている事項のうち、前条第1項第1号イからホまでに掲げる事項の記録を削除する旨

二　発生記録における債務者が原債権金額から分割債権記録に記録される第4条第1項第3号に規定する一定の金額を控除して得た金額を支払う旨

三　分割債権記録に記録される電子記録債権が原債権記録において分割払の方法により債務を支払うものとして記録されている場合には、分割記録の後も原債権記録に引き続き記録されることとなる支払期日

四　前号に規定する場合において、分割記録の後も原債権記録に引き続き記録されることとなる電子記録債権が分割払の方法により債務を支払うものであるときは、当該電子記録債権の各支払期日ごとに支払うべき金額

五　分割記録の後も原債権記録に引き続き記録されることとなる電子記録債権の債権者の氏名又は名称及び住所

六　前号の債権者が2人以上ある場合には、債権者ごとの債権の金額

七　原債権記録に記録可能回数が記録されている場合には、当該記録可能回数（分割記録の記録可能回数にあっては、当該記録可能回数から1を控除した残りの記録可能回数）から分割債権記録における記録可能回数を控除した残りの記録可能回数

2　電子債権記録機関は、原債権記録に前項各号に掲げる事項を記録したときは、その記録の年月日を当該原債権記録に記録しなければならない。

（分割記録の請求）

第7条　原債権記録に債務者ごとの債務の金額が記録されている場合における分割記録の請求は、分割債権記録に債権者として記録される者だけですることができる。

（分割記録の記録事項）

第8条　原債権記録に債務者ごとの債務の金額が記録されている場合における分割記録においては、分割債権記録に次に掲げる事項を記録しなければならない。

一　原債権記録から分割をした旨

二　原債権記録及び分割債権記録の記録番号

三　発生記録における債務者であって分割債権記録に記録されるものが一定の金額を支払う旨

四　債権者の氏名又は名称及び住所

五　電子記録の年月日

2　原債権記録に債務者ごとの債務の金額が記録されている場合における分割記録においては、原債権記録に第4条第2項各号に掲げる事項を記録しなければならない。

3　法第44条第3項の規定は、原債権記録に債務者ごとの債務の金額が記録されている場合について準用する。

（分割記録に伴う分割債権記録への記録）

第9条　電子債権記録機関は、原債権記録に債務者ごとの債務の金額が記録されている

【資料2】　257

電子記録債権法	電子記録債権法施行令

電子記録債権法施行規則

場合において分割記録をするときは、分割記録と同時に、分割債権記録に次に掲げる事項を記録しなければならない。

一　原債権記録中の発生記録において記録されている事項（次に掲げるものを除く。）
　　イ　第５条第１項第１号イ、ロ、ホ及びへに掲げる事項
　　ロ　債務者の氏名又は名称及び住所
　　ハ　債務者ごとの債務の金額
二　前号に掲げるもののほか、分割債権記録に記録される電子記録債権についての原債権記録中の現に効力を有する電子記録（分割記録を除く。）において記録されている事項
三　第５条第１項第３号、第４号及び第７号に掲げる事項
四　分割債権記録に記録される電子記録債権の債務者の氏名又は名称及び住所
五　前号の債務者が２人以上ある場合には、債務者ごとの債務の金額

2　電子債権記録機関は、分割債権記録に前項第１号及び第２号に掲げる事項を記録したときは当該事項を原債権記録から転写した旨及びその年月日を、同項第３号から第５号までに掲げる事項を記録したときはその記録の年月日を当該分割債権記録に記録しなければならない。

（分割記録に伴う原債権記録への記録）

第10条　電子債権記録機関は、原債権記録に債務者ごとの債務の金額が記録されている場合において分割記録をするときは、分割記録と同時に、原債権記録に次に掲げる事項を記録しなければならない。

一　分割債権記録に記録される電子記録債権について原債権記録に記録されている事項のうち、前条第１項第１号イからハまでに掲げる事項（原債権記録の記録番号を除く。）の記録を削除する旨
二　債務者が原債権金額から分割債権記録に記録される第８条第１項第３号に規定する一定の金額を控除して得た金額を支払う旨
三　第６条第１項第３号、第４号及び第７号に掲げる事項
四　分割記録の後も原債権記録に引き続き記録されることとなる電子記録債権の債務者の氏名又は名称及び住所
五　前号の債務者が２人以上ある場合には、債務者ごとの債務の金額

2　電子債権記録機関は、原債権記録に前項各号に掲げる事項を記録したときは、その記録の年月日を当該原債権記録に記録しなければならない。

（分割記録の請求）

第11条　原債権記録に一部保証記録がされている場合における分割記録の請求は、分割債権記録に債権者として記録される者だけですることができる。

（分割記録の記録事項）

第12条　原債権記録に一部保証記録がされている場合における分割記録においては、分割債権記録に次に掲げる事項を記録しなければならない。

一　原債権記録から分割をした旨

電子記録債権法	電子記録債権法施行令

電子記録債権法施行規則

　二　原債権記録及び分割債権記録の記録番号

　三　発生記録における債務者であって分割債権記録に記録されるものが一定の金額を支払う旨

　四　債権者の氏名又は名称及び住所

　五　電子記録の年月日

2　原債権記録に一部保証記録がされている場合における分割記録においては、原債権記録に第4条第2項各号に掲げる事項を記録しなければならない。

3　法第44条第3項の規定は、原債権記録に一部保証記録がされている場合について準用する。

（分割記録に伴う分割債権記録への記録）

第13条　電子債権記録機関は、原債権記録に一部保証記録がされている場合において分割記録をするときは、分割記録と同時に、分割債権記録に次に掲げる事項を記録しなければならない。

　一　原債権記録中の発生記録において記録されている事項（次に掲げるものを除く。）

　　イ　債務者が一定の金額を支払う旨

　　ロ　当該電子記録債権が分割払の方法により債務を支払うものである場合における各支払期日及び当該支払期日ごとに支払うべき金額

　　ハ　記録可能回数が記録されている場合におけるその記録可能回数

　　ニ　原債権記録の記録番号

　二　分割債権記録に記録される電子記録債権が一部保証記録に基づく電子記録保証の対象であるときは、当該一部保証記録において記録されている事項（保証の範囲を限定する旨の定めを除く。）

　三　前2号に掲げるもののほか、分割債権記録に記録される電子記録債権についての原債権記録中の現に効力を有する電子記録（分割記録を除く。）において記録されている事項

　四　第5条第1項第3号、第4号及び第7号に掲げる事項

　五　分割債権記録に記録される電子記録債権が一部保証記録に基づく電子記録保証の対象であるときは、当該電子記録債権についての当該電子記録保証による保証の範囲を限定する旨の定め

2　電子債権記録機関は、分割債権記録に前項第1号から第3号までに掲げる事項を記録したときは当該事項を原債権記録から転写した旨及びその年月日を、同項第4号及び第5号に掲げる事項を記録したときはその記録の年月日を当該分割債権記録に記録しなければならない。

（分割記録に伴う原債権記録への記録）

第14条　電子債権記録機関は、原債権記録に一部保証記録がされている場合において分割記録をするときは、分割記録と同時に、原債権記録に次に掲げる事項を記録しなければならない。

　一　分割債権記録に記録される電子記録債権について原債権記録に記録されている事

電子記録債権法	電子記録債権法施行令

電子記録債権法施行規則

項のうち、前条第１項第１号イからハまでに掲げる事項及び保証の範囲を限定する旨の定め（同項第５号の電子記録保証に係る一部保証記録において記録されているものに限る。）の記録を削除する旨

二　発生記録における債務者が原債権金額から分割債権記録に記録される第12条第１項第３号に規定する一定の金額を控除して得た金額を支払う旨

三　第６条第１項第３号、第４号及び第７号に掲げる事項

四　分割記録の後も原債権記録に引き続き記録されることとなる電子記録債権についての電子記録保証による保証の範囲を、原債権記録に記録された当該電子記録保証についての保証の範囲から前条第１項第５号の規定により分割債権記録に記録された保証の範囲を控除して得た範囲に限定する旨の定め

2　電子債権記録機関は、原債権記録に前項各号に掲げる事項を記録したときは、その記録の年月日を当該原債権記録に記録しなければならない。

（分割記録の請求）

第15条　原債権記録に特別求償権が記録されている場合における分割記録の請求は、次の各号に掲げる場合の区分に応じ、当該各号に定める者だけですることができる。

一　原債権記録に記録可能回数が記録されている場合　原債権記録に記録されている電子記録名義人の全員

二　前号に掲げる場合以外の場合　分割債権記録に債権者として記録される者

（分割記録の記録事項）

第16条　原債権記録に特別求償権が記録されている場合における分割記録においては、分割債権記録に次に掲げる事項を記録しなければならない。

一　原債権記録から分割をした旨

二　原債権記録及び分割債権記録の記録番号

三　発生記録における債務者であって分割債権記録に記録されるものが一定の金額を支払う旨

四　分割債権記録に記録される電子記録債権の債権者の氏名又は名称及び住所

五　電子記録の年月日

2　原債権記録に特別求償権が記録されている場合における分割記録においては、原債権記録に第４条第２項各号に掲げる事項を記録しなければならない。

3　法第44条第３項の規定は、原債権記録に特別求償権が記録されている場合について準用する。

（分割記録に伴う分割債権記録への記録）

第17条　電子債権記録機関は、原債権記録に特別求償権が記録されている場合において分割記録（分割債権記録に特別求償権を記録するためのものに限る。）をするときは、分割記録と同時に、分割債権記録に次に掲げる事項を記録しなければならない。

一　原債権記録中の発生記録において記録されている事項（次に掲げるものを除く。）

イ　第５条第１項第１号イ、ホ及びへに掲げる事項

ロ　分割債権記録に記録される特別求償権の発生の原因である電子記録保証による

【資料２】 263

電子記録債権法	電子記録債権法施行令

電子記録債権法施行規則

　　保証の対象である電子記録債権が分割払の方法により債務を支払うものである場合における各支払期日及び当該支払期日ごとに支払うべき金額

二　原債権記録中の譲渡記録のうち次に掲げるものにおいて記録されている事項

　イ　分割債権記録に記録される特別求償権の発生の原因である支払等を受けた者を譲受人とする譲渡記録

　ロ　分割債権記録に記録される特別求償権の債権者を譲受人とする譲渡記録であって当該特別求償権についての特別求償権発生記録がされる前にされたもの（当該特別求償権について法第35条第1項第2号に掲げる者があるときに限る。）

三　分割債権記録に記録される特別求償権についての原債権記録中の特別求償権発生記録において記録されている事項（支払等金額を除く。）

四　原債権記録中の保証記録のうち次に掲げるものにおいて記録されている事項（当該保証記録が一部保証記録である場合における保証の範囲を限定する旨の定めを除く。）

　イ　分割債権記録に記録される特別求償権の発生の原因である電子記録保証についての保証記録

　ロ　分割債権記録に記録される特別求償権についての法第35条第1項第2号又は第3号に掲げる者を電子記録保証人とする保証記録

五　原債権記録中の質権設定記録（転質の電子記録を含む。）のうち分割債権記録に記録される特別求償権の発生の原因である支払等を受けた者を質権者とするものにおいて記録されている事項

六　前各号に掲げるもののほか、分割債権記録に記録される特別求償権についての原債権記録中の現に効力を有する電子記録（分割記録を除く。）において記録されている事項

七　第5条第1項第7号に掲げる事項

八　分割債権記録に記録される特別求償権の発生の原因である支払等についての支払等金額のうち、分割債権記録に記録されるもの

九　第4号イに掲げる保証記録が一部保証記録である場合には、当該一部保証記録に基づく電子記録保証による保証の範囲を分割債権記録に記録される特別求償権の範囲に限定する旨の定め

十　第4号ロに掲げる保証記録が一部保証記録である場合には、当該一部保証記録に基づく電子記録保証による保証の範囲の額を零とする旨の定め

2　電子債権記録機関は、分割債権記録に前項第1号から第6号までに掲げる事項を記録したときは当該事項を原債権記録から転写した旨及びその年月日を、同項第7号から第10号までに掲げる事項を記録したときはその記録の年月日を当該分割債権記録に記録しなければならない。

3　第1項の場合における第5条第1項第5号の規定の適用については、同号中「分割債権記録に記録される電子記録債権の債権者」とあるのは、「原債権記録中の発生記録に記録されていた債権者のうち、その有する電子記録債権が分割債権記録に記録さ

【資料2】　265

電子記録債権法	電子記録債権法施行令

電子記録債権法施行規則

れる特別求償権の発生の原因である電子記録保証による保証の対象であるもの」とする。

4　第1項の場合における第9条第1項第4号の規定の適用については、同号中「分割債権記録に記録される電子記録債権の債務者」とあるのは、「原債権記録中の発生記録に記録されていた債務者のうち、その債務に係る電子記録債権が分割債権記録に記録される特別求償権の発生の原因である電子記録保証による保証の対象であるもの」とする。

第18条　電子債権記録機関は、原債権記録に特別求償権が記録されている場合において分割記録（分割債権記録に特別求償権を記録するためのものを除く。）をするときは、分割記録と同時に、分割債権記録に次に掲げる事項を記録しなければならない。

　一　分割債権記録に記録される電子記録債権についての原債権記録中の現に効力を有する電子記録において記録されている事項（次に掲げるものを除く。）

　　イ　第5条第1項第1号イ、ロ、ホ及びヘに掲げる事項

　　ロ　原債権記録に分割記録がされている場合における当該分割記録において記録されている事項（イに掲げるものを除く。）

　二　第5条第1項第3号、第4号及び第7号に掲げる事項

2　電子債権記録機関は、分割債権記録に前項第1号に掲げる事項を記録したときは当該事項を原債権記録から転写した旨及びその年月日を、同項第2号に掲げる事項を記録したときはその記録の年月日を当該分割債権記録に記録しなければならない。

（分割記録に伴う原債権記録への記録）

第19条　電子債権記録機関は、原債権記録に特別求償権が記録されている場合において分割記録（分割債権記録に特別求償権を記録するためのものに限る。）をするときは、分割記録と同時に、原債権記録に次に掲げる事項を記録しなければならない。

　一　分割債権記録に記録される特別求償権について原債権記録に記録されている事項のうち、次に掲げる事項の記録を削除する旨

　　イ　第5条第1項第1号イ及びホに掲げる事項

　　ロ　当該特別求償権についての特別求償権発生記録において記録されている支払等金額

　　ハ　保証の範囲を限定する旨の定め（第17条第1項第4号イに掲げる保証記録が一部保証記録である場合における当該一部保証記録に記録されているものに限る。）

　二　発生記録における債務者が原債権金額から分割債権記録に記録される第16条第1項第3号に規定する一定の金額（当該特別求償権についての特別求償権発生記録において消滅した元本の額が記録されている場合には、当該原債権記録に第17条第1項に規定する分割記録がされているときを除き、同項第8号の規定により分割債権記録に記録される支払等金額のうち消滅した元本の額）を控除して得た金額を支払う旨

　三　第6条第1項第7号に掲げる事項

　四　分割債権記録に記録される特別求償権の発生の原因である支払等についての原債

【資料2】　267

電子記録債権法	電子記録債権法施行令
第9節 雑 則	
（信託の電子記録） **第48条** 電子記録債権又はこれを目的とする質権（以下この項において「電子記録債権等」という。）については、信託の電子記録をしなければ、電子記録債権等が信託財産に属することを第三者に対抗することができない。 2 この法律に定めるもののほか、信託の電子記録に関し必要な事項は、政令で定める。	**（信託の電子記録の記録事項）** **第2条** 信託の電子記録においては、次に掲げる事項を記録しなければならない。 一 信託財産に属する旨 二 信託財産に属する電子記録債権等（法第48条第1項に規定する電子記録債権等をいう。以下この章において同じ。）を特定するために必要な事項

電子記録債権法施行規則

　権記録中の支払等金額（分割記録の直前に記録されていたものに限る。）から第17
　条第1項第8号の規定により分割債権記録に記録される支払等金額を控除して得た
　金額
　五　第17条第1項第4号イに掲げる保証記録が一部保証記録である場合には、分割記
　　録の後も原債権記録に引き続き記録されることとなる電子記録債権についての当該
　　一部保証記録に基づく電子記録保証による保証の範囲を、原債権記録に記録された
　　当該電子記録保証についての保証の範囲から同項第9号の規定により分割債権記録
　　に記録された保証の範囲を控除して得た範囲に限定する旨の定め
2　電子債権記録機関は、原債権記録に前項各号に掲げる事項を記録したときは、その
　記録の年月日を当該原債権記録に記録しなければならない。
第20条　電子債権記録機関は、原債権記録に特別求償権が記録されている場合において
　分割記録（分割債権記録に特別求償権を記録するためのものを除く。）をするとき
　は、分割記録と同時に、原債権記録に次に掲げる事項を記録しなければならない。
　一　分割債権記録に記録される電子記録債権について原債権記録に記録されている事
　　項のうち、第18条第1項第1号イに掲げる事項（原債権記録の記録番号を除く。）
　　の記録を削除する旨
　二　発生記録における債務者が原債権金額から分割債権記録に記録される第16条第1
　　項第3号に規定する一定の金額を控除して得た金額を支払う旨
　三　第6条第1項第3号、第4号及び第7号に掲げる事項
2　電子債権記録機関は、原債権記録に前項各号に掲げる事項を記録したときは、その
　記録の年月日を当該原債権記録に記録しなければならない。

【資料2】　269

電子記録債権法	電子記録債権法施行令
	三　電子記録の年月日
	（信託の電子記録の請求）
	第3条　信託の電子記録は、受託者だけで請求することができる。
	2　受託者は、次の各号に掲げる場合には、当該各号に定める電子記録の請求と同時に、信託の電子記録の請求をしなければならない。
	一　電子記録債権（保証記録に係るもの及び特別求償権を除く。）の発生又は電子記録債権の譲渡により電子記録債権が信託財産に属することとなる場合　発生記録又は譲渡記録
	二　法第28条に規定する求償権の譲渡に伴う電子記録債権の移転により当該電子記録債権が信託財産に属することとなった場合　同条の変更記録
	三　電子記録債権を目的とする質権（転質の場合を含む。）の設定により当該質権が信託財産に属することとなる場合　質権設定記録（転質の電子記録を含む。）
	四　電子記録債権を目的とする質権（転質の場合を含む。）の被担保債権の譲渡に伴う当該質権の移転により当該質権が信託財産に属することとなった場合　質権又は転質の移転による変更記録
	3　受益者又は委託者は、受託者に代わって信託の電子記録の請求をすることができる。
	（受託者の変更による変更記録等）
	第4条　受託者の任務が死亡、後見開始若しくは保佐開始の審判、破産手続開始の決定、法人の合併以外の理由による解散又は裁判所若しくは主務官庁（その権限の委任を受けた国に所属する行政庁及びその権限に属する事務を処理する都道府

電子記録債権法施行規則

電子記録債権法	電子記録債権法施行令
	県の執行機関を含む。）の解任命令により終了し、新たに受託者が選任されたときは、信託財産に属する電子記録債権等についてする受託者の変更による変更記録は、法第29条第１項の規定にかかわらず、新たに選任された当該受託者だけで請求することができる。 ２　受託者が２人以上ある場合において、その一部の受託者の任務が前項に規定する事由により終了したときは、信託財産に属する電子記録債権等についてする当該受託者の任務の終了による変更記録は、法第29条第１項の規定にかかわらず、他の受託者だけで請求することができる。 **（信託財産に属しないこととなる場合等の電子記録）** **第５条**　信託の電子記録を削除する旨の変更記録は、法第29条第１項の規定にかかわらず、受託者（信託財産に属する電子記録債権等が固有財産に属することにより当該電子記録債権等が信託財産に属しないこととなった場合にあっては、受託者及び受益者）だけで請求することができる。 ２　信託管理人がある場合における前項の規定の適用については、同項中「受益者」とあるのは、「信託管理人」とする。 ３　受託者は、次の各号に掲げる場合には、当該各号に定める電子記録の請求と同時に、信託の電子記録を削除する旨の変更記録の請求をしなければならない。 　一　信託財産に属する電子記録債権の譲渡により当該電子記録債権が信託財産に属しないこととなる場合　譲渡記録 　二　法第28条に規定する求償権の譲渡に伴う信託財産に属する電子記録債権の移転により当該電子記録債権が信託財

電子記録債権法施行規則

電子記録債権法	電子記録債権法施行令
	産に属しないこととなった場合　同条の変更記録
	三　信託財産に属する電子記録債権に係る債務についての支払等（法第24条第1号に規定する支払等をいう。第5号において同じ。）により当該電子記録債権が信託財産に属しないこととなった場合において当該支払等についての支払等記録（法第63条第2項又は第65条の規定によるものを除く。）がされるとき　当該支払等記録
	四　電子記録債権を目的とする質権（転質の場合を含む。次号において同じ。）で信託財産に属するものの被担保債権の譲渡に伴う当該質権の移転により当該質権が信託財産に属しないこととなった場合　質権又は転質の移転による変更記録
	五　電子記録債権を目的とする質権で信託財産に属するものの被担保債権に係る債務についての支払等により当該質権が信託財産に属しないこととなった場合において当該支払等についての支払等記録がされるとき　当該支払等記録
（電子記録債権に関する強制執行等） **第49条**　電子債権記録機関は、電子記録債権に関する強制執行、滞納処分その他の処分の制限がされた場合において、これらの処分の制限に係る書類の送達を受けたときは、遅滞なく、強制執行等の電子記録をしなければならない。 2　強制執行等の電子記録に関し必要な事項は、政令で定める。	**（強制執行等の電子記録の記録事項）** **第6条**　強制執行等の電子記録においては、次に掲げる事項を記録しなければならない。 一　強制執行等（強制執行、滞納処分そ

274

電子記録債権法施行規則

電子記録債権法	電子記録債権法施行令
	の他の処分の制限をいう。以下この条及び次条において同じ。）の内容 二　強制執行等の原因 三　強制執行等に係る電子記録債権等を特定するために必要な事項 四　強制執行等をした債権者があるときは、債権者の氏名又は名称及び住所 五　電子記録の年月日 **（強制執行等の電子記録の削除）** **第7条**　電子債権記録機関は、強制執行等の電子記録がされた後、差押債権者が第三債務者から支払を受けた場合、強制執行による差押命令の申立てが取り下げられた場合、滞納処分による差押えが解除された場合その他当該強制執行等の電子記録に係る強制執行等の手続が終了した場合において、その旨の書類の送達を受けたときは、遅滞なく、当該強制執行等の電子記録を削除する旨の変更記録をしなければならない。 **（仮処分に後れる電子記録の削除）** **第8条**　電子記録債権等についての電子記録の請求をする権利を保全するための処分禁止の仮処分に係る強制執行等の電子記録がされた後、当該仮処分の債権者が当該仮処分の債務者を電子記録義務者とする当該電子記録の請求をする場合においては、当該仮処分の後にされた電子記録を削除する旨の変更記録は、当該債権者が単独で請求することができる。
3　電子記録債権に関する強制執行、仮差押え及び仮処分、競売並びに没収保全の手続に関し必要な事項は、最高裁判所規則で定める。	
（政令への委任） **第50条**　この法律に定めるもののほか、電子記録債権の電子記録の手続その他電子	

電子記録債権法施行規則

電子記録債権法	電子記録債権法施行令
記録に関し必要な事項は、政令で定める。	
第3章　電子債権記録機関 **第1節　通　則**	
（電子債権記録業を営む者の指定） **第51条**　主務大臣は、次に掲げる要件を備える者を、その申請により、第56条に規定する業務（以下「電子債権記録業」という。）を営む者として、指定することができる。 一　次に掲げる機関を置く株式会社であること。 　イ　取締役会 　ロ　監査役会、監査等委員会又は指名委員会等（会社法（平成17年法律第86号）第2条第12号に規定する委員会をいう。） 　ハ　会計監査人 二　第75条第1項の規定によりこの項の指定を取り消された日から5年を経過しない者でないこと。 三　この法律又はこれに相当する外国の法令の規定に違反し、罰金の刑（これに相当する外国の法令による刑を含む。）に処せられ、その刑の執行を終わり、又はその刑の執行を受けることがなくなった日から5年を経過しない者でないこと。 四　取締役、会計参与、監査役又は執行役のうちに次のいずれかに該当する者がないこと。 　イ　成年被後見人若しくは被保佐人又は外国の法令上これらに相当する者 　ロ　破産手続開始の決定を受けて復権を得ない者又は外国の法令上これに相当する者 　ハ　禁錮以上の刑（これに相当する外	

電子記録債権法施行規則

（標準処理期間）

第47条　法務大臣及び内閣総理大臣又は金融庁長官は、次の各号に掲げる指定、認可又は承認に関する申請があった場合は、その申請が事務所に到達した日から当該各号に定める期間内に、当該申請に対する処分をするよう努めるものとする。

一　法第51条第1項の指定　2月

二　法第69条第1項、第70条、第71条、第78条第1項、第79条第1項、第80条第1項、第81条第1項若しくは第82条の認可又は法第58条第1項の承認　1月

2　前項の期間には、次に掲げる期間を含まないものとする。

一　当該申請を補正するために要する期間

二　当該申請をした者が当該申請の内容を変更するために要する期間

三　当該申請をした者が当該申請に係る審査に必要と認められる資料を追加するために要する期間

【資料2】　279

電子記録債権法	電子記録債権法施行令
国の法令による刑を含む。）に処せられ、その刑の執行を終わり、又はその刑の執行を受けることがなくなった日から５年を経過しない者 ニ　第75条第１項の規定によりこの項の指定を取り消された場合又はこの法律に相当する外国の法令の規定により当該外国において受けているこの項の指定に類する行政処分を取り消された場合において、その取消しの日前30日以内にその会社の取締役、会計参与、監査役又は執行役（外国会社における外国の法令上これらに相当する者を含む。ホにおいて同じ。）であった者でその取消しの日から５年を経過しない者 ホ　第75条第１項の規定又はこの法律に相当する外国の法令の規定により解任を命ぜられた取締役、会計参与、監査役又は執行役でその処分を受けた日から５年を経過しない者 ヘ　この法律、会社法若しくはこれらに相当する外国の法令の規定に違反し、又は刑法（明治40年法律第45号）第204条、第206条、第208条、第208条の２、第222条若しくは第247条の罪、暴力行為等処罰に関する法律（大正15年法律第60号）の罪若しくは暴力団員による不当な行為の防止等に関する法律（平成３年法律第77号）第46条から第49条まで、第50条（第１号に係る部分に限る。）若しくは第51条の罪を犯し、罰金の刑（これに相当する外国の法令による刑を含む。）に処せられ、その刑の執行を終わり、又はその刑の執行を受けることがなくなった日から５年を経過しない者	

電子記録債権法施行規則

【資料2】 281

電子記録債権法	電子記録債権法施行令
五　定款及び電子債権記録業の実施に関する規程（以下「業務規程」という。）が、法令に適合し、かつ、この法律の定めるところにより電子債権記録業を適正かつ確実に遂行するために十分であると認められること。 六　電子債権記録業を健全に遂行するに足りる財産的基礎を有し、かつ、電子債権記録業に係る収支の見込みが良好であると認められること。 七　その人的構成に照らして、電子債権記録業を適正かつ確実に遂行することができる知識及び経験を有し、かつ、十分な社会的信用を有すると認められること。 2　主務大臣は、前項の指定をしたときは、その指定した電子債権記録機関の商号及び本店の所在地を官報で公示しなければならない。	
（指定の申請） **第52条**　前条第1項の指定を受けようとする者は、次に掲げる事項を記載した指定申請書を主務大臣に提出しなければならない。 一　商号 二　資本金の額及び純資産額 三　本店その他の営業所の名称及び所在地 四　取締役及び監査役（監査等委員会設置会社にあっては取締役、指名委員会等設置会社にあっては取締役及び執行役）の氏名 五　会計参与設置会社にあっては、会計参与の氏名又は名称 2　指定申請書には、次に掲げる書類を添付しなければならない。 一　前条第1項第3号及び第4号に掲げ	

電子記録債権法施行規則

（指定の申請等）

第22条 法第51条第１項の指定を受けようとする者は、法又はこの命令の規定により法務大臣及び内閣総理大臣に提出する指定申請書のうち内閣総理大臣に提出するものを、金融庁長官を経由して提出しなければならない。

２　指定申請書（法第52条第１項の指定申請書をいう。次項第３号の２及び第５号の２において同じ。）には、法第52条第１項各号に掲げる事項のほか、電子債権記録業を開始する時期を記載しなければならない。

【資料２】　283

電子記録債権法	電子記録債権法施行令
る要件に該当する旨を誓約する書面 二　定款 三　会社の登記事項証明書 四　業務規程 五　貸借対照表及び損益計算書 六　収支の見込みを記載した書類 七　前各号に掲げるもののほか、主務省 　令で定める書類	

電子記録債権法施行規則

3　法第52条第2項第7号に規定する主務省令で定める書類は、次に掲げるものとする。

一　主要株主（総株主の議決権（株主総会において決議をすることができる事項の全部につき議決権を行使することができない株式についての議決権を除き、会社法（平成17年法律第86号）第879条第3項の規定により議決権を有するものとみなされる株式についての議決権を含む。次号を除き、以下同じ。）の100分の10以上の議決権を保有している株主をいう。以下同じ。）の氏名又は商号若しくは名称、住所又は所在地及びその保有する議決権の数を記載した書面

二　親法人（電子債権記録機関の総株主の議決権（前号に規定する議決権をいう。）の過半数を保有している法人その他の団体をいう。以下同じ。）及び子法人（電子債権記録機関が総株主、総社員又は総出資者の議決権（株式会社にあっては、株主総会において決議をすることができる事項の全部につき議決権を行使することができない株式についての議決権を除き、会社法第879条第3項の規定により議決権を有するものとみなされる株式についての議決権を含む。）の過半数を保有している法人その他の団体をいう。以下同じ。）の概要を記載した書面

三　取締役及び監査役（監査等委員会設置会社にあっては取締役、指名委員会等設置会社にあっては取締役及び執行役。以下この項及び第35条から第38条までにおいて同じ。）の住民票の抄本又はこれに代わる書面

三の二　取締役及び監査役の婚姻前の氏名を当該取締役及び監査役の氏名に併せて指定申請書に記載した場合において、前号に掲げる書類が当該取締役及び監査役の婚姻前の氏名を証するものでないときは、当該婚姻前の氏名を証する書面

四　取締役及び監査役の履歴書

五　会計参与設置会社にあっては、会計参与の住民票の抄本又はこれに代わる書面（会計参与が法人であるときは、当該会計参与の登記事項証明書）及び履歴書（会計参与が法人であるときは、当該会計参与の沿革を記載した書面）

五の二　会計参与の婚姻前の氏名を当該会計参与の氏名に併せて指定申請書に記載した場合において、前号の住民票の抄本又はこれに代わる書面が当該会計参与の婚姻前の氏名を証するものでないときは、当該婚姻前の氏名を証する書面

六　取締役（委員会設置会社にあっては、執行役）の担当業務を記載した書面

七　電子債権記録業に関する知識及び経験を有する使用人の確保の状況並びに当該使用人の配置の状況を記載した書面

八　電子債権記録機関の事務の機構及び分掌を記載した書面

【資料2】　285

電子記録債権法	電子記録債権法施行令
3　前項の場合において、定款、貸借対照表又は損益計算書が電磁的記録で作成されているときは、書類に代えて電磁的記録（主務省令で定めるものに限る。）を添付することができる。	
（資本金の額等） **第53条**　電子債権記録機関の資本金の額は、政令で定める金額以上でなければならない。 2　前項の政令で定める金額は、5億円を下回ってはならない。 3　電子債権記録機関の純資産額は、第1項の政令で定める金額以上でなければならない。	（最低資本金の額） **第12条**　法第53条第1項に規定する政令で定める金額は、5億円とする。
（適用除外） **第54条**　会社法第331条第2項ただし書（同法第335条第1項において準用する場合を含む。）、第332条第2項（同法第334条第1項において準用する場合を含む。）、第336条第2項及び第402条第5項ただし書の規定は、電子債権記録機関については、適用しない。	
（秘密保持義務） **第55条**　電子債権記録機関の取締役、会計参与（会計参与が法人であるときは、その職務を行うべき社員）、監査役、執行役若しくは職員又はこれらの職にあった者は、電子債権記録業に関して知り得た秘密を漏らし、又は盗用してはならない。	

電子記録債権法施行規則

　九　電子債権記録機関を利用する者に関する情報の管理の内容を記載した書面

　十　その他参考となるべき事項を記載した書類

第23条　法第52条第3項に規定する主務省令で定める電磁的記録は、次に掲げる構造のいずれかに該当するものでなければならない。

　一　工業標準化法（昭和24年法律第185号）に基づく日本工業規格（以下「日本工業規格」という。）X6223に適合する90ミリメートルフレキシブルディスクカートリッジ

　二　日本工業規格X0606に適合する120ミリメートル光ディスク

2　前項の電磁的記録には、申請者の商号及び申請の年月日を記載した書面をはり付けなければならない。

電子記録債権法	電子記録債権法施行令
第2節　業　　務	
（電子債権記録機関の業務） **第56条**　電子債権記録機関は、この法律及び業務規程の定めるところにより、電子記録債権に係る電子記録に関する業務を行うものとする。	
（兼業の禁止） **第57条**　電子債権記録機関は、電子債権記録業及びこれに附帯する業務のほか、他の業務を営むことができない。	
（電子債権記録業の一部の委託） **第58条**　電子債権記録機関は、主務省令で定めるところにより、電子債権記録業の一部を、主務大臣の承認を受けて、銀行等（銀行（銀行法（昭和56年法律第59号）第2条第1項に規定する銀行をいう。）、協同組織金融機関（協同組織金融機関の優先出資に関する法律（平成5年法律第44号）第2条第1項に規定する協同組織金融機関をいう。）その他の政令で定める金融機関をいう。以下同じ。）その他の者に委託することができる。	**（金融機関）** **第13条**　法第58条第1項に規定する政令で定める金融機関は、次に掲げるものとする。 一　銀行法（昭和56年法律第59号）第2条第1項に規定する銀行（同法第47条第2項に規定する外国銀行支店を含む。） 二　長期信用銀行法（昭和27年法律第187号）第2条に規定する長期信用銀行 三　株式会社商工組合中央金庫 四　農林中央金庫 五　信用協同組合及び中小企業等協同組合法（昭和24年法律第181号）第9条の9第1項第1号の事業を行う協同組合連合会 六　信用金庫及び信用金庫連合会 七　労働金庫及び労働金庫連合会 八　農業協同組合及び農業協同組合連合会（農業協同組合法（昭和22年法律第132号）第10条第1項第3号の事業を行うものに限る。） 九　漁業協同組合（水産業協同組合法（昭和23年法律第242号）第11条第1項第4号の事業を行うものに限る。）、漁業協同組合連合会（同法第87条第1項

電子記録債権法施行規則

（業務の一部委託の承認申請等）

第24条 電子債権記録機関は、法第58条第1項の規定により承認を受けようとするときは、次に掲げる事項を記載した承認申請書を法務大臣及び金融庁長官に提出しなければならない。

一 業務を委託する相手方（以下この条において「受託者」という。）の商号又は名称及び住所又は所在地

二 委託する業務の内容及び範囲

三 委託の期間

2 前項の承認申請書には、次に掲げる書類を添付しなければならない。

一 理由書

二 業務の委託契約の内容を記載した書面

三 受託者が法第51条第1項第3号に掲げる要件に該当する旨を誓約する書面

四 受託者の取締役及び監査役（理事、監事その他これらに準ずる者を含むものとし、委員会設置会社にあっては取締役及び執行役とする。以下この項において同じ。）が法第51条第1項第4号に掲げる要件に該当する旨を誓約する書面

五 受託者の登記事項証明書

六 受託者の定款又は寄附行為

七 委託する業務の実施方法を記載した書面

八 受託者の最近3年の各年度における事業報告、貸借対照表及び損益計算書又はこれらに代わる書面

九 受託者の取締役及び監査役の氏名を記載した書面

十 受託者の取締役及び監査役の住民票の抄本又はこれに代わる書面

十一 受託者の取締役及び監査役の履歴書

十二 受託者が会計参与設置会社である場合にあっては、受託者の会計参与が法第51条第1項第4号に掲げる要件に該当する旨を誓約する書面並びに当該会計参与の氏名又は名称を記載した書面、住民票の抄本又はこれに代わる書面（会計参与が法人であるときは、当該会計参与の登記事項証明書）及び履歴書（会計参与が法人であ

【資料2】 289

電子記録債権法	電子記録債権法施行令
	第4号の事業を行うものに限る。）、水産加工業協同組合（同法第93条第1項第2号の事業を行うものに限る。）及び水産加工業協同組合連合会（同法第97条第1項第2号の事業を行うものに限る。） 十　日本銀行
2　銀行等は、他の法律の規定にかかわらず、前項の規定による委託を受け、当該委託に係る業務を行うことができる。	
（業務規程） **第59条**　電子債権記録機関は、業務規程において、電子記録の実施の方法、第62条第1項に規定する口座間送金決済に関する契約又は第64条に規定する契約に係る事項その他の主務省令で定める事項を定めなければならない。	

電子記録債権法施行規則

るときは、当該会計参与の沿革を記載した書面）

十三　受託者の取締役（理事その他これに準ずる者を含むものとし、委員会設置会社にあっては執行役とする。）の担当業務を記載した書面

十四　その他参考となるべき事項を記載した書類

3　法務大臣及び金融庁長官は、第1項の承認の申請があった場合においては、その申請が次に掲げる基準に適合するかどうかを審査するものとする。

一　業務の委託が電子債権記録業の適正かつ確実な遂行を阻害するものでないこと。

二　受託者が社会的信用のある法人であり、かつ、その受託する業務について、適正な計画を有し、確実にその業務を行うことができるものであること。

三　受託者が法第51条第1項第3号に掲げる要件に該当すること。

四　受託者の取締役、会計参与及び監査役が法第51条第1項第4号に掲げる要件に該当すること。

五　受託者がその受託する業務の全部又は一部を他の者に再委託する場合には、電子債権記録機関が当該再委託を受けた者が行う業務を確認できる旨の条件が業務の委託契約において付されていること。

（標準処理期間）

第47条　法務大臣及び内閣総理大臣又は金融庁長官は、次の各号に掲げる指定、認可又は承認に関する申請があった場合は、その申請が事務所に到達した日から当該各号に定める期間内に、当該申請に対する処分をするよう努めるものとする。

一　法第51条第1項の指定　2月

二　法第69条第1項、第70条、第71条、第78条第1項、第79条第1項、第80条第1項、第81条第1項若しくは第82条の認可又は法第58条第1項の承認　1月

2　前項の期間には、次に掲げる期間を含まないものとする。

一　当該申請を補正するために要する期間

二　当該申請をした者が当該申請の内容を変更するために要する期間

三　当該申請をした者が当該申請に係る審査に必要と認められる資料を追加するために要する期間

（業務規程の記載事項）

第25条　法第59条に規定する主務省令で定める事項は、次に掲げるものとする。

一　記録事項に関する事項

二　電子記録の請求に関する事項

三　電子記録の実施の方法に関する事項

四　法第62条第1項に規定する口座間送金決済に関する契約又は法第64条に規定する契約に係る事項

【資料2】　291

電子記録債権法	電子記録債権法施行令
(電子債権記録機関を利用する者の保護) **第60条** 電子債権記録機関は、当該電子債権記録機関を利用する者の保護に欠けることのないように業務を営まなければならない。	
(差別的取扱いの禁止) **第61条** 電子債権記録機関は、特定の者に対し不当な差別的取扱いをしてはならない。	
第3節 口座間送金決済等に係る措置	
(口座間送金決済に関する契約の締結) **第62条** 電子債権記録機関は、債務者及び銀行等と口座間送金決済に関する契約を締結することができる。 2 前項及び次条第2項に規定する「口座間送金決済」とは、電子記録債権（保証記録に係るもの及び特別求償権を除く。以下この節において同じ。）に係る債務について、電子債権記録機関、債務者及び銀行等の合意に基づき、あらかじめ電子債権記録機関が当該銀行等に対し債権記録に記録されている支払期日、支払うべき金額、債務者口座及び債権者口座に係る情報を提供し、当該支払期日に当該銀行等が当該債務者口座から当該債権者口座に対する払込みの取扱いをすることによって行われる支払をいう。	
(口座間送金決済についての支払等記録) **第63条** 電子債権記録機関は、前条第1項に規定する口座間送金決済に関する契約を締結した場合において、第16条第2項	

電子記録債権法施行規則
五　電子債権記録機関を利用する者に関する事項
六　電子債権記録業を行う時間及び休日に関する事項
七　記録原簿の安全性の確保に関する事項
八　記録事項の開示その他の情報の提供に関する事項
九　その他電子債権記録業に関し必要な事項

電子記録債権法	電子記録債権法施行令
第1号に掲げる事項が債権記録に記録されているときは、当該契約に係る銀行等に対し、前条第2項に規定する情報を提供しなければならない。 2　前項の場合において、支払期日に支払うべき電子記録債権に係る債務の全額について口座間送金決済があった旨の通知を同項に規定する銀行等から受けたときは、電子債権記録機関は、遅滞なく、当該口座間送金決済についての支払等記録をしなければならない。	
（支払に関するその他の契約の締結） **第64条**　電子債権記録機関は、第62条第1項に規定する口座間送金決済に関する契約のほか、債務者又は債権者及び銀行等と電子記録債権に係る債務の債権者口座に対する払込みによる支払に関する契約を締結することができる。	
（その他の契約に係る支払についての支払等記録） **第65条**　電子債権記録機関は、前条に規定する契約を締結し、第16条第2項第2号に掲げる事項が債権記録に記録されている場合において、電子記録債権に係る債務の債権者口座に対する払込みによる支払に関する通知を当該契約に係る銀行等から受けたとき（電子記録債権に係る債務の支払があったことを電子債権記録機関において確実に知り得る場合として主務省令で定める場合に限る。）は、遅滞なく、当該支払についての支払等記録をしなければならない。	
（口座間送金決済等の通知に係る第8条の適用） **第66条**　第63条第2項及び前条に規定する通知は、電子記録の請求とみなして、第8条の規定を適用する。	

294

電子記録債権法施行規則

（債務の支払を確実に知り得る場合）

第26条　法第65条に規定する主務省令で定める場合は、電子記録債権に係る債務について、電子債権記録機関、債権者及び債権者口座のある銀行等の合意に基づき、あらかじめ電子債権記録機関が、当該銀行等に対し支払期日、支払うべき金額、債務者及び債権者に係る情報を提供し、当該支払期日までの間において当該銀行等が、支払うべき電子記録債権に係る債務の全額について当該債務者による当該債権者口座に対する払込みの事実を確認した場合であって、電子債権記録機関が当該事実に関する通知を当該銀行等から受けた場合とする。

2　前項の合意に係る法第64条に規定する契約には、銀行等が、支払うべき電子記録債権に係る債務の全額について当該債務者による当該債権者口座に対する払込みの事実を確認した場合には、遅滞なく、当該事実を電子債権記録機関に通知する旨を定めるものとする。

電子記録債権法	電子記録債権法施行令
第4節 監 督	
（帳簿書類等の作成及び保存） **第67条** 電子債権記録機関は、主務省令で定めるところにより、業務に関する帳簿書類その他の記録を作成し、保存しなければならない。	
（業務及び財産に関する報告書の提出） **第68条** 電子債権記録機関は、事業年度ごとに、業務及び財産に関する報告書を作成し、主務大臣に提出しなければならない。 2 前項の報告書の記載事項、提出期日その他同項の報告書に関し必要な事項は、主務省令で定める。	
（資本金の額の変更） **第69条** 電子債権記録機関は、その資本金の額を減少しようとするときは、主務省令で定めるところにより、主務大臣の認可を受けなければならない。	

電子記録債権法施行規則

（帳簿書類等の作成及び保存）

第27条 法第67条の規定により電子債権記録機関が作成すべき帳簿書類その他の記録は、請求受付簿とする。

2　前項の請求受付簿は、別表第一に定めるところにより作成しなければならない。

3　第1項の請求受付簿は、作成後10年間これを保存しなければならない。

別表第一　（第27条関係）

記録事項	記録要領
法第6条の規定により電子債権記録機関に提供された情報 請求受付日時	一　請求を受け付けた時に記録すること。 二　電子記録をしなかったものについても請求受付簿に記録すること。

（業務及び財産に関する報告書の提出）

第28条 法第68条第1項の規定により電子債権記録機関が作成すべき業務及び財産に関する報告書は、会社法第435条第2項に規定する計算書類及び事業報告とする。

2　前項の業務及び財産に関する報告書には、次に掲げる書類を添付しなければならない。

一　有形固定資産明細表

二　諸引当準備金明細表

三　その他諸勘定明細表

四　主要株主の氏名又は商号若しくは名称、住所又は所在地及びその保有する議決権の数を記載した書面

3　第1項の業務及び財産に関する報告書は、事業年度経過後3月以内に法務大臣及び金融庁長官に提出しなければならない。

（減資の認可申請）

第29条 電子債権記録機関は、法第69条第1項の規定により資本金の額の減少について認可を受けようとするときは、次に掲げる事項を記載した認可申請書を法務大臣及び金融庁長官に提出しなければならない。

一　減資前の資本金の額

二　減資後の資本金の額

三　減資予定年月日

四　減資の内容

2　前項の認可申請書には、次に掲げる書類を添付しなければならない。

【資料2】　297

電子記録債権法	電子記録債権法施行令
2　電子債権記録機関は、その資本金の額を増加しようとするときは、主務省令で定めるところにより、主務大臣に届け出なければならない。	
（定款又は業務規程の変更） **第70条**　電子債権記録機関の定款又は業務規程の変更は、主務大臣の認可を受けなければ、その効力を生じない。	

電子記録債権法施行規則

　一　理由書
　二　資本金の額の減少の方法を記載した書面
　三　株主総会の議事録その他の必要な手続があったことを証する書面
　四　貸借対照表

（標準処理期間）

第47条　法務大臣及び内閣総理大臣又は金融庁長官は、次の各号に掲げる指定、認可又は承認に関する申請があった場合は、その申請が事務所に到達した日から当該各号に定める期間内に、当該申請に対する処分をするよう努めるものとする。
　一　法第51条第１項の指定　２月
　二　法第69条第１項、第70条、第71条、第78条第１項、第79条第１項、第80条第１項、第81条第１項若しくは第82条の認可又は法第58条第１項の承認　１月
２　前項の期間には、次に掲げる期間を含まないものとする。
　一　当該申請を補正するために要する期間
　二　当該申請をした者が当該申請の内容を変更するために要する期間
　三　当該申請をした者が当該申請に係る審査に必要と認められる資料を追加するために要する期間

（増資の届出）

第30条　電子債権記録機関は、法第69条第２項の規定により資本金の額の増加について届出をしようとするときは、次に掲げる事項を記載した書面を法務大臣及び金融庁長官に届け出なければならない。
　一　増資前の資本金の額
　二　増資後の資本金の額
　三　増資予定年月日
　四　増資の内容
２　前項の書面には、次に掲げる書類を添付しなければならない。
　一　資本金の額の増加の方法を記載した書面
　二　株主総会の議事録その他の必要な手続があったことを証する書面

（定款又は業務規程の変更認可申請等）

第31条　電子債権記録機関は、法第70条の規定により定款又は業務規程の変更の認可を受けようとするときは、次に掲げる事項を記載した認可申請書を法務大臣及び金融庁長官に提出しなければならない。
　一　変更の内容
　二　変更予定年月日
２　前項の認可申請書には、次に掲げる書類を添付しなければならない。
　一　理由書
　二　定款又は業務規程の新旧対照表
　三　株主総会の議事録（業務規程の変更の認可申請書にあっては、取締役会の議事

【資料2】　299

電子記録債権法	電子記録債権法施行令
（電子債権記録業の休止の認可） **第71条**　電子債権記録機関は、電子債権記録業を休止しようとするときは、主務省令で定めるところにより、主務大臣の認可を受けなければならない。	

電子記録債権法施行規則

　録）その他の必要な手続があったことを証する書面

　四　その他参考となるべき書類

3　法務大臣及び金融庁長官は、第1項の認可の申請があった場合においては、定款又は業務規程の変更の内容が、法令に適合し、かつ、電子債権記録業を適正かつ確実に運営するために十分であると認められるかどうかを審査するものとする。

（標準処理期間）

第47条　法務大臣及び内閣総理大臣又は金融庁長官は、次の各号に掲げる指定、認可又は承認に関する申請があった場合は、その申請が事務所に到達した日から当該各号に定める期間内に、当該申請に対する処分をするよう努めるものとする。

　一　法第51条第1項の指定　2月

　二　法第69条第1項、第70条、第71条、第78条第1項、第79条第1項、第80条第1項、第81条第1項若しくは第82条の認可又は法第58条第1項の承認　1月

2　前項の期間には、次に掲げる期間を含まないものとする。

　一　当該申請を補正するために要する期間

　二　当該申請をした者が当該申請の内容を変更するために要する期間

　三　当該申請をした者が当該申請に係る審査に必要と認められる資料を追加するために要する期間

（業務の休止の認可申請）

第32条　電子債権記録機関は、法第71条の規定により電子債権記録業の全部又は一部の休止について認可を受けようとするときは、次に掲げる事項を記載した認可申請書を法務大臣及び金融庁長官に提出しなければならない。

　一　休止しようとする業務の範囲

　二　休止しようとする年月日及びその期間

　三　休止の理由

（標準処理期間）

第47条　法務大臣及び内閣総理大臣又は金融庁長官は、次の各号に掲げる指定、認可又は承認に関する申請があった場合は、その申請が事務所に到達した日から当該各号に定める期間内に、当該申請に対する処分をするよう努めるものとする。

　一　法第51条第1項の指定　2月

　二　法第69条第1項、第70条、第71条、第78条第1項、第79条第1項、第80条第1項、第81条第1項若しくは第82条の認可又は法第58条第1項の承認　1月

2　前項の期間には、次に掲げる期間を含まないものとする。

　一　当該申請を補正するために要する期間

　二　当該申請をした者が当該申請の内容を変更するために要する期間

　三　当該申請をした者が当該申請に係る審査に必要と認められる資料を追加するために要する期間

【資料2】　301

電子記録債権法	電子記録債権法施行令
（商号等の変更の届出） **第72条** 電子債権記録機関は、第52条第1項第1号又は第3号から第5号までに掲げる事項に変更があったときは、その旨及び同条第2項第1号又は第3号に掲げる書類を、主務省令で定めるところにより、主務大臣に届け出なければならない。	

電子記録債権法施行規則

（商号等の変更の届出）

第33条　電子債権記録機関は、法第72条第1項の規定により法第52条第1項第1号又は第3号から第5号までに掲げる事項の変更について届出をしようとするときは、次に掲げる事項を記載した書面を法務大臣及び金融庁長官に届け出なければならない。

一　変更の内容

二　変更年月日

2　前項の書面には、次の各号に掲げる区分に応じ、当該各号に定める書類を添付しなければならない。

一　法第52条第1項第1号又は第3号に掲げる事項の変更　同条第2項第3号に掲げる書類

二　法第52条第1項第4号に掲げる事項の変更　次に掲げる書類

　イ　法第52条第2項第1号及び第3号に掲げる書類

　ロ　取締役、執行役又は監査役の住民票の抄本又はこれに代わる書面

　ハ　取締役、執行役及び監査役の婚姻前の氏名を当該取締役、執行役及び監査役の氏名に併せて前項の書面に記載した場合において、ロに掲げる書類が当該取締役、執行役及び監査役の婚姻前の氏名を証するものでないときは、当該婚姻前の氏名を証する書面

　ニ　取締役、執行役又は監査役の履歴書

　ホ　第22条第3項第6号に掲げる書面

三　法第52条第1項第5号に掲げる事項の変更　次に掲げる書類

　イ　法第52条第2項第1号及び第3号に掲げる書類

　ロ　会計参与の住民票の抄本又はこれに代わる書面（会計参与が法人であるときは、当該会計参与の登記事項証明書）及び履歴書（会計参与が法人であるときは、当該会計参与の沿革を記載した書面）

　ハ　会計参与の婚姻前の氏名を当該会計参与の氏名に併せて前項の書面に記載した場合において、ロの住民票の抄本又はこれに代わる書面が当該会計参与の婚姻前の氏名を証するものでないときは、当該婚姻前の氏名を証する書面

（届出事項）

第42条　電子債権記録機関は、次の各号のいずれかに該当することとなったときは、遅滞なく、その旨を法務大臣及び金融庁長官に届け出るものとする。

一　電子債権記録機関の代表者の氏名に変更があったとき。

二　第22条第3項第6号に掲げる書面の記載事項に変更があったとき（当該変更が電子債権記録機関の取締役又は執行役の氏名の変更による場合を除く。）。

三　第22条第3項第7号に掲げる書面の記載事項に変更があったとき。

四　第24条第1項第1号に掲げる記載事項又は同条第2項第2号、第6号若しくは第7号に掲げる書類の記載事項に変更（同項第6号に掲げる書類の記載事項の変更にあっては、当該変更が軽微なものを除く。）があったとき。

五　業務規程に基づき規則を定め、又は廃止し、若しくは変更したとき。

【資料2】　303

電子記録債権法	電子記録債権法施行令
2　主務大臣は、前項の規定により電子債権記録機関の商号又は本店の所在地の変	

電子記録債権法施行規則

六　電子債権記録機関において事故が発生したことを知ったとき。

七　前号に規定する事故の詳細が判明したとき。

2　前項の規定による届出を行う電子債権記録機関は、別表第3上欄に掲げる区分により、同表下欄に定める書類を添付しなければならない。

3　第1項第6号に規定する「事故」とは、次の各号のいずれかに該当する事実をいう。

一　取締役、会計参与（会計参与が法人であるときは、職務を行うべき社員を含む。）、監査役、執行役又は使用人がその業務を執行するに際し、法令に違反する行為をしたこと。

二　電子情報処理組織の故障その他偶発的な事情による電子債権記録業の全部又は一部の停止

別表第三　（第42条関係）

届出事項	添付書類
電子債権記録機関の代表者の氏名の変更	登記事項証明書（当該変更に係る事項に限る。）
第22条第3項第6号又は第7号に掲げる書面の記載事項の変更	当該変更に係る事項を記載した書面
第24条第1項第1号に掲げる記載事項又は同条第2項第2号若しくは第7号に掲げる書面の記載事項の変更	当該変更に係る事項を記載した書面
第24条第2項第6号に掲げる書類の記載事項の変更	当該変更後の書類
業務規程に基づき規則を定めたとき。	当該規則を記載した書面
業務規程に基づく規則を廃止したとき。	一　当該廃止の旨を記載した書面 二　理由書
業務規程に基づく規則を変更したとき。	一　当該変更後の規則を記載した書面 二　理由書 三　新旧対照表
電子債権記録機関において事故が発生したことを知ったとき。	発生した事故の概要を記載した書面
電子債権記録機関において発生した事故の詳細が判明したとき。	事故の詳細、発生原因、改善策その他参考となるべき事項を記載した書面

【資料2】　305

電子記録債権法	電子記録債権法施行令
更の届出があったときは、その旨を官報で公示しなければならない。	
（報告及び検査） **第73条**　主務大臣は、電子債権記録業の適正かつ確実な遂行のため必要があると認めるときは、電子債権記録機関若しくは当該電子債権記録機関から業務の委託を受けた者に対し、当該電子債権記録機関の業務若しくは財産に関して報告若しくは資料の提出を命じ、又は当該職員に、電子債権記録機関若しくは当該電子債権記録機関から業務の委託を受けた者の営業所若しくは事務所に立ち入り、当該電子債権記録機関若しくは当該電子債権記録機関から業務の委託を受けた者の業務若しくは財産の状況若しくは帳簿書類その他の物件の検査（当該電子債権記録機関から業務の委託を受けた者にあっては、当該電子債権記録機関の業務又は財産に関し必要なものに限る。）をさせ、若しくは関係者に質問（当該電子債権記録機関から業務の委託を受けた者の関係者にあっては、当該電子債権記録機関の業務又は財産に関し必要なものに限る。）をさせることができる。 2　前項の規定により立入検査をする職員は、その身分を示す証明書を携帯し、関係者に提示しなければならない。 3　第1項の規定による立入検査の権限は、犯罪捜査のために認められたものと解してはならない。	

電子記録債権法施行規則

（立入検査の証明書）

第34条　法第73条第２項の規定により電子債権記録機関又は当該電子債権記録機関から業務の委託を受けた者の営業所又は事務所に対して立入検査をする際に職員が携帯すべき証明書の様式は、法務省の職員にあっては別紙様式によるものとし、金融庁の職員にあっては金融庁等の職員が検査の際に携帯すべき身分証明書等の様式を定める内閣府令（平成４年大蔵省令第69号）第１項に規定する様式によるものとする。

別紙様式　（第34条関係）

　（略）

【資料２】　307

電子記録債権法	電子記録債権法施行令
（業務改善命令） **第74条** 主務大臣は、電子債権記録業の適正かつ確実な遂行のため必要があると認めるときは、その必要の限度において、電子債権記録機関に対し、業務の運営又は財産の状況の改善に必要な措置をとるべきことを命ずることができる。	
（指定の取消し等） **第75条** 主務大臣は、電子債権記録機関が次の各号のいずれかに該当するときは、第51条第1項の指定を取り消し、6月以内の期間を定めてその業務の全部若しくは一部の停止を命じ、又はその取締役、会計参与、監査役若しくは執行役の解任を命ずることができる。 　一　第51条第1項第3号又は第4号に掲げる要件に該当しないこととなったとき。 　二　第51条第1項の指定当時に同項各号のいずれかに該当していなかったことが判明したとき。 　三　不正の手段により第51条第1項の指定を受けたことが判明したとき。 　四　この法律若しくはこの法律に基づく命令又はこれらに基づく処分に違反したとき。 2　主務大臣は、前項の規定により第51条第1項の指定を取り消したときは、その旨を官報で公示しなければならない。	
（業務移転命令） **第76条** 主務大臣は、電子債権記録機関が次の各号のいずれかに該当するときは、期限を定めて、電子債権記録業を他の株式会社に移転することを命ずることができる。 　一　前条第1項の規定により第51条第1項の指定を取り消されたとき。	

電子記録債権法施行規則

電子記録債権法	電子記録債権法施行令
二　電子債権記録業を廃止したとき。 三　解散したとき（設立、新設合併又は新設分割を無効とする判決が確定したときを含む。）。 　四　電子債権記録業の継続に著しい支障を来すことなく弁済期にある債務を弁済することができない事態又は破産手続開始の原因となる事実の生ずるおそれがあると認められるとき。 2　前項の規定による命令を受けた電子債権記録機関における会社法第322条第1項、第466条、第467条第1項、第783条第1項又は第795条第1項の規定による決議（同法第783条第1項の規定による決議にあっては、同法第309条第3項第2号の株主総会の決議を除く。）は、同法第309条第2項及び第324条第2項の規定にかかわらず、出席した株主の議決権の3分の2以上に当たる多数をもって、仮にすることができる。 3　第1項の規定による命令を受けた電子債権記録機関における会社法第309条第3項第2号の株主総会の決議は、同項の規定にかかわらず、出席した株主の半数以上であって出席した株主の議決権の3分の2以上に当たる多数をもって、仮にすることができる。 4　第2項の規定により仮にした決議（以下この項及び次項において「仮決議」という。）があった場合においては、各株主に対し、当該仮決議の趣旨を通知し、当該仮決議の日から1月以内に再度の株主総会を招集しなければならない。 5　前項の株主総会において第2項に規定する多数をもって仮決議を承認した場合には、当該承認のあった時に、当該仮決議をした事項に係る決議があったものとみなす。	

電子記録債権法施行規則

電子記録債権法	電子記録債権法施行令
6　前2項の規定は、第3項の規定により仮にした決議があった場合について準用する。この場合において、前項中「第2項」とあるのは、「第3項」と読み替えるものとする。	
（債権記録の失効） **第77条**　電子債権記録機関が前条第1項の規定による命令を受けた場合において、当該命令において定められた期限内にその電子債権記録業を移転することなく当該期限を経過したときは、当該期限を経過した日にその備える記録原簿に記録されている債権記録は、その効力を失う。 2　電子記録債権及びこれを目的とする質権は、前項の規定により債権記録がその効力を失った日（以下この条において「効力失効日」という。）以後は、当該債権記録に記録された電子記録債権の内容をその権利の内容とする指名債権及びこれを目的とする質権として存続するものとする。 3　効力失効日に電子記録保証人であった者が前項の指名債権についての弁済その他自己の財産をもって主たる債務として記録されていた債務を消滅させるべき行為をしたときは、その者は、特別求償権と同一の内容の求償権を取得する。 4　主務大臣は、効力失効日以後、速やかに、第1項に規定する債権記録がその効力を失った旨を官報で公示しなければならない。 5　電子債権記録機関であった者又は一般承継人（合併により消滅した電子債権記録機関の権利義務を承継した者であって、電子債権記録業を営まないものに限る。以下この章において同じ。）は、効力失効日以後、直ちに、次の各号に掲げ	

電子記録債権法施行規則

電子記録債権法	電子記録債権法施行令

る者に対し、それぞれ当該各号に定める
事項（債務者口座を除く。）について、
当該事項の全部を証明した書面を送付し
なければならない。

一　効力失効日に電子記録名義人であっ
　た者　効力失効日に債権記録に記録さ
　れていた事項（この号に掲げる者が分
　割債権記録に記録されていた者である
　ときは、当該分割債権記録に至るまで
　の各原債権記録中の当該分割債権記録
　に至る分割記録がされる前に記録され
　た事項を含む。）のうち、譲渡記録又
　は質権設定記録若しくは転質の電子記
　録（これらの電子記録の記録事項につ
　いて変更記録がされていたときは、当
　該変更記録を含む。以下「譲渡記録
　等」という。）であって電子記録名義
　人以外の者が譲受人又は質権者として
　記録されていたもの（次に掲げるもの
　を除く。）において記録されている事
　項を除き、すべての事項
　イ　第18条第2項第3号若しくは第4
　　号、第37条第2項第6号若しくは第
　　7号又は同条第4項第4号若しくは
　　第5号に掲げる事項が記録されてい
　　た譲渡記録等
　ロ　個人が譲渡人又は譲受人として記
　　録されていた譲渡記録
　ハ　効力失効日に電子記録名義人で
　　あった者が変更記録において記録さ
　　れていた場合における当該変更記録
　　に係る譲渡記録等
二　効力失効日に電子記録債務者として
　記録されていた者　効力失効日に債権
　記録に記録されていた事項（この号に
　掲げる者が分割債権記録に記録されて
　いた者であるときは、当該分割債権記
　録に至るまでの各原債権記録中の当該

電子記録債権法施行規則

【資料2】 315

電子記録債権法	電子記録債権法施行令
分割債権記録に至る分割記録がされる前に記録された事項を含む。）	
第5節　合併、分割及び事業の譲渡	
（特定合併の認可） **第78条**　電子債権記録機関を全部又は一部の当事者とする合併（合併後存続する株式会社又は合併により設立される株式会社が電子債権記録業を営む場合に限る。以下この条において「特定合併」という。）は、主務大臣の認可を受けなければ、その効力を生じない。 2　前項の認可を受けようとする電子債権記録機関は、特定合併後存続する株式会社又は特定合併により設立される株式会社（以下この条において「特定合併後の電子債権記録機関」という。）について第52条第1項各号に掲げる事項を記載した合併認可申請書を主務大臣に提出しなければならない。 3　合併認可申請書には、合併契約の内容を記載し、又は記録した書面又は電磁的記録（主務省令で定めるものに限る。以下この項において同じ。）その他主務省令で定める書面又は電磁的記録を添付しなければならない。	

電子記録債権法施行規則

（標準処理期間）

第47条 法務大臣及び内閣総理大臣又は金融庁長官は、次の各号に掲げる指定、認可又は承認に関する申請があった場合は、その申請が事務所に到達した日から当該各号に定める期間内に、当該申請に対する処分をするよう努めるものとする。

一　法第51条第１項の指定　２月

二　法第69条第１項、第70条、第71条、第78条第１項、第79条第１項、第80条第１項、第81条第１項若しくは第82条の認可又は法第58条第１項の承認　１月

2　前項の期間には、次に掲げる期間を含まないものとする。

一　当該申請を補正するために要する期間

二　当該申請をした者が当該申請の内容を変更するために要する期間

三　当該申請をした者が当該申請に係る審査に必要と認められる資料を追加するために要する期間

（特定合併の認可申請）

第35条 電子債権記録機関は、法第78条第１項の規定による特定合併の認可を受けようとするときは、法第52条第１項各号に掲げる事項のほか、次に掲げる事項を記載した合併認可申請書を法務大臣及び金融庁長官に提出しなければならない。

一　特定合併予定年月日

二　特定合併の方法

2　法第78条第３項に規定する主務省令で定める電磁的記録は、第23条に規定する電磁的記録とする。

3　法第78条第３項に規定するその他主務省令で定める書面又は電磁的記録は、次に掲げる書面又はこれらの書面に代えて電磁的記録の作成がされている場合における電磁的記録とする。

一　理由書

二　特定合併の手続を記載した書面

三　特定合併の当事者の登記事項証明書

【資料２】　317

電子記録債権法	電子記録債権法施行令
4　主務大臣は、第1項の認可の申請があった場合においては、その申請が次に掲げる基準に適合しているかどうかを審査しなければならない。	

電子記録債権法施行規則

四　特定合併の当事者の会社法第783条第1項及び第795条第1項又は第804条第1項の規定による株主総会の議事録その他の必要な手続があったことを証する書面

五　特定合併の当事者の貸借対照表及び損益計算書

六　特定合併後の電子債権記録機関が法第51条第1項第3号及び第4号に掲げる要件に該当する旨を誓約する書面

七　特定合併後の電子債権記録機関の定款

八　特定合併後の電子債権記録機関の業務規程

九　特定合併後の電子債権記録機関の収支の見込みを記載した書類

十　特定合併後の電子債権記録機関の主要株主の氏名又は商号若しくは名称、住所又は所在地及びその保有する議決権の数を記載した書面

十一　特定合併後の電子債権記録機関の親法人及び子法人の概要を記載した書面

十二　特定合併後の電子債権記録機関の取締役及び監査役の住民票の抄本又はこれに代わる書面

十二の二　特定合併後の電子債権記録機関の取締役及び監査役の婚姻前の氏名を当該取締役及び監査役の氏名に併せて合併認可申請書に記載した場合において、前号に掲げる書面が当該取締役及び監査役の婚姻前の氏名を証するものでないときは、当該婚姻前の氏名を証する書面

十三　特定合併後の電子債権記録機関の取締役及び監査役の履歴書

十四　特定合併後の電子債権記録機関が会計参与設置会社である場合にあっては、特定合併後の電子債権記録機関の会計参与の住民票の抄本又はこれに代わる書面（会計参与が法人であるときは、当該会計参与の登記事項証明書）及び履歴書（会計参与が法人であるときは、当該会計参与の沿革を記載した書面）

十四の二　特定合併後の電子債権記録機関の会計参与の婚姻前の氏名を当該会計参与の氏名に併せて合併認可申請書に記載した場合において、前号の住民票の抄本又はこれに代わる書面が当該会計参与の婚姻前の氏名を証するものでないときは、当該婚姻前の氏名を証する書面

十五　特定合併後の電子債権記録機関の取締役（委員会設置会社にあっては、執行役）の担当業務を記載した書面

十六　特定合併後の電子債権記録機関における電子債権記録業に関する知識及び経験を有する使用人の確保の状況並びに当該使用人の配置の状況を記載した書面

十七　特定合併後の電子債権記録機関の事務の機構及び分掌を記載した書面

十八　特定合併後の電子債権記録機関を利用する者に関する情報の管理の内容を記載した書面

十九　その他参考となるべき事項を記載した書類

【資料2】　319

電子記録債権法	電子記録債権法施行令
一　特定合併後の電子債権記録機関が第51条第1項各号に掲げる要件に該当すること。 二　電子債権記録業の承継が円滑かつ適切に行われると見込まれること。 5　特定合併後の電子債権記録機関（電子債権記録機関が特定合併後存続する株式会社である場合を除く。）は、特定合併の時に第51条第1項の指定を受けたものとみなす。 6　特定合併後の電子債権記録機関は、特定合併により消滅した電子債権記録機関の業務に関し、行政官庁の認可その他の処分に基づいて有する権利義務を承継する。	
（新設分割の認可） **第79条**　電子債権記録機関が新たに設立する株式会社に電子債権記録業の全部又は一部を承継させるために行う新設分割（以下この条において単に「新設分割」という。）は、主務大臣の認可を受けなければ、その効力を生じない。 2　前項の認可を受けようとする電子債権記録機関は、新設分割により設立される株式会社（以下この条において「設立会社」という。）について次に掲げる事項を記載した新設分割認可申請書を主務大臣に提出しなければならない。 一　第52条第1項各号に掲げる事項 二　設立会社が承継する電子債権記録業 3　新設分割認可申請書には、新設分割計画の内容を記載し、又は記録した書面又	

電子記録債権法施行規則

(標準処理期間)

第47条 法務大臣及び内閣総理大臣又は金融庁長官は、次の各号に掲げる指定、認可又は承認に関する申請があった場合は、その申請が事務所に到達した日から当該各号に定める期間内に、当該申請に対する処分をするよう努めるものとする。

一 法第51条第1項の指定 2月

二 法第69条第1項、第70条、第71条、第78条第1項、第79条第1項、第80条第1項、第81条第1項若しくは第82条の認可又は法第58条第1項の承認 1月

2 前項の期間には、次に掲げる期間を含まないものとする。

一 当該申請を補正するために要する期間

二 当該申請をした者が当該申請の内容を変更するために要する期間

三 当該申請をした者が当該申請に係る審査に必要と認められる資料を追加するために要する期間

(新設分割の認可申請)

第36条 電子債権記録機関は、法第79条第1項の規定による新設分割の認可を受けようとするときは、同条第2項各号に掲げる事項のほか、次に掲げる事項を記載した新設分割認可申請書を法務大臣及び金融庁長官に提出しなければならない。

一 新設分割予定年月日

二 新設分割の方法

2 法第79条第3項に規定する主務省令で定める電磁的記録は、第23条に規定する電磁的記録とする。

【資料2】 321

電子記録債権法	電子記録債権法施行令
は電磁的記録（主務省令で定めるものに限る。以下この項において同じ。）その他主務省令で定める書面又は電磁的記録を添付しなければならない。	

電子記録債権法施行規則

3　法第79条第3項に規定するその他主務省令で定める書面又は電磁的記録は、次に掲げる書面又はこれらの書面に代えて電磁的記録の作成がされている場合における電磁的記録とする。

一　理由書

二　新設分割の手続を記載した書面

三　新設分割の当事者の登記事項証明書

四　新設分割の当事者の会社法第804条第1項の規定による株主総会の議事録その他の必要な手続があったことを証する書面

五　新設分割の当事者の貸借対照表及び損益計算書

六　設立会社が法第51条第1項第3号及び第4号に掲げる要件に該当する旨を誓約する書面

七　設立会社の定款

八　設立会社の業務規程

九　設立会社の収支の見込みを記載した書類

十　設立会社の主要株主の氏名又は商号若しくは名称、住所又は所在地及びその保有する議決権の数を記載した書面

十一　設立会社の親法人及び子法人の概要を記載した書面

十二　設立会社の取締役及び監査役の住民票の抄本又はこれに代わる書面

十二の二　設立会社の取締役及び監査役の婚姻前の氏名を当該取締役及び監査役の氏名に併せて新設分割認可申請書に記載した場合において、前号に掲げる書面が当該取締役及び監査役の婚姻前の氏名を証するものでないときは、当該婚姻前の氏名を証する書面

十三　設立会社の取締役及び監査役の履歴書

十四　設立会社が会計参与設置会社である場合にあっては、設立会社の会計参与の住民票の抄本又はこれに代わる書面（会計参与が法人であるときは、当該会計参与の登記事項証明書）及び履歴書（会計参与が法人であるときは、当該会計参与の沿革を記載した書面）

十四の二　設立会社の会計参与の婚姻前の氏名を当該会計参与の氏名に併せて新設分割認可申請書に記載した場合において、前号の住民票の抄本又はこれに代わる書面が当該会計参与の婚姻前の氏名を証するものでないときは、当該婚姻前の氏名を証する書面

十五　設立会社の取締役（委員会設置会社にあっては、執行役）の担当業務を記載した書面

十六　設立会社における電子債権記録業に関する知識及び経験を有する使用人の確保の状況並びに当該使用人の配置の状況を記載した書面

十七　設立会社の事務の機構及び分掌を記載した書面

十八　設立会社を利用する者に関する情報の管理の内容を記載した書面

十九　その他参考となるべき事項を記載した書類

【資料2】　323

電子記録債権法	電子記録債権法施行令
4　主務大臣は、第1項の認可の申請があった場合においては、その申請が次に掲げる基準に適合しているかどうかを審査しなければならない。 一　設立会社が第51条第1項第1号及び第4号から第7号までに掲げる要件に該当すること。 二　電子債権記録業の承継が円滑かつ適切に行われると見込まれること。 5　設立会社は、新設分割の時に第51条第1項の指定を受けたものとみなす。 6　設立会社は、新設分割をした電子債権記録機関の承継の対象となる業務に関し、行政官庁の認可その他の処分に基づいて有する権利義務を承継する。	
（吸収分割の認可） **第80条**　電子債権記録機関が他の株式会社に電子債権記録業の全部又は一部を承継させるために行う吸収分割（以下この条において単に「吸収分割」という。）は、主務大臣の認可を受けなければ、その効力を生じない。 2　前項の認可を受けようとする電子債権記録機関は、吸収分割により電子債権記録業の全部又は一部を承継する株式会社（以下この条において「承継会社」とい	

電子記録債権法施行規則

(標準処理期間)

第47条 法務大臣及び内閣総理大臣又は金融庁長官は、次の各号に掲げる指定、認可又は承認に関する申請があった場合は、その申請が事務所に到達した日から当該各号に定める期間内に、当該申請に対する処分をするよう努めるものとする。

一 法第51条第1項の指定 2月

二 法第69条第1項、第70条、第71条、第78条第1項、第79条第1項、第80条第1項、第81条第1項若しくは第82条の認可又は法第58条第1項の承認 1月

2 前項の期間には、次に掲げる期間を含まないものとする。

一 当該申請を補正するために要する期間

二 当該申請をした者が当該申請の内容を変更するために要する期間

三 当該申請をした者が当該申請に係る審査に必要と認められる資料を追加するために要する期間

(吸収分割の認可申請)

第37条 電子債権記録機関は、法第80条第1項の規定による吸収分割の認可を受けようとするときは、同条第2項各号に掲げる事項のほか、次に掲げる事項を記載した吸収分割認可申請書を法務大臣及び金融庁長官に提出しなければならない。

一 吸収分割予定年月日

二 吸収分割の方法

【資料2】 325

電子記録債権法	電子記録債権法施行令
う。）について次に掲げる事項を記載した吸収分割認可申請書を主務大臣に提出しなければならない。 一　第52条第1項各号に掲げる事項 二　承継会社が承継する電子債権記録業 3　吸収分割認可申請書には、吸収分割契約の内容を記載し、又は記録した書面又は電磁的記録（主務省令で定めるものに限る。以下この項において同じ。）その他主務省令で定める書面又は電磁的記録を添付しなければならない。	

電子記録債権法施行規則

2 法第80条第3項に規定する主務省令で定める電磁的記録は、第23条に規定する電磁的記録とする。

3 法第80条第3項に規定するその他主務省令で定める書面又は電磁的記録は、次に掲げる書面又はこれらの書面に代えて電磁的記録の作成がされている場合における電磁的記録とする。

一 理由書

二 吸収分割の手続を記載した書面

三 吸収分割の当事者の登記事項証明書

四 吸収分割の当事者の会社法第783条第1項及び第795条第1項の規定による株主総会の議事録その他の必要な手続があったことを証する書面

五 吸収分割の当事者の貸借対照表及び損益計算書

六 承継会社が法第51条第1項第3号及び第4号に掲げる要件に該当する旨を誓約する書面

七 承継会社の定款

八 承継会社の業務規程

九 承継会社の収支の見込みを記載した書類

十 承継会社の主要株主の氏名又は商号若しくは名称、住所又は所在地及びその保有する議決権の数を記載した書面

十一 承継会社の親法人及び子法人の概要を記載した書面

十二 承継会社の取締役及び監査役の住民票の抄本又はこれに代わる書面

十二の二 承継会社の取締役及び監査役の婚姻前の氏名を当該取締役及び監査役の氏名に併せて吸収分割認可申請書に記載した場合において、前号に掲げる書面が当該取締役及び監査役の婚姻前の氏名を証するものでないときは、当該婚姻前の氏名を証する書面

十三 承継会社の取締役及び監査役の履歴書

十四 承継会社が会計参与設置会社である場合にあっては、承継会社の会計参与の住民票の抄本又はこれに代わる書面（会計参与が法人であるときは、当該会計参与の登記事項証明書）及び履歴書（会計参与が法人であるときは、当該会計参与の沿革を記載した書面）

十四の二 承継会社の会計参与の婚姻前の氏名を当該会計参与の氏名に併せて吸収分割認可申請書に記載した場合において、前号の住民票の抄本又はこれに代わる書面が当該会計参与の婚姻前の氏名を証するものでないときは、当該婚姻前の氏名を証する書面

【資料2】 327

電子記録債権法	電子記録債権法施行令
4 主務大臣は、第1項の認可の申請が あった場合においては、その申請が次に 掲げる基準に適合しているかどうかを審 査しなければならない。 一 承継会社が第51条第1項各号に掲げ る要件に該当すること。 二 電子債権記録業の承継が円滑かつ適 切に行われると見込まれること。 5 承継会社（電子債権記録機関が承継会 社である場合を除く。）は、吸収分割の 時に第51条第1項の指定を受けたものと みなす。 6 承継会社は、吸収分割をした電子債権 記録機関の承継の対象となる業務に関 し、行政官庁の認可その他の処分に基づ いて有する権利義務を承継する。	
（事業譲渡の認可） **第81条** 電子債権記録機関が他の株式会社 に行う電子債権記録業の全部又は一部の 譲渡（以下この条において「事業譲渡」 という。）は、主務大臣の認可を受けな ければ、その効力を生じない。 2 前項の認可を受けようとする電子債権 記録機関は、事業譲渡により電子債権記 録業の全部又は一部を譲り受ける株式会 社（以下この条において「譲受会社」と いう。）について次に掲げる事項を記載 した事業譲渡認可申請書を主務大臣に提 出しなければならない。 一 第52条第1項各号に掲げる事項	

電子記録債権法施行規則

十五　承継会社の取締役（委員会設置会社にあっては、執行役）の担当業務を記載した書面

十六　承継会社における電子債権記録業に関する知識及び経験を有する使用人の確保の状況並びに当該使用人の配置の状況を記載した書面

十七　承継会社の事務の機構及び分掌を記載した書面

十八　承継会社を利用する者に関する情報の管理の内容を記載した書面

十九　その他参考となるべき事項を記載した書類

（事業譲渡の認可申請）

第38条　電子債権記録機関は、法第81条第1項の規定による事業譲渡の認可を受けようとするときは、同条第2項各号に掲げる事項のほか、次に掲げる事項を記載した事業譲渡認可申請書を法務大臣及び金融庁長官に提出しなければならない。

一　事業譲渡予定年月日

二　事業譲渡の方法

2　法第81条第3項に規定する主務省令で定める電磁的記録は、第23条に規定する電磁的記録とする。

3　法第81条第3項に規定するその他主務省令で定める書面又は電磁的記録は、次に掲げる書面又はこれらの書面に代えて電磁的記録の作成がされている場合における電磁的記録とする。

一　理由書

二　事業譲渡の手続を記載した書面

三　事業譲渡の当事者の登記事項証明書

【資料2】　329

電子記録債権法	電子記録債権法施行令
二　譲受会社が承継する電子債権記録業 3　事業譲渡認可申請書には、譲渡契約の内容を記載し、又は記録した書面又は電磁的記録（主務省令で定めるものに限る。以下この項において同じ。）その他主務省令で定める書面又は電磁的記録を添付しなければならない。 4　主務大臣は、第1項の認可の申請があった場合においては、その申請が次に掲げる基準に適合しているかどうかを審査しなければならない。 一　譲受会社が第51条第1項各号に掲げる要件に該当すること。 二　電子債権記録業の承継が円滑かつ適切に行われると見込まれること。 5　譲受会社（電子債権記録機関が譲受会社である場合を除く。）は、事業譲渡の時に第51条第1項の指定を受けたものとみなす。 6　譲受会社は、事業譲渡をした電子債権記録機関の譲渡の対象となる業務に関し、行政官庁の認可その他の処分に基づいて有する権利義務を承継する。	

電子記録債権法施行規則

四　事業譲渡の当事者の会社法第467条第1項の規定による株主総会の議事録その他の必要な手続があったことを証する書面

五　事業譲渡の当事者の貸借対照表及び損益計算書

六　譲受会社が法第51条第1項第3号及び第4号に掲げる要件に該当する旨を誓約する書面

七　譲受会社の定款

八　譲受会社の業務規程

九　譲受会社の収支の見込みを記載した書類

十　譲受会社の主要株主の氏名又は商号若しくは名称、住所又は所在地及びその保有する議決権の数を記載した書面

十一　譲受会社の親法人及び子法人の概要を記載した書面

十二　譲受会社の取締役及び監査役の住民票の抄本又はこれに代わる書面

十二の二　譲受会社の取締役及び監査役の婚姻前の氏名を当該取締役及び監査役の氏名に併せて事業譲渡認可申請書に記載した場合において、前号に掲げる書面が当該取締役及び監査役の婚姻前の氏名を証するものでないときは、当該婚姻前の氏名を証する書面

十三　譲受会社の取締役及び監査役の履歴書

十四　譲受会社が会計参与設置会社である場合にあっては、譲受会社の会計参与の住民票の抄本又はこれに代わる書面（会計参与が法人であるときは、当該会計参与の登記事項証明書）及び履歴書（会計参与が法人であるときは、当該会計参与の沿革を記載した書面）

十四の二　譲受会社の会計参与の婚姻前の氏名を当該会計参与の氏名に併せて事業譲渡認可申請書に記載した場合において、前号の住民票の抄本又はこれに代わる書面が当該会計参与の婚姻前の氏名を証するものでないときは、当該婚姻前の氏名を証する書面

十五　譲受会社の取締役（委員会設置会社にあっては、執行役）の担当業務を記載した書面

十六　譲受会社における電子債権記録業に関する知識及び経験を有する使用人の確保の状況並びに当該使用人の配置の状況を記載した書面

十七　譲受会社の事務の機構及び分掌を記載した書面

十八　譲受会社を利用する者に関する情報の管理の内容を記載した書面

十九　その他参考となるべき事項を記載した書類

（標準処理期間）

第47条　法務大臣及び内閣総理大臣又は金融庁長官は、次の各号に掲げる指定、認可又は承認に関する申請があった場合は、その申請が事務所に到達した日から当該各号に定める期間内に、当該申請に対する処分をするよう努めるものとする。

一　法第51条第1項の指定　2月

二　法第69条第1項、第70条、第71条、第78条第1項、第79条第1項、第80条第1

【資料2】　331

電子記録債権法	電子記録債権法施行令
第6節　解散等	

（解散等の認可）

第82条　次に掲げる事項は、主務大臣の認可を受けなければ、その効力を生じない。

一　電子債権記録機関の解散についての株主総会の決議

二　電子債権記録機関を全部又は一部の当事者とする合併（合併後存続する株式会社又は合併により設立される株式会社が電子債権記録業を営まない場合に限る。）

（指定の失効）

第83条　電子債権記録機関が次の各号のいずれかに該当するときは、第51条第1項の指定は、その効力を失う。

一　電子債権記録業を廃止したとき。

二　解散したとき（設立、新設合併又は新設分割を無効とする判決が確定したときを含む。）。

電子記録債権法施行規則

　　項、第81条第1項若しくは第82条の認可又は法第58条第1項の承認　　1月
2　前項の期間には、次に掲げる期間を含まないものとする。
　一　当該申請を補正するために要する期間
　二　当該申請をした者が当該申請の内容を変更するために要する期間
　三　当該申請をした者が当該申請に係る審査に必要と認められる資料を追加するために要する期間

（解散等の認可申請）
第39条　電子債権記録機関は、法第82条の規定による認可を受けようとするときは、当該認可を受けるべき事項を記載した認可申請書を法務大臣及び金融庁長官に提出しなければならない。
2　前項の認可申請書には、次に掲げる書類を添付しなければならない。
　一　理由書
　二　株主総会の議事録その他の必要な手続があったことを証する書面
　三　資産及び負債の内容を明らかにした書類
　四　電子債権記録業の結了の方法を記載した書類
　五　その他参考となるべき事項を記載した書類

（標準処理期間）
第47条　法務大臣及び内閣総理大臣又は金融庁長官は、次の各号に掲げる指定、認可又は承認に関する申請があった場合は、その申請が事務所に到達した日から当該各号に定める期間内に、当該申請に対する処分をするよう努めるものとする。
　一　法第51条第1項の指定　　2月
　二　法第69条第1項、第70条、第71条、第78条第1項、第79条第1項、第80条第1項、第81条第1項若しくは第82条の認可又は法第58条第1項の承認　　1月
2　前項の期間には、次に掲げる期間を含まないものとする。
　一　当該申請を補正するために要する期間
　二　当該申請をした者が当該申請の内容を変更するために要する期間
　三　当該申請をした者が当該申請に係る審査に必要と認められる資料を追加するために要する期間

【資料2】　333

電子記録債権法	電子記録債権法施行令
三　第76条第1項の規定による命令を受けた場合（同項第4号に該当する場合に限る。）において、当該命令において定められた期限内にその電子債権記録業を移転しなかったとき。 2　前項の規定により第51条第1項の指定が効力を失ったときは、その電子債権記録機関であった者又は一般承継人は、主務省令で定めるところにより、その旨を主務大臣に届け出なければならない。	

電子記録債権法施行規則

（指定失効の届出）

第40条　電子債権記録機関であった者又は一般承継人（以下「旧電子債権記録機関等」という。）は、法第83条第２項の規定により届出をしようとするときは、別表第２上欄に掲げる区分により、同表中欄に定める事項を記載した書面に同表下欄に定める書類を添付し、法務大臣及び金融庁長官に届け出なければならない。

別表第２　（第40条関係）

届出事項	記載事項	添付書類
電子債権記録業を廃止したとき。	廃止年月日 廃止理由	一　株主総会の議事録その他の必要な手続があったことを証する書面 二　電子債権記録業の結了の方法を記載した書類
合併により消滅したとき。	合併の相手方の商号 合併年月日 合併の方法	一　合併契約の内容を記載した書面 二　株主総会の議事録その他の必要な手続があったことを証する書面 三　電子債権記録業の結了の方法を記載した書類 四　合併の手続を記載した書面
破産手続開始の決定により解散したとき。	破産手続開始の申立てを行った年月日 破産手続開始の決定を受けた年月日	一　裁判所の破産手続開始の決定の裁判書の写し 二　電子債権記録業の結了の方法を記載した書類
合併及び破産手続開始の決定以外の理由により解散したとき。	解散年月日 解散の理由	一　株主総会の議事録その他の必要な手続があったことを証する書面 二　電子債権記録業の結了の方法を記載した書類

【資料２】　335

電子記録債権法	電子記録債権法施行令
3　主務大臣は、前項の規定による届出があったときは、その旨を官報で公示しなければならない。	
（指定取消し等の場合のみなし電子債権記録機関） **第84条**　電子債権記録機関が第75条第１項の規定により第51条第１項の指定を取り消された場合又は前条第１項の規定により当該指定が効力を失った場合（同項第３号に該当する場合を除く。）においては、その電子債権記録機関であった者又は一般承継人は、当該電子債権記録機関が行った電子債権記録業を速やかに結了しなければならない。この場合において、当該電子債権記録機関であった者又は一般承継人は、その電子債権記録業の結了の目的の範囲内において、なおこれを電子債権記録機関とみなす。	
（清算手続等における主務大臣の意見等） **第85条**　裁判所は、電子債権記録機関の清算手続、破産手続、再生手続、更生手続又は承認援助手続において、主務大臣に対し、意見を求め、又は検査若しくは調査を依頼することができる。	

電子記録債権法施行規則

電子債権記録業の全部を譲渡したとき。	譲渡先の商号 譲渡年月日	
電子債権記録業の全部を分割により承継させたとき。	承継先の商号 分割年月日	
法第76条第1項の規定による命令を受けた場合（同項第4号に該当する場合に限る。）において、当該命令において定められた期限内にその電子債権記録業を移転しなかったとき。	業務移転命令において定められた期限 移転することなく当該期限を経過した理由	

（電子債権記録業の結了の届出）

第41条 旧電子債権記録機関等は、法第84条の規定により電子債権記録業を結了したときは、遅滞なく、その旨を法務大臣及び金融庁長官に届け出るものとする。

2 法務大臣及び金融庁長官は、前項の届出を受理したときは、遅滞なく、その旨を官報に公示するものとする。

【資料2】 337

電子記録債権法	電子記録債権法施行令
2 　主務大臣は、前項に規定する手続において、必要があると認めるときは、裁判所に対し、意見を述べることができる。 3 　第73条の規定は、第1項の規定により主務大臣が裁判所から検査又は調査の依頼を受けた場合について準用する。	
第4章　雑　則	
（債権記録等の保存） **第86条**　電子債権記録機関は、次に掲げる期間のうちのいずれかが経過する日までの間、債権記録及び当該債権記録に記録された電子記録の請求に当たって電子債権記録機関に提供された情報が記載され、又は記録されている書面又は電磁的記録を保存しなければならない。 　一　当該債権記録に記録されたすべての電子記録債権に係る債務の全額について支払等記録がされた日又は変更記録により当該債権記録中のすべての記録事項について削除する旨の記録がされた日から5年間 　二　当該債権記録に記録された支払期日（分割払の方法により債務を支払う場合にあっては、最終の支払期日）又は最後の電子記録がされた日のいずれか遅い日から10年間	
（記録事項の開示） **第87条**　次の各号に掲げる者及びその相続人その他の一般承継人並びにこれらの者の財産の管理及び処分をする権利を有する者は、電子債権記録機関に対し、その営業時間内は、いつでも、業務規程の定める費用を支払って、当該各号に定める事項（債務者口座を除く。）について、主務省令で定める方法により表示したものの閲覧又は当該事項の全部若しくは一部を証明した書面若しくは電磁的記録の	

電子記録債権法施行規則

（債権記録に記録された事項を表示する方法）

第43条 法第87条第１項に規定する主務省令で定める方法は、債権記録に記録された事項を紙面又は映像面に表示する方法とする。

電子記録債権法	電子記録債権法施行令
提供の請求（以下この条において「開示請求」という。）をすることができる。 一　電子記録名義人　債権記録に記録されている事項（当該電子記録名義人が分割債権記録に記録されている者であるときは、当該分割債権記録に至るまでの各原債権記録中の当該分割債権記録に至る分割記録がされる前に記録された事項を含む。）のうち、譲渡記録等であって電子記録名義人以外の者が譲受人又は質権者として記録されているもの（次に掲げるものを除く。）において記録されている事項を除き、すべての事項 　イ　第18条第2項第3号若しくは第4号、第37条第2項第6号若しくは第7号又は同条第4項第4号若しくは第5号に掲げる事項が記録されている譲渡記録等 　ロ　個人が譲渡人又は譲受人として記録されている譲渡記録 　ハ　電子記録名義人が変更記録において記録されている場合における当該変更記録に係る譲渡記録等 二　電子記録債務者として記録されている者　債権記録に記録されている事項（当該電子記録債務者として記録されている者が分割債権記録に記録されている者であるときは、当該分割債権記録に至るまでの各原債権記録中の当該分割債権記録に至る分割記録がされる前に記録された事項を含む。）のうち、譲渡記録等であって電子記録名義人以外の者が譲受人又は質権者として記録されているものにおいて記録されている事項（次に掲げるものを除く。）を除き、すべての事項 　イ　電子記録名義人が変更記録におい	

電子記録債権法施行規則

【資料2】 341

電子記録債権法	電子記録債権法施行令
て記録されている場合における当該変更記録に係る譲渡記録等において記録されている事項 ロ　当該電子記録債務者として記録されている者が発生記録若しくは譲渡記録等において債権者、譲受人若しくは質権者として記録されている者又はこれらの者の相続人その他の一般承継人（以下この号において「債権者等」という。）に対して人的関係に基づく抗弁を有するときは、当該債権者等から電子記録名義人に至るまでの一連の譲渡記録等において譲受人又は質権者として記録されている者（電子記録名義人を除く。）の氏名又は名称及び住所 三　債権記録に記録されている者であって、前2号に掲げる者以外のもの　債権記録に記録されている事項（この号に掲げる者が原債権記録に記録されている者であるときは、その後の分割債権記録に記録された事項を含む。）のうち、次に掲げる事項 イ　当該債権記録中の発生記録及び開示請求をする者（ロにおいて「開示請求者」という。）が電子記録の請求をした者となっている電子記録（当該電子記録の記録事項について変更記録がされているときは、当該変更記録を含む。）において記録されている事項 ロ　開示請求者を電子記録義務者とする譲渡記録等がされている場合において、当該電子記録が、代理権を有しない者が当該開示請求者の代理人としてした請求又は当該開示請求者になりすました者の請求によってされたものであるときは、当該開示請	

電子記録債権法施行規則

【資料2】 343

電子記録債権法	電子記録債権法施行令
求者から電子記録名義人に至るまでの一連の譲渡記録等において譲受人又は質権者として記録されている者の氏名又は名称及び住所 2　電子債権記録機関は、前項に規定するもののほか、電子記録の請求をした者が請求に際しその開示について同意をしている記録事項については、主務省令で定めるところにより、その同意の範囲内で一定の者が開示請求をすることを認めることができる。	
（電子記録の請求に当たって提供された情報の開示） 第88条　自己の氏名又は名称が電子記録の請求者として電子債権記録機関に提供された者は、電子債権記録機関に対し、その営業時間内は、いつでも、業務規程の定める費用を支払って、当該電子記録の請求に当たって電子債権記録機関に提供された情報について、次に掲げる請求をすることができる。当該電子記録の請求が適法であるかどうかについて利害関係を有する者も、正当な理由があるときは、当該利害関係がある部分に限り、同様とする。 一　当該情報が書面に記載されているときは、当該書面の閲覧の請求 二　前号の書面の謄本又は抄本の交付の請求 三　当該情報が電磁的記録に記録されているときは、当該電磁的記録に記録された事項を主務省令で定める方法により表示したものの閲覧の請求 四　前号の電磁的記録に記録された事項を電磁的方法（電子情報処理組織を使用する方法その他の情報通信の技術を利用する方法であって主務省令で定め	

電子記録債権法施行規則

（電子記録の請求をした者の同意による記録事項の開示）

第44条　電子債権記録機関は、法第87条第２項の規定により開示請求をすることを認めようとするときは、あらかじめ、電子記録の請求をする者に対し、開示請求をすることを認める者の範囲及び記録事項の内容を示し、書面又は電磁的方法による同意を得なければならない。

（電磁的記録に記録された事項を表示する方法）

第45条　法第88条第３号に規定する主務省令で定める方法は、同号の電磁的記録に記録された事項を紙面又は映像面に表示する方法とする。

（電磁的方法）

第46条　法第88条第４号に規定する電子情報処理組織を使用する方法その他の情報通信の技術を利用する方法であって主務省令で定めるものは、次に掲げる方法とする。

一　電子情報処理組織を使用する方法のうちイ又はロに掲げるもの

電子記録債権法	電子記録債権法施行令
るものをいう。）であって業務規程の定めるものにより提供することの請求又はその事項を記載した書面の交付の請求	
（財務大臣への資料提出等） **第89条**　財務大臣は、その所掌に係る金融破綻処理制度及び金融危機管理に関し、電子記録債権に係る制度の企画又は立案をするため必要があると認めるときは、内閣総理大臣に対し、必要な資料の提出及び説明を求めることができる。	
（主務省令への委任） **第90条**　この法律に定めるもののほか、この法律の実施のため必要な事項は、主務省令で定める。	
（主務大臣及び主務省令） **第91条**　この法律において、主務大臣は法務大臣及び内閣総理大臣とし、主務省令は法務省令・内閣府令とする。	
（権限の委任） **第92条**　内閣総理大臣は、この法律の規定による権限（政令で定めるものを除く。）を金融庁長官に委任する。	**（金融庁長官へ委任される権限から除かれる権限）** **第14条**　法第92条第1項に規定する政令で定める権限は、次に掲げるものとする。 　一　法第51条第1項の規定による指定 　二　法第51条第2項及び第75条第2項の規定による公示 　三　法第75条第1項の規定による法第51条第1項の指定の取消し

電子記録債権法施行規則

  イ 送信者の使用に係る電子計算機と受信者の使用に係る電子計算機とを接続する電気通信回線を通じて送信し、受信者の使用に係る電子計算機に備えられたファイルに記録する方法

  ロ 送信者の使用に係る電子計算機に備えられたファイルに記録された情報の内容を電気通信回線を通じて情報の提供を受ける者の閲覧に供し、当該情報の提供を受ける者の使用に係る電子計算機に備えられたファイルに当該情報を記録する方法

 二 磁気ディスクその他これに準ずる方法により一定の情報を確実に記録しておくことができる物をもって調製するファイルに情報を記録したものを交付する方法

2 前項各号に掲げる方法は、受信者がファイルへの記録を出力することにより書面を作成することができるものでなければならない。

電子記録債権法	電子記録債権法施行令
	（財務局長等への権限の委任）
	第15条 法第92条第１項の規定により金融庁長官に委任された権限のうち法第73条第１項の規定によるもの（次項において「報告命令等権限」という。）は、電子債権記録機関の本店の所在地を管轄する財務局長（当該所在地が福岡財務支局の管轄区域内にある場合にあっては、福岡財務支局長）も行うことができる。
	２ 報告命令等権限で電子債権記録機関の本店以外の営業所又は当該電子債権記録機関から業務の委託を受けた者（以下この条において「営業所等」という。）に関するものについては、前項に規定する財務局長又は福岡財務支局長のほか、当該営業所等の所在地を管轄する財務局長（当該所在地が福岡財務支局の管轄区域内にある場合にあっては、福岡財務支局長）も行うことができる。
	３ 前項の規定により、電子債権記録機関の営業所等に対して報告若しくは資料の提出の命令又は検査若しくは質問（以下この項において「報告命令等」という。）を行った財務局長又は福岡財務支局長は、当該電子債権記録機関の本店又は当該営業所等以外の営業所等に対する報告命令等の必要を認めたときは、当該報告命令等を行うことができる。
２ 金融庁長官は、政令で定めるところにより、前項の規定により委任された権限の一部を財務局長又は財務支局長に委任することができる。	
第５章 罰 則	
第93条 第７条第１項若しくは第49条第１項の規定に違反して、記録原簿に電子記録をすべき事項を記録せず、又はこれに虚偽の記録をした者は、３年以下の懲役	

電子記録債権法施行規則

電子記録債権法	電子記録債権法施行令
若しくは300万円以下の罰金に処し、又はこれを併科する。	
第94条 第75条第1項の規定による業務の停止の命令に違反した者は、2年以下の懲役若しくは300万円以下の罰金に処し、又はこれを併科する。	
第95条 次の各号のいずれかに該当する者は、1年以下の懲役若しくは300万円以下の罰金に処し、又はこれを併科する。 一 第52条第1項、第78条第2項、第79条第2項、第80条第2項若しくは第81条第2項の申請書若しくは第52条第2項の書類に虚偽の記載をし、若しくは当該書類に代えて電磁的記録を添付すべき場合における当該電磁的記録に虚偽の記録をし、又は第78条第3項、第79条第3項、第80条第3項若しくは第81条第3項の書面若しくは電磁的記録に虚偽の記載若しくは記録をして提出した者 二 第67条の規定による記録の作成若しくは保存をせず、又は虚偽の記録を作成した者 三 第68条第1項の規定による報告書の提出をせず、又は虚偽の記載をした報告書を提出した者 四 第73条第1項の規定による報告若しくは資料の提出をせず、若しくは虚偽の報告をし、若しくは虚偽の資料を提出し、又は同項の規定による検査を拒み、妨げ、若しくは忌避し、若しくは同項の規定による質問に対し答弁をせず、若しくは虚偽の答弁をした者 五 第85条第3項において準用する第73条第1項の規定による報告若しくは資料の提出をせず、若しくは虚偽の報告をし、若しくは虚偽の資料を提出し、	

電子記録債権法施行規則

【資料2】 351

電子記録債権法	電子記録債権法施行令
又は同項の規定による検査を拒み、妨げ、若しくは忌避し、若しくは同項の規定による質問に対し答弁をせず、若しくは虚偽の答弁をした者 六　第86条の規定に違反して、同条の債権記録又は書面若しくは電磁的記録を保存しなかった者	
第96条　第55条の規定に違反した者は、1年以下の懲役又は50万円以下の罰金に処する。	
第97条　次の各号のいずれかに該当する者は、30万円以下の罰金に処する。 一　第69条第1項の規定による認可を受けないで資本金の額を減少し、又は虚偽の申請をして同項の認可を受けた者 二　第72条第1項の規定による届出をせず、又は虚偽の届出をした者	
第98条　法人の代表者、代理人、使用人その他の従業者が、その法人の業務に関し、次の各号に掲げる規定の違反行為をしたときは、その行為者を罰するほか、その法人に対して当該各号に定める罰金刑を科する。 一　第93条又は第94条　3億円以下の罰金刑 二　第95条（第5号を除く。）　2億円以下の罰金刑 三　第95条第5号又は前条　各本条の罰金刑	
第99条　電子債権記録機関（第3号にあっては、第77条第5項に規定する電子債権記録機関であった者又は一般承継人）の役員又は清算人が次の各号のいずれかに該当するときは、100万円以下の過料に処する。 一　第69条第2項の規定に違反して、届	

電子記録債権法施行規則

【資料2】 353

電子記録債権法	電子記録債権法施行令
出をせず、又は虚偽の届出をしたとき。 　二　第74条又は第76条第1項の規定による命令に違反したとき。 　三　第77条第5項の規定に違反して、同項の書面を送付しなかったとき。 　四　正当な理由がないのに第87条第1項又は第88条の規定による請求を拒み、又は虚偽の記載若しくは記録をした書面若しくは電磁的記録を提供したとき。	
第100条　第83条第2項に規定する電子債権記録機関であった者又は一般承継人の役員又は清算人が同項の規定に違反して、届出を怠ったときは、30万円以下の過料に処する。	
附　則　抄	
（施行期日） **第1条**　この法律は、公布の日から起算して1年6月を超えない範囲内において政令で定める日から施行する。	
（検討） **第12条**　政府は、この法律の施行後5年を経過した場合において、この法律の施行状況、社会経済情勢の変化等を勘案し、電子債権記録機関に係る制度について検討を加え、必要があると認めるときは、その結果に基づいて所要の措置を講ずるものとする。	
附　則（平成24年8月1日法律第53号）抄	
（施行期日） **第1条**　この法律は、公布の日から起算して3月を超えない範囲内において政令で定める日から施行する。	

電子記録債権法施行規則

電子記録債権法	電子記録債権法施行令
附　則　（平成25年11月27日法律第86号） 　抄	
（施行期日） 第1条　この法律は、公布の日から起算して6月を超えない範囲内において政令で定める日から施行する。	
附　則　（平成26年6月27日法律第91号） 　抄	
この法律は、会社法の一部を改正する法律の施行の日から施行する。	

電子記録債権法施行規則

【資料3】　株式会社全銀電子債権ネットワーク業務規程・業務規程細則2段表

業務規程

第1章　総則

（目的）

第1条　この規程は、電子記録債権法（平成19年法律第102号。以下「法」という。）第51条第1項の指定を受けた株式会社全銀電子債権ネットワーク（以下「当会社」という。）が行う電子記録債権に係る電子記録に関する業務（以下「電子債権記録業」という。）の実施に関して必要な事項を定める。

（定義）

第2条　この規程において使用する用語は、法において使用する用語の例によるほか、次の各号に掲げる用語の意義は、それぞれ当該各号に定めるところによる。

一　業務規程等　この規程および業務規程細則をいう。

二　銀行営業日　銀行法（昭和56年法律第59号）第15条第1項に規定する銀行の休日を除く日をいう。

三　債権者　債権記録にでんさいの債権者として記録されている者をいう。

四　債権者利用限定特約　自らを債務者とする発生記録および電子記録保証人とする単独保証記録を請求しない旨約することをいう。

五　債務者　発生記録（当該発生記録の記録事項について変更記録がされている場合には、当該変更記録を含む。以下同じ。）に債務者として記録されている者をいう。

六　債務者利用停止措置　特定の利用者を債務者とする発生記録および電子記録保証人とする単独保証記録の請求を停止する措置をいう。

七　参加金融機関　当会社との間で電子債権記録業に係る業務委託契約を締結した金融機関をいう。

八　支払不能処分制度　当会社が運営する第47条の規定による通知および第48条の規定による通知に係る制度をいう。

九　支払不能でんさい　支払期日に口座間送金決済による支払がされなかった（支払期日の3銀行営業日前の日までに支払等記録がされた場合または強制執行等の記録がされた場合を除く。）でんさいをいう。

十　譲渡保証記録　債権者が譲渡記録の請求をする場合に併せて請求する保証記録であって、当該債権者が電子記録保証人となり発生記録における債務者の債務を主たる債務とするものをいう。

十一　相続人等　個人である利用者の死亡により、当該利用者の地位を承継した相続人その他一般承継人をいう。

十二　単独保証記録　譲渡保証記録以外の保証記録であって、発生記録における債務者の債務を主たる債務とするものをいう。

十三　でんさい　当会社が取り扱う電子記録債権をいう。

十四　でんさいネットシステム　当会社が直接運営および管理を行う電子債権記録業

業務規程細則

（定義）
第1条　この細則において使用する用語は、電子記録債権法（平成19年法律第102号。以下「法」という。）および株式会社全銀電子債権ネットワーク（以下「当会社」という。）が制定した業務規程において使用する用語の例によるほか、次の各号に掲げる用語の意義は、それぞれ当該各号に定めるところによる。
　一　施行令　電子記録債権法施行令（平成20年政令第325号）をいう。
　二　施行規則　電子記録債権法施行規則（平成20年内閣府・法務省令第4号）をいう。
　三　規程　法第59条の規定により当会社が定めた業務規程をいう。
　四　決済口座　参加金融機関が認めた債務者口座または債権者口座であって、利用者または利用者になろうとする者の名義であるものをいう。
　五　届出相続人　相続人等の代表者として規程第17条第2項の規定により届け出た相続人等をいう。
　六　債務者請求方式　規程第26条に規定する請求方式をいう。
　七　債権者請求方式　規程第27条に規定する請求方式をいう。

（でんさいネットシステムの業務）
第2条　規程第2条第14号に規定する業務は、次に掲げる業務とする。
　一　参加金融機関の情報の管理に関する業務
　二　利用者データベースの管理に関する業務
　三　記録原簿の管理に関する業務
　四　請求受付簿の管理に関する業務
　五　支払不能情報の管理に関する業務

（利用者登録事項）
第3条　規程第2条第24号に規定する事項は、次に掲げる事項とする。
　一　法人である場合には名称または個人である場合には氏名
　二　法人である場合には商業登記簿もしくは法人登記簿に登記された住所または個人の場合には住民票等に記載された住所
　三　営業所所在地の住所
　四　法人である場合には、代表者の氏名

【資料3】　359

業務規程

の実施に係るシステムとして業務規程細則で定める業務を行うコンピュータシステムをいう。

十五　取引時確認その他本人確認　犯罪による収益の移転防止に関する法律（平成19年法律第22号）第4条第6項に規定する取引時確認および当会社または窓口金融機関に対する請求または届出等について、当会社または窓口金融機関が定める方法で、請求または届出等をした者が本人であることを確認することをいう。

十六　取引停止処分　第48条の規定による通知に係る支払不能でんさいの債務者に対し、債務者利用停止措置をすることをいう。

十七　保証人等　でんさいについて民事上の保証債務を履行した民事上の保証人およびでんさいを被担保債権とする担保権が実行された場合における物上保証人をいう。

十八　保証利用限定特約　自らを電子記録保証人とする保証記録、支払等記録および変更記録（保証人等にあっては支払等記録および変更記録）以外の電子記録を請求しない旨約することをいう。

十九　窓口金融機関　特定の利用者が利用契約を締結した場合において、当該利用契約の当事者である参加金融機関をいう。なお、利用者が複数の利用契約を締結している場合においては、各利用契約の当事者である参加金融機関をいう。

二十　利用契約　当会社を電子債権記録機関とするでんさいの利用に関する契約をいう。

二十一　利用者　当会社および窓口金融機関との間で利用契約を締結した者をいう。

二十二　利用者データベース　利用者の管理に当たって必要な利用者登録事項その他当会社所定の情報が記録されるデータベースをいう。

二十三　利用者登録　利用者に係る利用者登録事項を利用者データベースに記録することをいう。

二十四　利用者登録事項　利用者登録に当たって、利用者データベースに記録されるべき事項として業務規程細則で定める事項をいう。

二十五　利用者番号　当会社が、利用者を特定するために採番する番号をいう。なお、利用者が複数の利用契約を締結した場合であっても、利用者番号は一つとする。

第2章　当会社の業務等

（当会社の業務の内容）

第3条　当会社は、法令および業務規程等で規定するところにより、電子債権記録業に関し、次に掲げる業務を行う。

一　利用の申込をした者の取引時確認その他本人確認および審査ならびに利用者の管理に関する業務

二　参加金融機関の審査および管理に関する業務

三　電子記録の請求および記録に関する業務

業務規程細則

五　法人である場合には設立年月日または個人である場合には生年月日
六　個人である利用者が死亡した場合には、届出相続人の氏名および住所
七　信託の受託者として利用するか否かの別
八　窓口担当者の氏名
九　通常連絡先および緊急連絡先の電話番号
十　決済口座の情報
十一　当会社の管理に必要な事項として次に掲げる事項
　①　業種区分
　②　企業区分

業務規程
四　でんさいの口座間送金決済に関する業務 五　でんさいの支払不能処分制度に関する業務 六　電子記録の記録事項等の開示に関する業務 七　記録原簿および請求受付簿の管理に関する業務 八　前各号に掲げる業務に付随する業務 2　当会社は、法第58条第1項に規定する主務大臣の承認を受けて、前項各号に掲げる当会社の業務の一部を参加金融機関その他の者に委託することができる。
（当会社の遵守事項） **第4条**　当会社および前条第2項の規定により当会社の業務の委託を受けた参加金融機関その他の者は、次に掲げる事項を遵守し、かつ、電子債権記録業を適切かつ確実に遂行する。 一　利用者の保護に欠けることのないように電子債権記録業を営むこと 二　特定の者に対し、不当な差別的取扱いをしないこと 三　業務規程等および取引に関するリスクその他利用者保護のために必要な情報を周知すること
（業務時間および営業日） **第5条**　当会社の業務時間および営業日は、業務規程細則で定める。
（電子債権記録業の休止） **第6条**　当会社は、法第71条に規定する主務大臣の認可を受けて、電子債権記録業の全部または一部を休止することができる。この場合において、当会社は、予め参加金融機関に対し、その旨通知するほか、公表する。 2　前項の通知を受けた参加金融機関は、その旨を公表しなければならない。
第3章　参加金融機関
（業務委託契約） **第7条**　当会社は、参加金融機関との間の業務委託契約にもとづき、法第58条第1項に規定する主務大臣の承認を受けて、次に掲げる当会社の業務の一部（以下「参加金融機関業務」という。）を参加金融機関に委託して行う。 一　利用の申込をした者の取引時確認その他本人確認および審査ならびに利用者の管理に関する業務 二　電子記録の請求および記録に関する業務 三　でんさいの口座間送金決済に関する業務

業務規程細則

（業務時間および営業日等）

第4条 規程第5条に規定する業務時間は、午前9時から午後3時までの時間とする。

2 規程第5条に規定する営業日は、銀行営業日とする。

3 参加金融機関は、その判断により前二項の日時以外にも参加金融機関業務を行うことができる。

4 参加金融機関は、前項の規定により参加金融機関業務を行う場合には、当該参加金融機関業務の内容および日時を公表しなければならない。

【資料3】 363

業務規程

四　でんさいの支払不能処分制度に関する業務
五　電子記録の記録事項等の開示に関する業務

（業務委託契約の解除）

第8条　参加金融機関は、当会社に対し、業務委託契約の解除について申請することができる。この場合において、当該参加金融機関は、当会社の指示に従い、自らを窓口金融機関とする利用者の当会社の継続利用のため必要な措置を講じなければならない。

2　当会社は、参加金融機関が次に掲げる事由のいずれかに該当する場合には、業務委託契約を解除することができる。この場合において、当該参加金融機関は、当会社の指示に従い、自らを窓口金融機関とする利用者の継続利用のため必要な措置を講じなければならない。

一　破産手続またはそれに準ずる倒産手続が開始された場合

二　法令その他当会社が指定する規則および当会社の指示に違反した場合

三　参加金融機関業務を確実に遂行することができる態勢にない場合または当該態勢が失われると見込まれる場合であって、改善の見込みがないと当会社が認めた場合

四　当会社もしくは他の参加金融機関または利用者の信用を著しく毀損する行為をしたと当会社が認めた場合

五　当会社が前各号に準ずると認めた場合

（業務停止措置等）

第9条　当会社は、参加金融機関が次に掲げる事由のいずれかに該当する場合には、当該参加金融機関に対し、参加金融機関業務の一部または全部の停止その他参加金融機関業務の改善に必要な措置（以下「業務停止措置等」という。）を指示することができる。この場合において、当該参加金融機関は、当会社の指示に従い、自らを窓口金融機関とする利用者の当会社の継続利用のため必要な措置を講じなければならない。

一　破産手続、会社更生手続、民事再生手続またはそれらに準ずる倒産手続の申立を行った場合

二　法令または法令にもとづく行政官庁の処分に従ってその業務を停止する場合

三　参加金融機関業務の確実な遂行に支障が生じ、またはそのおそれがあると当会社が認めた場合

（業務委託契約の解除等に関する免責）

第10条　当会社は、第8条の規定による参加金融機関との間の業務委託契約の解除または前条の規定による業務停止措置等により利用者および参加金融機関に生じた損害について、責任を負わない。

業務規程細則

【資料3】 365

業務規程

第4章　利用者
第1節　総　則

（当会社の利用）

第11条　当会社の利用は、業務規程細則で定める場合を除き、利用者でなければすることができない。

2　利用者は、第28条第1項に規定する場合を除き、窓口金融機関が定めるところにより、当該窓口金融機関を通じて、当会社を利用しなければならない。

3　個人である利用者（保証人等を除く。）は、事業以外の目的で当会社を利用することができない。

4　利用者は、自らの判断と責任において当会社を利用するものとする。

5　利用者が第3項の規定に反して当会社を利用したことにより他の利用者、当会社または参加金融機関に生じた損害については、当該利用者がその責任を負うものとする。

第2節　利用契約

（利用契約の締結要件）

第12条　利用者は、次に掲げる要件の全部を満たす者でなければならない。

一　法人、国および地方公共団体または消費者契約法（平成12年法律第61号）第2条第2項に規定する事業者である個人であること

二　日本国居住者であること

三　参加金融機関に業務規程細則で定める種別の決済用の預金口座または貯金口座を開設していること

四　暴力団、暴力団員、暴力団員でなくなった時から5年を経過しない者、暴力団準構成員、暴力団関係企業、総会屋等、社会運動等標ぼうゴロまたは特殊知能暴力集団等、その他これらに準ずるもの（以下これらを「暴力団員等」という。）に該当しない、および次のいずれかに該当しないこと

①　暴力団員等が経営を支配していると認められる関係を有すること

②　暴力団員等が経営に実質的に関与していると認められる関係を有すること

③　自己、自社もしくは第三者の不正の利益を図る目的または第三者に損害を加える目的をもってするなど、不当に暴力団員等を利用していると認められる関係を有すること

④　暴力団員等に対して資金等を提供し、または便宜を供与するなどの関与をしていると認められる関係を有すること

⑤　役員または経営に実質的に関与している者が暴力団員等と社会的に非難されるべき関係を有すること

五　自らまたは第三者を利用して、過去に当会社または参加金融機関に次のいずれかに該当する行為をした者でないこと

①　暴力的な要求行為

業務規程細則

（元利用者が当会社を利用することができる場合）

第5条 規程第11条第1項に規定する場合は、規程第15条または規程第16条に定めるところにより利用契約を解約し、または解除された元利用者が、次に掲げる請求をする場合に限る。この場合において、当該元利用者は、当該利用契約に係る窓口金融機関だった参加金融機関が定める手数料を支払い、当該参加金融機関を通じて、当会社に請求しなければならない。

一　規程第54条に定める支払不能通知または取引停止通知の有無および通知された支払不能情報の内容の照会に係る請求

二　規程第57条に定める債権記録に記録されている事項の開示に係る請求

三　規程第59条に定める記録請求に際して提供された情報の開示に係る請求

（決済口座の種別等）

第6条 規程第12条第1項第3号に掲げる種別は、普通預金口座もしくは普通貯金口座または当座預金口座もしくは当座貯金口座とする。

【資料3】 367

業務規程

② 法的な責任を超えた不当な要求行為

③ 取引に関して、脅迫的な言動をし、または暴力を用いる行為

④ 風説を流布し、偽計を用いまたは威力を用いて当会社の信用を毀損し、または当会社の業務を妨害する行為

⑤ その他①から④までに掲げる行為に準ずる行為

六　第1号の事業者である個人である場合には行為能力を制限されていないこと

七　でんさいに係る債務の支払能力を有していること

2　債権者利用限定特約を締結する利用者は、前項の規定にかかわらず、同項第1号から第6号までに掲げる要件の全部を満たせば足りる。

3　保証利用限定特約を締結する利用者は、第1項の規定にかかわらず、次に掲げる要件の全部を満たせば足りる。

一　第1項第2号から第6号までに掲げる要件の全部を満たすこと

二　消費者契約法第2条第2項に規定する事業者に準ずる個人（事業のために電子記録保証人となろうとする者に限る。）または保証人等であること

三　参加金融機関が認めた者であること

4　参加金融機関は、前三項に規定する要件に加えて、自らを窓口金融機関とする利用契約（債権者利用限定特約または保証利用限定特約を含む。）の締結要件を別に定めることができる。

（利用申込）

第13条　利用者になろうとする者は、参加金融機関が定めるところにより、業務規程等の内容を承認のうえ、参加金融機関に対し、利用の申込をしなければならない。

2　参加金融機関は、前項の申込を受け付けた場合には、所定の審査を行う。

3　前項の審査の結果、当会社および参加金融機関が申込者との間で利用契約を締結する場合には、参加金融機関は、遅滞なく、利用者登録をし、申込者に対し、利用者番号、利用開始日その他業務規程細則で定める事項を通知するものとする。

4　利用契約は、前項の通知に記載された利用開始日に、その効力を生ずる。

5　利用者（債権者利用限定特約または保証利用限定特約を締結した利用者を除く。）は、前項の利用契約の締結をもって、当会社および窓口金融機関の間で法第62条第1項に規定する口座間送金決済に関する契約を締結したものとする。

6　参加金融機関は、第2項の審査の結果、当会社および参加金融機関が申込者との間で利用契約を締結しないこととする場合には、申込者に対し、遅滞なく、その旨通知するものとする。

7　参加金融機関は自らを窓口金融機関とする利用者になろうとする場合には、第1項の規定にかかわらず、当会社にその旨申込をしなければならない。この場合において、当会社は所定の審査を行う。

（債権者利用限定特約または保証利用限定特約の申込）

第14条　利用者または利用者になろうとする者は、窓口金融機関（利用者になろうとす

業務規程細則

（利用者登録後の通知事項）

第7条 規程第13条第3項に規定する事項は、次に掲げる事項とする。

　一　窓口金融機関が規程第26条第4項に定めるところにより、利用者が自らを電子記録権利者とする電子記録の請求に係る権限を付与する電子記録義務者を制限することを認める場合には、その旨

　二　窓口金融機関が規程第27条第1項に定めるところにより、利用者に債権者請求方式による発生記録の請求を認める場合には、その旨

　三　窓口金融機関が規程第27条第3項に定めるところにより、利用者が自らを電子記録義務者とする発生記録または保証記録の請求をすることができる者を制限することを認める場合には、その旨

　四　窓口金融機関が第31条第2項に定めるところにより、利用者が信託財産の受託者として利用することを認める場合には、その旨

　五　窓口金融機関が第33条第1項に定めるところにより、利用者が債務者請求方式による請求の予約をすることを認める場合には、その旨

　六　窓口金融機関が第34条第1項に定めるところにより、利用者が債権者請求方式による請求の予約をすることを認める場合には、その旨

　七　その他参加金融機関が定める事項

【資料3】　369

業務規程

る者の場合には、前条第1項の申込をした参加金融機関。以下本条において同じ。）が定めるところにより、窓口金融機関に対し、債権者利用限定特約または保証利用限定特約の申込をすることができる。

2　窓口金融機関は、前項の申込をした利用者または利用者になろうとする者について所定の審査を行い、債権者利用限定特約または保証利用限定特約を締結することができる。

3　参加金融機関は、前二項の規定にかかわらず、保証利用限定特約を締結しないことができる。

（利用者による利用契約の解約）

第15条　利用者は、窓口金融機関が定めるところにより、窓口金融機関に対し、利用契約の解約の申出をすることができる。

2　前項の解約は、当会社が、解約の申出をした利用者を債務者もしくは電子記録保証人または債権者とするでんさいのうち、解約の対象となる利用契約に係るでんさいの全部が消滅したことを支払等記録等によって確認した時に、その効力を生ずる。

（当会社および窓口金融機関による利用契約の解除）

第16条　当会社および窓口金融機関は、利用者が次に掲げる事由のいずれかに該当する場合には、当該利用者に係る利用契約を解除することができる。

一　破産手続またはそれに準ずる倒産手続が開始された場合

二　死亡した場合

三　決済用の預金口座または貯金口座が強制解約された場合

四　第12条各項（第1項第7号に掲げる事由を除く。）に規定する要件を満たさなくなった場合

五　公序良俗に違反する行為を行った場合

六　当会社が、窓口金融機関との間の業務委託契約を解除する場合

七　業務規程等に繰り返し違反しもしくは違反した状態が継続する等、当会社の運営を損なう行為があった場合

八　その他当会社または窓口金融機関が前各号に準ずると認めた場合

2　前項の解除は、窓口金融機関が、業務規程細則で定めるところにより、利用者に対し、通知する解除日に、その効力を生ずる。

（個人である利用者が死亡した場合の取扱い）

第17条　当会社および窓口金融機関は、利用者が死亡したことを知った場合には、当該利用者の名義による請求等を受け付けないものとする。

2　相続人等は、業務規程細則で定めるところにより、窓口金融機関に対し、自らが死亡した利用者の地位を承継した旨届け出た場合には、当会社に対し、第22条第1項第6号に定める電子記録の請求をすることができる。ただし、当会社および窓口金融機関が特に認めた場合は、この限りでない。

業務規程細則

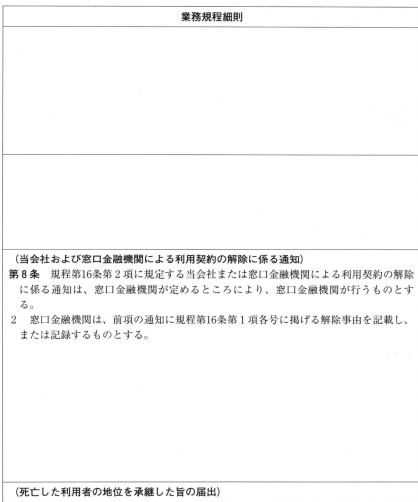

(当会社および窓口金融機関による利用契約の解除に係る通知)
第8条 規程第16条第2項に規定する当会社または窓口金融機関による利用契約の解除に係る通知は、窓口金融機関が定めるところにより、窓口金融機関が行うものとする。
2 窓口金融機関は、前項の通知に規程第16条第1項各号に掲げる解除事由を記載し、または記録するものとする。

(死亡した利用者の地位を承継した旨の届出)
第9条 規程第17条第2項に規定する利用者の死亡により相続人等が利用者の地位を承継した旨の届出は、窓口金融機関が定めるところにより、届出相続人が他の相続人等全員の同意を証する届出書を提出することにより行うものとする。
2 前項の届出書には、次に掲げる書類を添付しなければならない。
　一　被相続人が死亡したことを証する書類
　二　届出書に押印された印鑑(窓口金融機関に事前に届出がされたものを除く。)に係る印鑑証明書

業務規程

（債務者利用停止措置）

第18条　当会社または窓口金融機関は、利用者が次に掲げる事由に該当する場合には、当該利用者に対し、債務者利用停止措置をすることができる。

一　取引停止処分が科されたこと

二　業務規程等に違反したこと

三　窓口金融機関が特に必要と認めたこと

2　当会社および窓口金融機関は、前項第1号または第2号を事由とする債務者利用停止措置をした場合には、当該措置を受けた利用者が締結しているすべての利用契約について、債務者利用停止措置を適用する。

3　当会社および窓口金融機関は、債務者利用停止措置を受けた利用者について、業務規程細則で定める期間が経過した後、債権者利用限定特約を締結した利用者として取り扱うものとする。

第3節　利用者登録事項の変更

（利用者登録事項の変更）

第19条　利用者は、利用者登録事項に変更が生じた場合には、窓口金融機関が定めるところにより、遅滞なく、窓口金融機関に対し、変更の内容を届け出なければならない。ただし、業務規程細則で定める場合は、この限りでない。

2　窓口金融機関は、前項の届出を受け付けた場合には、遅滞なく、利用者データベースに記録されている利用者登録事項を変更するものとする。

3　第1項の規定にかかわらず、合併または会社分割により利用者登録事項に変更が生じた場合には、当該合併または会社分割により利用契約の地位を承継した者は、窓口金融機関が定めるところにより、遅滞なく、窓口金融機関に対し、利用契約の地位を承継した旨届け出なければならない。この場合において、利用契約の地位を承継した者は、承継した利用契約に係る取引停止処分その他第22条第1項各号に規定する電子記録の請求制限を承継したものとする。

4　窓口金融機関は、前項の届出を受け付けた場合には、利用契約の地位を承継した者について、第13条第2項に規定する審査に準じた審査をし、利用者データベースに記録されている利用者登録事項を変更するものとする。

5　当会社は、前項の審査の結果、利用契約の地位を承継した者が、次の各号に掲げる場合には、当該各号に定める取扱いをするものとする。

一　第12条各項に規定する利用契約の締結要件を満たさない場合　当該利用契約の地

業務規程細則

　三　その他当会社または窓口金融機関が指定する書類

3　届出相続人は、利用契約ごとに1名に限る。

4　第1項の届出を受けた窓口金融機関は、届出相続人について、規程第13条第2項の審査に準じた審査をするものとする。

（債務者利用停止措置の期間等）

第10条　規程第18条第3項に規定する期間は、次の各号に掲げる場合に応じて、当該各号に定める期間とする。

　一　当会社または窓口金融機関が規程第18条第1項第1号に掲げる事由により債務者利用停止措置をする場合　規程第49条第1項に規定する取引停止処分期間

　二　当会社または窓口金融機関が規程第18条第1項第2号に掲げる事由により債務者利用停止措置をする場合　債務者利用停止措置を受けた日から2年間

　三　窓口金融機関が規程第18条第1項第3号に掲げる事由により債務者利用停止措置をする場合　当該窓口金融機関が定める期間

2　利用者は、前項各号に定める期間が経過した場合には、窓口金融機関が定めるところにより、窓口金融機関に対し、債権者利用限定特約の解除について申し出ることができる。

3　当会社および窓口金融機関は、利用者から前項の申出を受けた場合には、規程第13条第2項の審査に準じた審査をし、債権者利用限定特約を解除することができる。

（利用者登録事項の変更の届出等）

第11条　規程第19条第1項ただし書に規定する場合は、第3条第10号に掲げる事項について、次に掲げる事由により変更を行う場合とする。この場合において、窓口金融機関は、利用者に代わって規程第19条第1項の届出を行うものとする。

　一　窓口金融機関の名称または統一金融機関コードの変更

　二　窓口金融機関の支店名または統一店番号の変更

　三　決済口座の取扱支店の変更（利用者の都合による場合を除く。）

　四　前三号の変更に伴う決済口座の口座番号の変更

【資料3】　373

業務規程

　位を承継した者が承継した利用契約について解除する。

　二　債務者利用停止措置を受けている場合　当該利用契約の地位を承継した者が承継した利用契約についても債務者利用停止措置をする。

（破産手続開始決定等の届出）

第20条　利用者は、破産手続開始の決定その他業務規程細則で定める事由が生じた場合には、窓口金融機関が定めるところにより、遅滞なく、窓口金融機関に対し、その旨届け出なければならない。

第5章　電子記録通則

　第1節　総　則

（当会社が取り扱う電子記録）

第21条　当会社は、次に掲げる電子記録をする。

　一　発生記録

　二　譲渡記録

　三　支払等記録

　四　変更記録

業務規程細則

（破産手続開始決定等の届出）
第12条　規程第20条に規定する事由は、次に掲げる事由とする。
　一　破産法（平成16年法律第75号）第25条第１項による包括的禁止命令が発せられたこと
　二　破産法第28条第１項の保全処分を命じられたこと
　三　破産法第91条第１項の保全管理命令が発せられたこと
　四　会社法（平成17年法律第86号）第540条第２項の保全処分を命じられたこと
　五　会社法第825条第１項の保全処分を命じられたこと
　六　会社法第500条第１項または第661条第１項もしくは有限責任事業組合契約に関する法律（平成17年法律第40号）第47条第１項の清算手続による弁済が禁止されたこと
　七　会社法第514条の特別清算手続開始の命令が発せられたこと
　八　会社更生法（平成14年法律第154号）第25条第１項の包括的禁止命令が発せられたこと
　九　会社更生法第28条第１項の保全処分を命じられたこと
　十　会社更生法第30条第１項の保全管理命令が発せられたこと
　十一　会社更生法第35条第１項の監督命令が発せられたこと
　十二　会社更生法第41条第１項の更生手続開始の決定がされたこと
　十三　民事再生法（平成11年法律第225号）第27条第１項の包括的禁止命令が発せられたこと
　十四　民事再生法第30条第１項の保全処分を命じられたこと
　十五　民事再生法第33条第１項の再生手続開始の決定がされたこと
　十六　民事再生法第54条第１項の監督命令が発せられたこと
　十七　民事再生法第79条第１項の保全管理命令が発せられたこと
　十八　外国倒産処理手続の承認援助に関する法律（平成12年法律第129号）第26条第１項の処分がされたこと

【資料３】　375

業務規程

　　五　保証記録

　　六　分割記録

　　七　信託の電子記録

　　八　強制執行等の記録

2　当会社は、利用者のでんさいに係る債権の行使のために特に必要と認めた場合には、でんさいに係る債権の行使に必要な限度において電子記録に係る特別な取扱いをすることができる。

3　当会社は、質権設定記録をしない。

（電子記録の請求制限等）

第22条　利用者は、本章および次章で定めるところにより、当会社に対し、前条第1項第1号から第7号までに掲げる電子記録の請求をすることができる。ただし、次の各号に掲げる場合には、利用者は当該各号に定める電子記録に限り請求することができるものとする。

　　一　債権者利用限定特約を締結している場合　自らを債務者とする発生記録および自らを電子記録保証人とする単独保証記録以外の電子記録

　　二　保証利用限定特約を締結している場合であって第12条第3項第2号に規定する事業者に準ずる個人である場合　自らを電子記録保証人とする単独保証記録、支払等記録および変更記録

　　三　保証利用限定特約を締結している場合であって保証人等である場合　支払等記録および変更記録

　　四　利用契約の解約の申出をした場合　発生記録、自らを譲受人とする譲渡記録および自らを電子記録保証人とする単独保証記録以外の電子記録

　　五　第16条第1項各号に掲げる事由に該当した場合（同項第2号に掲げる事由を除く。）その他業務規程細則で定める事由に該当する場合　発生記録、自らを譲受人とする譲渡記録および自らを電子記録保証人とする単独保証記録以外の電子記録

　　六　個人である利用者が死亡し、当該利用者の地位を承継した相続人等から第17条第2項に規定する届出がされた場合　発生記録、自らを譲受人とする譲渡記録および自らを電子記録保証人とする単独保証記録以外の電子記録

　　七　会社更生法（平成14年法律第154号）にもとづく更生手続開始の決定がされた場合その他業務規程細則で定める事由に該当する場合　発生記録、譲渡記録および自らを電子記録保証人とする単独保証記録以外の電子記録

　　八　債務者利用停止措置を受けた場合　自らを債務者とする発生記録および自らを電子記録保証人とする単独保証記録以外の電子記録

　　九　業務規程細則で定めるところにより、自ら請求することのできる電子記録の範囲を制限する旨申し出た場合　発生記録、自らを譲受人とする譲渡記録および自らを電子記録保証人とする単独保証記録以外の電子記録

　　十　当会社が利用者の窓口金融機関との間の業務委託契約を解除する場合　発生記

業務規程細則

（電子記録の請求の制限事由）

第13条　規程第22条第１項第５号に規定する事由は、前条第１号から第７号までに掲げる事由とする。

2　規程第22条第１項第７号に規定する事由は、前条第８号から第11号までおよび第13号から第18号までに掲げる事由とする。

（利用者の申出による利用制限措置）

第14条　規程第22条第１項第９号に規定する申出は、窓口金融機関が定めるところにより、利用者が窓口金融機関に対し、行うものとする。

2　利用者は、規程第22条第１項第９号に規定する電子記録の請求制限に係る措置の解除を希望する場合には、窓口金融機関が定めるところにより、その旨窓口金融機関に申し出ることができる。

3　窓口金融機関は、前項の申出を受け付けた場合には、所定の審査を行い、規程第22条第１項第９号の電子記録の請求制限に係る措置を解除することができる。

4　窓口金融機関は、前三項の規定にかかわらず、規程第22条第１項第９号に規定する申出を受け付けないことができる。

【資料3】　377

業務規程

　録、自らを譲受人とする譲渡記録および自らを電子記録保証人とする単独保証記録以外の電子記録

　十一　利用契約において利用者が第30条第1項第9号および第31条第1項第7号に掲げる電子記録の日の指定を行わない旨定めた場合　当該指定をしない電子記録

2　利用者が前項ただし書に反して請求をしたことにより他の利用者、当会社または参加金融機関に生じた損害については、当該利用者がその責任を負うものとする。

第2節　電子記録の請求方式等

（電子記録の請求）

第23条　発生記録、譲渡記録または保証記録の請求は、窓口金融機関が定めるところにより、第26条または第27条に定めるところに従ってそれぞれの電子記録の請求に必要な事項を当会社に提供してしなければならない。

2　前項の電子記録以外の電子記録の請求は、窓口金融機関が定めるところにより、次章に定めるところに従って電子記録の請求に必要な事項を当会社に提供してしなければならない。

（電子記録の請求の受付）

第24条　前条の電子記録の請求は、同条に規定する事項がでんさいネットシステムに提供された時に受け付けられたものとする。

2　当会社は、前条の電子記録の請求を受け付けた場合には、遅滞なく、請求受付簿に必要な事項を登録し、保存する。

3　当会社および窓口金融機関は、利用者の電子記録の請求にもとづき電子記録をする前に、当該利用者から当該請求と矛盾する別の電子記録の請求を受け付けた場合には、請求の優先順位その他必要な事項を利用者に確認することができる。この場合において、当会社は、当該確認が終了するまで、前条の電子記録の請求の受付を留保することができる。

4　当会社は、電子記録の請求が法令において許容されない場合または他の電子記録と矛盾する内容である場合もしくは業務規程等で定める方式にもとづかずにされた場合その他請求を受け付けないことに正当な事由がある場合には、当該請求を受け付けないものとする。

（当会社による電子記録および通知）

第25条　当会社は、第23条の電子記録の請求を受け付けた場合または官公署の嘱託がされた場合には、遅滞なく（利用者が第30条第1項第9号または第31条第1項第7号に掲げる電子記録の日を指定した場合には、当該電子記録の日以後遅滞なく）、次章で定めるところにより記録原簿に記録する。

2　当会社は、前項の電子記録（口座間送金決済による支払等記録、分割記録、第34条第1項各号に掲げる事項に係る変更記録および信託の電子記録を除く。）をした場合には、遅滞なく、窓口金融機関が定めるところにより、当該電子記録の内容について

業務規程細則

（電子記録の通知の方法等）

第15条 規程第25条第２項に規定する利用者は、次の各号に掲げる電子記録に応じて、当該各号に定める利用者とする。

一 発生記録 債権者請求方式による場合には債務者および債権者または債務者請求方式による場合には債権者

二 譲渡記録 譲受人

三 口座間送金決済以外の支払等による支払等記録 支払等をした者が請求する場合には債権者および支払等をした者または債権者が請求する場合には支払等をした者

業務規程

　窓口金融機関を通じて業務規程細則で定める利用者に通知する。

3　当会社および窓口金融機関は、前項の通知を窓口金融機関が定める方法によりした場合には、当該通知の遅延または不達により利用者に生じた損害については、当会社または窓口金融機関に故意または重大な過失がある場合を除き、責任を負わない。

（債務者から双方請求をする場合の取扱い）

第26条　次に掲げる電子記録の電子記録義務者は、当該電子記録の請求をする場合には、当会社に対し、自己の電子記録の請求に併せて当該電子記録の電子記録権利者の請求をしなければならない。

一　発生記録

二　譲渡記録

三　譲渡保証記録

2　前条第2項の通知を受けた電子記録権利者は、電子記録の日から起算して5銀行営業日を経過する日まで、当会社に対し、当該電子記録を削除する旨の変更記録の請求をすることができる。この場合において、電子記録権利者は、自己の変更記録の請求に併せて当該変更記録の対象となる電子記録の電子記録義務者の請求をしなければならない。

3　前項の期間において、第1項各号に掲げる電子記録に係る他の電子記録（第34条第1項各号に掲げる事項についての変更記録および訂正に係る電子記録を除く。）がされた場合には、前項の規定を適用しない。

4　第1項各号に掲げる電子記録の電子記録権利者は、当該電子記録に係る電子記録義務者に対し、当該電子記録を請求する権限を付与する。この場合において、当会社および当該電子記録権利者の窓口金融機関が認めたときは、同項第1号または第2号に掲げる電子記録の電子記録権利者は、窓口金融機関が定めるところにより、当該電子記録の請求に係る権限を付与する電子記録義務者を制限することができる。

5　第1項各号に掲げる電子記録の請求をした電子記録義務者は、当該電子記録に係る電子記録権利者に対し、第2項に規定する変更記録の請求をする権限を付与する。

6　電子記録権利者は、電子記録義務者が第1項の電子記録権利者の請求を復代理人にさせることに同意する。

（債権者から双方請求する場合の取扱い）

第27条　発生記録の電子記録権利者は、当該電子記録権利者および電子記録義務者の双方の窓口金融機関に対し、当会社が認めた場合であって、かつ当該電子記録権利者および当該電子記録義務者に対し、双方の窓口金融機関が認めた場合に限り、当会社に対し、当該発生記録の請求をすることができる。

2　単独保証記録の電子記録権利者は、当会社に対し、当該単独保証記録の請求をすることができる。

3　電子記録の請求が本条で規定する方式によるものであった場合には、当会社は、遅滞なく、窓口金融機関を通じて電子記録義務者に対し、当該請求の内容を通知する。

業務規程細則

四　保証記録　債権者

五　変更記録（規程第34条第1項各号で定める事項に係る変更記録を除く。）　当該変更記録について電子記録上の利害関係を有する利用者

六　強制執行等の記録　債権者および債務者

業務規程

この場合において、当会社および当該電子記録義務者の窓口金融機関が認めたときは、電子記録義務者は、窓口金融機関が定めるところにより、自らを電子記録義務者とする前二項の電子記録の請求をすることができる電子記録権利者を制限することができる。

4　前項の通知を受けた電子記録義務者は、当会社が当該通知を発した日から起算して5銀行営業日を経過する日まで、当会社に対し、当該通知に係る電子記録の請求をすることができる。

5　電子記録義務者が、当会社に対し、前項に規定する期間内に同項の請求をしなかった場合および当該期間内に請求しない旨を通知した場合には、第1項および第2項の電子記録の請求は、その効力を失う。この場合において、当会社は、遅滞なく、窓口金融機関を通じて当該電子記録義務者および電子記録権利者に対し、その旨通知する。

第3節　電子記録の請求に係る特則

（電子記録の請求の特則）

第28条　利用者は、当会社が窓口金融機関との間の業務委託契約を解除する場合または災害もしくはシステム障害等により窓口金融機関が参加金融機関業務を遂行することができない状態が継続した場合その他業務規程細則で定める場合には、当会社に対し、当会社が別途指定する方法により、第22条第1項第10号に定める電子記録に限り請求をすることができる。

2　当会社は、利用者が前項の請求をした場合には、当該請求を受け付ける体制を整備するために必要な期間、当該請求の受付を留保することができる。

3　当会社は、前項の規定による留保により利用者および参加金融機関に生じた損害について、責任を負わない。

（電子記録等の通知の特則）

第29条　当会社および窓口金融機関は、次に掲げる場合には、第25条第2項、第27条第3項および同条第5項に規定する通知その他業務規程細則で定める通知をしないことができる。

一　利用者から利用契約の解約の申出がされた場合

二　利用者が第16条第1項各号に掲げる事由のいずれかに該当する場合

三　窓口金融機関が当会社から業務停止措置等を受けている場合

第6章　電子記録の請求および記録に関する事項

（発生記録）

第30条　発生記録の請求は、業務規程細則で定めるところにより、当会社に対し、次に掲げる事項についての情報を提供してしなければならない。ただし、利用者が、銀行営業日以外の日を第2号の支払期日として提供した場合には、その翌銀行営業日を支払期日として提供したものとみなす。

業務規程細則
(電子記録等の通知の特則) **第16条**　規程第29条に規定する通知は、次に掲げる通知とする。 　一　第33条第1項および第3項に規定する通知 　二　第34条第1項、第3項および第5項に規定する通知
(発生記録の請求の方法等) **第17条**　規程第30条第1項に規定する発生記録の請求は、この条に規定するところにより 　りしなければならない。 　2　発生記録の請求は、規程第26条または規程第27条に定める方式によりしなければな 　らない。

【資料3】　383

業務規程

一　債務者が一定の金額を支払う旨

二　支払期日

三　債権者の氏名または名称および住所

四　債務者の氏名または名称および住所

五　口座間送金決済により支払をする（第40条第２項第１号①および②に掲げる場合を除く。）旨

六　債務者口座および債権者口座

七　債務者または債権者が第12条第１項第１号に掲げる事業者である個人である場合には、その旨

八　参加金融機関以外の者が債権者である場合において、譲受人を参加金融機関以外の者とする譲渡記録を制限する場合には、その旨

九　電子記録の日を指定する場合には、その年月日

十　その他業務規程細則で定める事項

2　利用者は、次に掲げる事項を内容とする発生記録の請求をすることができない。

一　業務規程細則で定める範囲外の金額を債権金額とする旨

二　業務規程細則で定める期間外の日を支払期日とする旨

三　債権者または債務者を２人以上とする旨

四　支払方法を口座間送金決済以外の方法とする旨

五　譲渡記録をすることができないこととし、または譲渡記録、分割記録もしくは保証記録について回数その他の制限をする旨（前項第８号に掲げる事項を除く。）

六　法第16条第２項第２号から第８号まで、第10号、第11号、第13号、第14号および第16号に掲げる事項

七　その他業務規程細則で定める事項

3　当会社は、利用者から発生記録の請求がされた場合には、遅滞なく（第１項第９号に掲げる電子記録の日が指定された場合には、当該電子記録の日以後遅滞なく）、次に掲げる事項を記録原簿に記録する。

一　第１項第１号から第８号までに掲げる事項

二　記録番号

三　電子記録の年月日

四　法第16条第２項第15号の規定に関する定め

五　その他業務規程細則で定める事項

（譲渡記録）

第31条　譲渡記録の請求は、業務規程細則で定めるところにより、当会社に対し、次に掲げる事項についての情報を提供してしなければならない。

一　当該譲渡記録がされることとなる債権記録の記録番号

二　でんさいの譲渡をする旨

三　譲渡人が電子記録義務者の相続人等である場合には、譲渡人の氏名および住所

業務規程細則

3　当会社および窓口金融機関は、規程第30条第1項第3号、第4号および第6号に掲げる事項については、利用者登録事項として利用者データベースに記録されている事項が提供されたものとして取り扱うものとする。この場合において、同項第3号および第4号に掲げる債権者の住所および債務者の住所は、それぞれの者の利用者登録事項として第3条第3号に掲げる住所とする。

4　規程第30条第1項第9号に掲げる電子記録の日は、発生記録の請求の日からその1か月後の応当日までの日でなければならない。

5　発生記録の請求において、規程第30条第1項第9号に掲げる電子記録の日が指定された場合には、第33条または第34条の規定を適用する。

6　規程第30条第1項第10号に規定する事項は、次に掲げる事項とする。

　一　債権者および債務者の利用者番号

　二　債権者が法人である場合には、代表者の氏名

　三　債務者が法人である場合には、代表者の氏名

7　規程第30条第2項第1号に規定する範囲は、1万円以上100億円未満とする。

8　規程第30条第2項第2号に規定する期間は、当該請求の日（規程第30条第1項第9号に掲げる電子記録の日が指定された場合には、当該電子記録の日）から起算して7銀行営業日を経過した日から10年後の応当日までの日とする。

9　規程第30条第2項第7号に規定する事項は、次に掲げる事項とする。

　一　債権金額を日本円以外の通貨とする旨

　二　支払方法を分割払いとする旨

　三　保証記録をしないこととする旨

　四　分割記録をしないこととする旨

　五　利用者以外の者を債権者または債務者とする旨

10　規程第30条第3項第5号に規定する事項は、第6項第2号および第3号に掲げる事項とする。

（発生記録の請求に係る請求受付簿への登録事項）

第18条　当会社は、発生記録の請求を受け付けた場合には、次に掲げる事項を請求受付簿に登録する。

　一　請求を受け付けた年月日

　二　規程第30条第1項第1号から第9号までに掲げる事項

　三　前条第6項第2号および第3号に掲げる事項

（譲渡記録の請求の方法等）

第19条　規程第31条第1項に規定する譲渡記録の請求は、この条に規定するところによりしなければならない。

2　譲渡記録の請求は、規程第26条に定める方式によりしなければならない。

3　当会社は、次の期間は、譲渡記録の請求を受け付けない。

　一　支払期日の6銀行営業日前から、支払期日から起算して3銀行営業日を経過する

【資料3】　385

業務規程

　四　譲受人の氏名または名称および住所

　五　譲受人の決済用の預金口座または貯金口座

　六　譲渡人が第12条第1項第1号に掲げる事業者である個人である場合には、その旨

　七　電子記録の日を指定する場合には、その年月日

　八　その他業務規程細則で定める事項

2　電子記録義務者が、譲渡記録の請求をする場合には、譲渡保証記録の請求をしなければならない。ただし、当会社および窓口金融機関が認める場合で、かつ、譲受人となる利用者が譲渡人の保証を要しない場合は、この限りでない。

3　利用者は、次に掲げる事項を内容とする譲渡記録の請求をすることができない。

　一　法第18条第2項第3号から第5号までに掲げる事項

　二　その他業務規程細則で定める事項

4　利用者は、次に掲げる場合には、譲渡記録の請求をすることができない。

　一　電子記録の日が指定された譲渡記録が請求され、当該譲渡記録がされる前の場合

　二　債権金額の全部について支払等記録がされた場合

5　当会社は、利用者から譲渡記録の請求がされた場合には、遅滞なく（第1項第7号に掲げる電子記録の日が指定された場合には、当該電子記録の日以後遅滞なく）、次に掲げる事項を記録原簿に記録する。

　一　第1項第2号から第6号までに掲げる事項

　二　電子記録の年月日

　三　その他業務規程細則で定める事項

（支払等記録）

第32条　支払等記録の請求は、次に掲げる利用者に限りすることができる。

　一　当該支払等記録の電子記録義務者

　二　前号に掲げる利用者の相続人等

　三　次に掲げる利用者であって、前二号に掲げる利用者全員の承諾を得た者

　　①　債務者および電子記録保証人

　　②　支払等をした利用者（①に掲げる利用者を除く。）

　　③　①または②に掲げる利用者の相続人等

2　支払等記録の請求は、業務規程細則で定めるところにより、当会社に対し、次に掲

業務規程細則

日までの間

二　規程第50条第4項で規定する異議申立の効力が生じた時から異議申立の手続が終了するまでの間

4　当会社および窓口金融機関は、規程第31条第1項第3号から第6号までに掲げる事項については、利用者登録事項として利用者データベースに記録されている事項が提供されたものとして取り扱うものとする。この場合において、同項第3号に掲げる電子記録義務者の相続人等である譲渡人の住所または第4号に掲げる譲受人の住所は、それぞれの者の利用者登録事項として第3条第6号または第3号に掲げる住所とする。

5　規程第31条第1項第7号に掲げる年月日は、請求の日から1か月を経過する日までの日（支払期日の6銀行営業日前以後を除く。）でなければならない。

6　譲渡記録の請求において、規程第31条第1項第7号に掲げる電子記録の日が指定された場合には、第33条の規定を適用する。

7　規程第31条第1項第8号に規定する事項は、次に掲げる事項とする。

一　譲渡人が電子記録義務者の相続人等である場合には当該電子記録義務者の利用者番号、氏名および住所（第3条第3号に掲げる住所とする。）

二　譲受人の利用者番号

三　譲受人が法人である場合には、代表者の氏名

8　規程第31条第3項第2号に規定する事項は、利用者以外の者を譲渡人または譲受人とする旨とする。

9　規程第31条第5項第3号に規定する事項は、第7項第1号（利用者番号を除く。）および第3号に掲げる事項とする。

（譲渡記録の請求に係る請求受付簿への登録事項）

第20条　当会社は、譲渡記録の請求を受け付けた場合には、次に掲げる事項を請求受付簿に登録する。

一　請求を受け付けた年月日

二　規程第31条第1項第1号から第7号までに掲げる事項

三　前条第7項第1号（利用者番号を除く。）および第3号に掲げる事項

（支払等記録の請求の方法等）

第21条　規程第32条第2項に規定する支払等記録の請求は、この条に規定するところによりしなければならない。

2　規程第32条第1項第3号に掲げる利用者が、支払等記録の請求をする場合には、規程第27条第3項から第5項までの規定中「電子記録義務者」を「第32条第1項第1号および第2号に掲げる利用者」に読み替えて、それらの規定を準用する。

3　当会社は、次の期間は、支払等記録の請求を受け付けない。

一　支払期日の2銀行営業日前（規程第32条第1項第3号に規定する者については6銀行営業日前）の日から当会社が支払不能事由の通知を受けた時までの間

【資料3】　387

業務規程

げる事項についての情報を提供してしなければならない。

一　当該支払等記録がされることとなる債権記録の記録番号

二　支払等をした金額その他の当該支払等の内容

三　支払等があった日

四　支払等をした者（支払等が相殺による債務の消滅である場合にあっては、債権者が当該相殺によって免れた債務の債権者。以下同じ。）の氏名または名称および住所

五　支払等をした者が当該支払等をすることについて民法（明治29年法律第89号）第500条の正当な利益を有する者である場合には、その事由

六　支払等を受けた債権者の氏名または名称および住所

七　その他業務規程細則で定める事項

3　当会社は、第43条第1項の通知を受けた場合であって支払期日から起算して3銀行営業日を経過したときまたは第1項各号に掲げる利用者が支払等記録の請求をした場合には、遅滞なく、次に掲げる事項を記録原簿に記録する。

一　前項第1号から第6号までに掲げる事項

二　電子記録の年月日

三　その他業務規程細則で定める事項

（変更記録）

第33条　変更記録の請求は、当会社に対し、当該変更記録につき電子記録上の利害関係を有する利用者の全員がしなければならない。

2　利用者が、事業譲渡により、自らの利用契約に係るでんさいおよびでんさいに係る債務を他の利用者に承継する場合には、前項の変更記録の請求をする。

3　変更記録の請求は、業務規程細則で定めるところにより、当会社に対し、次に掲げる事項についての情報を提供してしなければならない。

一　変更記録がされることとなる債権記録の記録番号

二　変更する記録事項

三　前号の記録事項を変更する旨およびその原因

四　第2号の記録事項についての変更後の内容（当該記録事項を記録しないこととする場合にあっては、当該記録事項を削除する旨）

五　その他業務規程細則で定める事項

4　利用者は、第30条第2項各号、第31条第3項各号、第35条第2項各号および第36条第4項各号に掲げる事項を内容とする変更記録の請求をすることができない。

5　当会社は、利用者から変更記録の請求がされた場合には、遅滞なく、次に掲げる事項を記録原簿に記録する。

一　第3項第1号から第4号までに掲げる事項

業務規程細則

　　二　規程第50条第4項で規定する異議申立の効力が生じた時から異議申立の手続が終了するまでの間

4　当会社および窓口金融機関は、規程第32条第2項第4号および第6号に掲げる事項については、利用者登録事項として利用者データベースに記録されている事項が提供されたものとして取り扱うものとする。この場合において、同項第4号および第6号に掲げる支払等をした者の住所および支払等を受けた債権者の住所は、それぞれの者の利用者登録事項として第3条第3号に掲げる住所とする。

5　規程第32条第2項第7号に規定する事項は、次に掲げる事項とする。

　　一　支払等をした者および支払等を受けた債権者の利用者番号

　　二　支払等をした者が法人である場合には、代表者の氏名

　　三　支払等を受けた債権者が法人である場合には、代表者の氏名

6　規程第32条第3項第3号に規定する事項は、前項第2号および第3号に掲げる事項とする。

（支払等記録の請求に係る請求受付簿への登録事項）

第22条　当会社は、支払等記録の請求を受け付けた場合には、次に掲げる事項を請求受付簿に登録する。

　　一　請求を受け付けた年月日

　　二　規程第32条第2項第1号から第6号までに掲げる事項

　　三　前条第5項第2号および第3号に掲げる事項

（変更記録の請求の方法等）

第23条　規程第33条第3項に規定する変更記録の請求は、この条に規定するところによりしなければならない。

2　当会社は、支払期日の6銀行営業日前（次項に定める方式で請求する場合には2銀行営業日前）の日から、次に掲げる事項についての前項の請求を受け付けない。

　　一　債権金額

　　二　支払期日

　　三　規程第30条第1項第8号に掲げる事項

　　四　発生記録（発生記録に伴う信託の電子記録がされている場合には、発生記録および信託の電子記録）を削除する旨

3　第1項の請求は、変更記録について利害関係を有する利用者の代表者が、利害関係を有する他の利用者の請求書および当該請求書に押印された印鑑（窓口金融機関に事前に届出がされたものを除く。）に係る印鑑証明書のすべて（以下「請求書等」という。）を取りまとめたうえで自らの窓口金融機関を通じて当会社に提出してしなければならない。この場合において、当該請求は、当会社が窓口金融機関から請求書等を受領した時に、その効力を生ずる。

4　前項の規定にかかわらず、発生記録もしくは発生記録に伴う信託の電子記録以外の電子記録または第33条に規定する請求の予約がされていないでんさいに係る第2項各

【資料3】　389

業務規程
二　電子記録の年月日

（単独請求による変更記録）

第34条　前条第１項の規定にかかわらず、次の各号に掲げる事項についての変更記録の請求は、業務規程細則で定めるところにより、当該各号に定める利用者が単独で請求することができる。

一　電子記録に記録された利用者またはその代表者の氏名もしくは名称または住所　当該利用者、当該利用者から合併もしくは会社分割によりでんさいもしくはでんさいに係る債務を承継した者または当該変更記録につき電子記録上の利害関係を有する他の利用者に対し、当該変更記録を請求すべきことを命ずる確定判決を得た者

二　債権者、債務者または譲受人の決済用の預金口座または貯金口座　当該債権者、当該債務者、当該譲受人、これらの者から合併もしくは会社分割によりでんさいもしくはでんさいに係る債務を承継した者または当該変更記録につき電子記録上の利害関係を有する他の利用者に対し、当該変更記録を請求すべきことを命ずる確定判決を得た者

2　当会社は、前項各号で定める利用者が、窓口金融機関に対し、当該各号に掲げる事項に係る第19条第１項または第３項の届出をした場合その他業務規程細則で定める場合には、業務規程細則で定めるでんさいについて、当該事項を変更する変更記録の請求をしたものとして取り扱う。

3　前条第１項の規定にかかわらず、電子記録債権法施行令（平成20年政令第325号）第８条に規定する変更記録は、業務規程細則で定めるところにより、同条に規定する債権者が単独で請求することができる。

4　当会社は、前二項の請求等がされた場合には、遅滞なく、次に掲げる事項を記録原簿に記録する。

一　前二項の請求等に係る事項

二　電子記録の年月日

業務規程細則

号に掲げる事項についての変更記録の請求は、債権者（信託の電子記録を削除する旨の請求においては受託者）または債務者の双方がそれぞれの窓口金融機関が定めるところによりすることができる。この場合において、規程第27条第3項から第5項までの規定中「電子記録義務者」を「請求の相手方」に読み替えて、それらの規定を準用する。

5　前二項の規定にかかわらず、規程第26条第2項の電子記録権利者である利用者は、窓口金融機関が定めるところにより、同項に規定する電子記録を削除する旨の変更記録の請求をすることができる。

（変更記録の請求に係る請求受付簿への登録事項）

第24条　当会社は、前条第1項の変更記録の請求を受け付けた場合には、次に掲げる事項を請求受付簿に登録する。

一　請求を受け付けた年月日

二　規程第33条第3項第1号から第4号までに掲げる事項

（単独請求による変更記録の請求の方法等）

第25条　規程第34条第1項に規定する変更記録の請求は、この条に規定するところによりしなければならない。

2　前項の請求は、窓口金融機関が定めるところによりしなければならない。

3　規程第34条第2項に規定する場合は、第11条に規定する場合とする。

4　規程第34条第2項に規定するでんさいは、次のすべてを満たすでんさいとする。

一　発生記録を削除する旨の変更記録または債務者を支払等をした者とする支払等記録がされていないでんさい

二　規程第19条第1項または第3項の届出がされた利用契約に係るでんさい

5　規程第34条第3項に規定する変更記録の請求は、同項に規定する債権者が施行令第8条に規定する仮処分の債権者であることを証する書類を添付した請求書によりしなければならない。

（単独請求による変更記録の請求に係る請求受付簿への登録事項）

第26条　当会社は、前条第2項または第5項に規定する変更記録の請求を受け付けた場合には、次に掲げる事項を請求受付簿に登録する。

一　請求を受け付けた年月日

二　規程第34条第1項各号に掲げる事項

業務規程

　三　業務規程細則で定める事項

（保証記録）

第35条　保証記録の請求は、業務規程細則で定めるところにより、当会社に対し、次に掲げる事項についての情報を提供してしなければならない。

　一　当該保証記録がされることとなる債権記録の記録番号

　二　保証をする旨

　三　電子記録保証人の氏名または名称および住所

　四　主たる債務者の氏名または名称および住所

　五　電子記録保証人が第12条第1項第1号に掲げる事業者である個人または同条第3項第2号に掲げる事業者に準ずる個人である場合には、その旨

　六　その他業務規程細則で定める事項

2　利用者は、次に掲げる事項を内容とする保証記録の請求をすることができない。

　一　法第32条第2項第1号から第4号までおよび第6号から第10号までに掲げる事項

　二　その他業務規程細則で定める事項

3　利用者は、債権金額の全部について支払等記録がされた場合には、保証記録の請求をすることができない。

4　当会社は、利用者から保証記録の請求がされた場合には、業務規程細則で定めるところにより、遅滞なく（譲渡保証記録の請求と併せてされた譲渡記録の請求において第31条第1項第7号に掲げる電子記録の日が指定された場合には、当該電子記録の日以後遅滞なく）、次に掲げる事項を記録原簿に記録する。

　一　第1項第1号から第5号までに掲げる事項

　二　電子記録の年月日

　三　その他業務規程細則で定める事項

（分割記録）

第36条　分割記録の請求は、分割債権記録に債権者として記録される利用者に限りすることができる。

2　前項に規定する利用者が、分割記録の請求をする場合には、業務規程細則で定める場合を除き、分割債権記録に記録されるでんさいについての譲渡記録の請求を併せて

業務規程細則

（保証記録の請求の方法等）

第27条 規程第35条第1項に規定する保証記録の請求は、この条に規定するところによりしなければならない。

2 次の各号に掲げる保証記録の請求は、当該各号に定める方式によりしなければならない。

一 譲渡保証記録　債務者請求方式

二 単独保証記録　債権者請求方式

3 当会社は、次の期間は、保証記録の請求を受け付けない。

一 支払期日の6銀行営業日前の日から支払期日から起算して3銀行営業日を経過する日までの間

二 規程第50条第4項で規定する異議申立の効力が生じた時から異議申立の手続が終了するまでの間

4 保証記録の請求において、規程第35条第1項第3号から第5号までに掲げる事項については、利用者登録事項として利用者データベースに記録されている事項が提供されたものとして取り扱うものとする。この場合において、同項第3号および第4号に掲げる電子記録保証人の住所および主たる債務者の住所は、それぞれの者の利用者登録事項として第3条第3号に掲げる住所とする。

5 規程第35条第1項第6号に規定する事項は、次に掲げる事項とする。

一 電子記録保証人および主たる債務者の利用者番号

二 電子記録保証人が法人である場合には、代表者の氏名

三 主たる債務者が法人である場合には、代表者の氏名

6 規程第35条第2項第2号に規定する事項は、利用者以外の者を電子記録保証人とする旨とする。

7 規程第35条第4項第3号に規定する事項は、第5項第2号および第3号に掲げる事項とする。

（保証記録の請求に係る請求受付簿への登録事項）

第28条 当会社は、保証記録の請求を受け付けた場合には、次に掲げる事項を請求受付簿に登録する。

一 請求を受け付けた年月日

二 規程第35条第1項第1号から第5号までに掲げる事項

三 前条第5項第2号および第3号に掲げる事項

（分割記録の請求の方法等）

第29条 規程第36条第3項に規定する分割記録の請求は、この条に規定するところによりしなければならない。

2 当会社は、次の期間は、分割記録の請求を受け付けない。

一 支払期日の6銀行営業日前の日以後

【資料3】　393

業務規程

しなければならない。

3 分割記録の請求は、当会社に対し、次に掲げる事項についての情報を提供してしなければならない。

一 分割をする旨

二 原債権記録の記録番号

三 分割債権記録に記録されるでんさいについて債務者が支払うべき債権金額

四 その他業務規程細則で定める事項

4 利用者は、次に掲げる事項を内容とする分割記録の請求をすることができない。

一 業務規程細則で定める範囲外の金額を前項第3号の金額とする旨

二 その他業務規程細則で定める事項

5 当会社は、利用者から分割記録の請求がされた場合には、遅滞なく（当該分割記録の請求と併せてされた譲渡記録の請求において第31条第1項第7号に掲げる電子記録の日が指定された場合には、当該電子記録の日以後遅滞なく）、次に掲げる事項を記録原簿の分割債権記録に記録する。

一 原債権記録から分割をした旨

二 原債権記録および分割債権記録の記録番号

三 債務者が第3項第3号の金額を支払う旨

四 債権者の氏名または名称および住所

五 分割債権記録に記録されるでんさいについての原債権記録中に現に効力を有する電子記録において記録されている事項（法第45条第1項第1号イからホまでに掲げる事項を除く。）

六 前号に掲げる事項を原債権記録から転写した旨およびその年月日

七 電子記録の年月日

八 その他業務規程細則で定める事項

6 当会社は、前項の分割記録と同時に、次に掲げる事項を記録原簿の原債権記録に記録する。

一 分割をした旨

二 分割債権記録の記録番号

三 分割債権記録に記録されるでんさいについて原債権記録に記録されている事項のうち、債務者が一定の金額を支払う旨を削除する旨

四 発生記録における債務者が分割記録の直前に原債権記録に記録されていた前号の金額から前項第3号の金額を控除した金額を支払う旨

五 前各号に掲げる事項を原債権記録に記録した年月日

六 電子記録の年月日

七 その他業務規程細則で定める事項

（信託の電子記録）

第37条 信託の電子記録の請求は、業務規程細則で定めるところにより、業務規程細則

業務規程細則

　二　支払等記録がされた日以後

3　規程第36条第2項に規定する場合は、規程第38条に規定する書類の送達を受けた場合において、強制執行等の金額が強制執行等の記録をするでんさいの債権金額に満たない場合とする。この場合において、当会社は、債権者から当該強制執行等の対象となるでんさいの債権金額から強制執行等の金額を控除した金額を規程第36条第3項第3号の金額とする分割記録の請求がされたものとみなし、前項の規定を適用しない。

4　規程第36条第4項第1号に規定する範囲は、1万円以上100億円未満とする。ただし、同条第2項に規定する場合には、この限りでない。

5　規程第36条第4項第2号に規定する事項は、同条第3項第3号に掲げる金額を原債権記録の債権金額以上の金額とする旨とする。

6　規程第36条第5項第8号に規定する事項は、債権者が法人である場合には、代表者の氏名とする。

（分割記録の請求に係る請求受付簿への登録事項）

第30条　当会社は、分割記録の請求を受け付けた場合には、次に掲げる事項を請求受付簿に登録する。

　一　請求を受け付けた年月日

　二　規程第36条第3項第1号から第3号までに掲げる事項

（信託の電子記録の請求の方法等）

第31条　規程第37条第1項に規定する信託の電子記録の請求は、この条に規定するとこ

【資料3】　395

業務規程

で定める利用者に限りすることができる。

2　当会社が前項の利用者から予め信託財産の受託者として利用する旨申出を受けた場合において、次に掲げる請求がされたときは、当該利用者から信託の電子記録の請求が併せてされたものとして取り扱う。

一　当該利用者を債権者とする発生記録の請求

二　当該利用者を譲受人とする譲渡記録の請求

三　当該利用者を譲渡人とする譲渡記録を削除する旨の変更記録の請求

四　当該利用者を債権者とする旨の変更記録の請求

五　当該利用者が債務者でない場合には、当該利用者を支払等をした者とする支払等記録の請求

3　当会社は、信託の電子記録がされている債権記録について、第1項の利用者から次に掲げる請求がされた場合には、信託の電子記録を削除する旨の変更記録の請求が併せてされたものとして取り扱う。

一　当該利用者を債権者とする発生記録を削除する旨の変更記録の請求

二　当該利用者を譲受人とする譲渡記録を削除する旨の変更記録の請求

三　当該利用者を譲渡人とする譲渡記録の請求

四　当該利用者が債権者となっているでんさいについて、債権者の変更をする旨の変更記録の請求

五　当該利用者が債権者の場合には、当該利用者を支払等を受けた者とする支払等記録の請求

4　前二項の規定にかかわらず、第1項の利用者の信託財産に属するでんさいが固有財産に属することにより当該でんさいが信託財産に属しないこととなった場合にあっては、業務規程細則で定めるところにより、当該利用者および当該でんさいの属する信託の受益者または信託管理人の双方で請求をしなければならない。

5　当会社は、第2項各号に掲げる請求がされた場合には、信託の電子記録の請求のため、次に掲げる事項についての情報が第1項の利用者から提供されたものとして取り扱う。

一　信託の電子記録がされることとなる債権記録の記録番号

二　信託財産に属する旨

三　信託財産に属するでんさいを特定するために必要な事項

四　その他業務規程細則で定める事項

6　当会社は、第1項の利用者から第2項各号に掲げる請求がされた場合には、遅滞なく（第2項第1号または同項第2号に掲げる請求において、第30条第1項第9号または第31条第1項第7号に掲げる電子記録の日が指定された場合には、当該電子記録の日以後遅滞なく）、信託の電子記録として次に掲げる事項を記録原簿に記録する。

一　前項第1号から第3号までに掲げる事項

二　電子記録の年月日

三　その他業務規程細則で定める事項

業務規程細則

ろによりしなければならない。

2　規程第37条第1項に規定する利用者は、信託業法（平成16年法律第154号）にもとづく信託業の免許または金融機関の信託業務の兼営等に関する法律（昭和18年法律第43号）にもとづく認可のいずれかを得た者であって、予め信託財産の受託者として利用することについて窓口金融機関が認めた利用者とする。

3　当会社は、規程第37条第2項または第3項に規定する信託の電子記録の請求または信託の電子記録を削除する旨の変更記録と併せてする他の記録請求を受け付けない間、信託の電子記録の請求を受け付けない。

4　規程第37条第4項に規定する請求は、信託財産の受託者である利用者が当該信託財産の受益者全員または信託管理人の請求に係る書面のすべてを取りまとめたうえで、自らの窓口金融機関を通じて当会社に提出してしなければならない。

5　前項に規定する利用者は、前項の請求について、一切の責任を負うものとする。

（信託の電子記録の請求に係る請求受付簿への登録事項）

第32条　当会社は、信託の電子記録の請求を受け付けた場合には、次に掲げる事項を請求受付簿に登録する。

一　請求を受け付けた年月日

二　規程第37条第5項第1号から第3号までに掲げる事項

（債務者請求方式における請求の予約）

第33条　電子記録義務者による次に掲げる電子記録の請求において、電子記録義務者の窓口金融機関が認めた場合であって、規程第30条第1項第9号または規程第31条第1項第7号に掲げる電子記録の日が指定されたときには、当会社は、遅滞なく、当該記録の電子記録権利者の窓口金融機関を通じて当該請求の内容を当該電子記録権利者に通知する。

一　発生記録

二　譲渡記録

2　前項の請求をした電子記録義務者および同項の通知を受けた電子記録権利者は、次に掲げる場合を除き、同項の請求において指定された電子記録の日の前日（窓口金融機関と利用者の間で電子記録の日の前日より前の日を定めた場合にはその日）まで、当該請求を取り消すことができる。

一　発生記録の請求の予約に係る電子記録権利者により譲渡記録の請求の予約がされている場合において、当該発生記録の請求の予約を取り消す場合

二　譲渡保証記録と併せてする譲渡記録の請求の予約がされている場合において、当該譲渡記録の請求の予約のみを取り消す場合

3　当会社は、前項の規定により電子記録義務者または電子記録権利者が第1項の請求を取り消した場合には、当該請求に係る電子記録権利者または電子記録義務者の窓口金融機関を通じて当該電子記録権利者または電子記録義務者に対し、その旨通知する。

4　第1項に規定する通知をする利用者および通知の内容は、規程第25条の規定に従

【資料3】　397

業務規程

第7章　電子記録雑則

（強制執行等の記録）

第38条　当会社は、法令または最高裁判所規則にもとづくでんさいに関する強制執行、滞納処分その他処分の制限（以下「強制執行等」という。）がされた場合において、これらの処分の制限に係る書類の送達を受けた場合には、業務規程細則で定めるとこ

業務規程細則

う。

5　当会社は、第1項の請求の予約をした電子記録義務者または同項の通知を受けた電子記録権利者が、指定された電子記録の日において、規程第22条第1項ただし書の規定により、当該請求をすることができなくなった場合には、第2項の期間内であっても、第1項の請求の予約が取り消されたものとして取り扱うものとする。

（債権者請求方式における請求の予約）

第34条　電子記録権利者による発生記録の請求において、電子記録権利者の窓口金融機関が認めた場合であって、規程第30条第1項第9号に掲げる電子記録の日が指定されたときには、当会社は、遅滞なく、当該発生記録の電子記録義務者の窓口金融機関を通じて当該請求の内容を当該電子記録義務者に通知する。

2　前項の請求をした電子記録権利者は、同項の請求において指定された電子記録の日の前日（窓口金融機関と利用者の間で電子記録の日の前日より前の日を定めた場合にはその日）まで、当該請求を取り消すことができる。ただし、同項の通知を受けた電子記録義務者が、当該期間内に指定された電子記録の日に当該通知に係る発生記録を請求する旨通知した場合もしくは請求しない旨を通知した場合には、この限りでない。

3　当会社は、前項の規定により電子記録権利者が第1項の請求を取り消した場合には、当該請求に係る電子記録義務者の窓口金融機関を通じて当該電子記録義務者に対し、その旨通知する。

4　第1項の通知を受けた電子記録義務者は、同項の請求において指定された電子記録の日から起算して5銀行営業日を経過する日まで、当会社に対し、当該通知に係る発生記録の請求をすることができる。

5　第1項の通知を受けた電子記録義務者が、当会社に対し、前項に規定する期間内に同項の請求をしなかった場合および当該期間内に請求しない旨を通知した場合には、第1項の請求は、その効力を失う。この場合において、当会社は、遅滞なく、窓口金融機関を通じて電子記録義務者および電子記録権利者に対し、その旨を通知する。

6　第1項に規定する通知をする利用者および通知の内容は、規程第25条の規定に従う。

7　当会社は、第1項の請求をした電子記録権利者または同項の通知を受けた電子記録義務者が、指定された電子記録の日において、規程第22条第1項ただし書の規定により、当該請求をすることができなくなった場合には、第2項の期間内であっても、第1項の請求が取り消されたものとして取り扱うものとする。

（強制執行等の記録の記録事項等）

第35条　規程第38条に規定する書類の送達を受けた場合の取扱いは、この条に規定するところによる。

2　当会社は、規程第38条に規定する書類の送達を受けた場合には、当該書類に従い、

【資料3】　399

業務規程

ろにより、遅滞なく、強制執行等の電子記録を記録原簿に記録する。

（電子記録の訂正および回復）
第39条 当会社は、業務規程細則で定める場合には、電子記録の訂正をする。ただし、電子記録上の利害関係を有する第三者がある場合にあっては、当該第三者の承諾があるときに限る。

2 当会社は、法第86条各号に掲げる期間のうちのいずれかが経過する日までに電子記録が消去されたときは、電子記録の回復をする。この場合においては、前項ただし書

業務規程細則

遅滞なく、次に掲げる事項を記録原簿に記録する。

一　当該強制執行等の記録がされることになる債権記録の記録番号

二　強制執行等の内容

三　強制執行等の原因

四　施行令第6条第4号に規定する債権者がある場合には、債権者の氏名または名称および住所

五　前号の債権者が法人である場合には、代表者名

六　差押債務者の氏名または名称および住所

七　差押債務者が法人である場合には、代表者名

八　電子記録の年月日

3　強制執行等の記録において、前項第4号に掲げる債権者が利用者である場合にあっては、当会社は、同号および同項第5号に掲げる事項については、利用者登録事項として利用者データベースに記録されている事項を記録する。この場合において、同項第4号に掲げる債権者の住所は、利用者登録事項として第3条第3号に掲げる住所とすることができる。

4　強制執行等の記録において、第2項第6号および第7号に掲げる事項については、当会社は、利用者登録事項として利用者データベースに記録されている事項が提供されたものとして取り扱うものとする。この場合において、同項第6号に掲げる差押債務者の住所は、利用者登録事項として第3条第3号に掲げる住所とする。

5　当会社は、規程第38条に規定する書類の送達を受けた場合には、当該送達に係る強制執行等に反する記録の請求を受け付けないものとする。ただし、法令または最高裁判所規則の規定により請求することができる場合は、この限りでない。

6　当会社は、強制執行等の記録をした後、当該強制執行等の記録に係る強制執行等の手続が終了し、その旨の書類の送達を受けた場合には、遅滞なく、当該強制執行等の記録を削除する旨の変更記録をする。

7　第5項ただし書に規定する請求により、当会社が支払等記録をした場合には、当会社は直ちにその旨を法令の定めるところにより官公署に届け出るものとする。

8　第33条または前条の請求の予約がされているでんさいが強制執行等の対象となった場合には、当該請求の予約は、取り消されたものとみなす。ただし、当該請求の予約において指定された電子記録の日より前に強制執行等の停止または執行処分の取消しがされた場合は、この限りでない。

（電子記録の訂正および回復）

第36条　規程第39条第1項に規定する場合は、次に掲げる場合とする。

一　電子記録の請求に当たって当会社に提供された情報の内容と異なる内容の記録がされている場合

二　請求がなければすることができない電子記録が、請求がないのにされている場合

三　当会社が自らの権限により記録すべき記録事項について、記録すべき内容と異な

業務規程

の規定を準用する。

3　利用者は、当会社または窓口金融機関が電子記録の訂正または回復の申出をした場合には、誠実に当該訂正または回復に協力するものとする。

第8章　でんさいの決済

（決済の方法）

第40条　債務者によるでんさいに係る債務の支払期日における支払いは、法第62条第1項に規定する口座間送金決済に関する契約にもとづき、同条第2項に規定する口座間送金決済によりしなければならない。

2　でんさいに係る債務の支払いは、次に掲げる支払の方法によりしてはならない。

一　第三者による支払い（次に掲げる場合を除く。）

①　電子記録保証人または保証人等が、支払期日以後に債権金額の全額を支払う場合

②　債務者に関して破産手続、会社更生手続、民事再生手続またはそれらに準ずる倒産手続の開始の決定がされた場合または窓口金融機関が特に認めた場合において、電子記録保証人が支払期日前に債権金額の全額を支払う場合

業務規程細則

　る内容の記録がされている場合

　四　当会社が自らの権限により記録すべき記録事項について、その記録がされていない場合（一の電子記録の記録事項の全部が記録されていない場合を除く。）

2　当会社は、規程第39条第1項または第2項の規定により電子記録の訂正または回復をする場合には、当該訂正または回復後の電子記録の内容と矛盾する電子記録について、電子記録の訂正をする。

3　当会社は、規程第39条第1項または第2項の規定により電子記録の訂正または回復をした場合には、遅滞なく、電子記録権利者および電子記録義務者（電子記録権利者および電子記録義務者がない場合にあっては、債権者）の窓口金融機関を通じて、当該訂正または回復の内容をそれらの者に対し、書面により通知する。

4　前項の通知は、民法（明治29年法律第89号）第423条その他の法令の規定により他人に代わって電子記録の請求をした利用者にも行うものとする。ただし、その利用者が2人以上ある場合には、当会社は、その1人のみに対し、通知することができる。

5　窓口金融機関は、電子記録を訂正または回復すべき事由があることを知った場合には、直ちに、当会社に対し、その旨を通知しなければならない。この場合において、規程第39条第1項（同条第2項後段の規定により準用する場合を含む。）の第三者がある場合には、窓口金融機関は、当該第三者の承諾書および当該承諾書に押印された印鑑（窓口金融機関に事前に届出がされたものを除く。）に係る印鑑証明書を添付した書面を当会社に提出しなければならない。

6　利用者は、自己の請求に係る電子記録について、電子記録を訂正または回復すべき事由があることを知った場合には、直ちに窓口金融機関に対し、窓口金融機関の定めるところにより、その旨通知しなければならない。

7　当会社および窓口金融機関は、電子記録を訂正または回復すべき事由に係る調査のため合理的に必要と認められる期間内に訂正または回復を行わなかったことにより生じた損害について、責任を負わないものとする。

業務規程

二　支払期日前の債権金額の一部の支払い

（決済情報の通知）

第41条　当会社は、業務規程細則で定めるところにより、債務者の窓口金融機関に対し、法第62条第２項に規定する情報等（以下「決済情報」という。）を通知する。

（口座間送金決済）

第42条　決済情報の通知を受けた窓口金融機関は、業務規程細則で定めるところにより、当該決済情報に従い、遅滞なく、支払期日に債務者口座から債権者口座に債権金額を振込（同一窓口金融機関内の振替を含む。）により口座間送金決済をしなければならない。ただし、業務規程細則で定める場合は、この限りでない。

業務規程細則

（決済情報の提供の方法等）

第37条　当会社は、決済情報を、当会社所定の方法により、債務者の窓口金融機関に対し、支払期日の２銀行営業日前の日に通知する。

2　前項の規定にかかわらず、次に掲げる場合のいずれかに該当するでんさいについては、当会社は、債務者の窓口金融機関に対し、決済情報を通知しない。

一　支払等記録がされている場合

二　強制執行等の記録がされている場合

三　当会社または窓口金融機関が規程第７条の業務委託契約を解除した場合

四　その他前三号に準ずる場合

3　決済情報として通知する債務者口座および債権者口座は、当会社が当該決済情報を通知する時でんさいに記録されている債務者口座および債権者口座とする。ただし、当会社が、当該通知前に、当該通知の日から当該でんさいの支払期日までの間を電子記録の日とする債務者口座または債権者口座を変更する旨の変更記録の請求を受け付けている場合は、変更後の債務者口座または債権者口座を決済情報として通知することができる。

4　利用者は、当会社が決済情報として通知する債務者口座および債権者口座について異議を申し立てないものとする。

（決済情報の通知前に支払等記録がされていないでんさいの取扱い）

第38条　当会社が決済情報を通知する前に、当該通知に係るでんさいに支払等記録がされなかった場合には、当会社および参加金融機関は、規程第８章および本章において、当該でんさいに係る口座間送金決済以外の支払がされなかったものとして取り扱うこととし、利用者はこれに異議を申し立てないものとする。

（口座間送金決済の方法）

第39条　規程第42条に規定する振込による口座間送金決済は、この条に規定するところにより行うものとする。

2　決済情報の通知を受けた債務者の窓口金融機関は、当該通知に係るでんさいの支払期日までに、決済情報に債務者口座として記載された決済口座（当該通知が発せられた後に当該通知に係るでんさいの債務者口座を変更する旨の変更記録がされ、かつ、当該通知に記載された債務者口座が解約等の事由により存在しない場合は、変更後の債務者口座）から、債権金額の引き落としをする。ただし、同一の日に当該でんさい以外の引き落としがある場合には、当該窓口金融機関が定める順序により引き落としをするものとする。

3　債務者の窓口金融機関は、債権者の窓口金融機関に対し、支払期日に振込通知を発信し、債権者の窓口金融機関は、当該振込通知に表示された債権者口座（決済情報の通知が発せられた後に当該通知に係るでんさいの債権者口座を変更する旨の変更記録がされ、かつ、当該通知に記載された債権者口座が解約等の事由により存在しない場

【資料3】　405

業務規程

（口座間送金決済通知および支払等記録）

第43条　口座間送金決済をした窓口金融機関は、遅滞なく、当会社に対し、法第63条第
　　2 項に規定する通知をしなければならない。

2　　前項に規定する通知を受けた当会社は、遅滞なく、第32条第 3 項の規定により口座
　　間送金決済についての支払等記録をする。

（口座間送金決済の中止）

第44条　当会社および窓口金融機関は、次に掲げる場合には、口座間送金決済を中止す

業務規程細則

合は、変更後の債権者口座）に払い込むものとする。

4　利用者は、前二項で規定する窓口金融機関の口座間送金決済の取扱いについて異議を申し立てないものとする。

（口座間送金決済の特例）

第40条　規程第42条ただし書で定める場合は、次に掲げる場合とする。

　一　口座間送金決済をしようとするでんさいについて、債務者口座から債権金額の引き落としができなかった場合

　二　口座間送金決済をしようとするでんさいについて、当会社が規程第38条に規定する書類の送達を受けた場合

　三　債務者が死亡した場合

　四　債権者に関して破産手続開始の決定がされた場合または更生手続開始の決定がされた場合

　五　債務者に関して破産手続開始の決定がされた場合または第12条各号に掲げる事由に該当する場合

2　債務者の窓口金融機関は、前項各号に掲げる場合には、振込通知を発信したこと、または発信しなかったことにより、利用者に生じた損害について責任を負わない。

（強制執行等の命令の送達を受けた場合の取扱い）

第41条　前条第1項第2号に掲げる場合の口座間送金決済の中止は、この条に規定するところにより取り扱うものとする。

2　決済情報の通知をしたでんさいについて、第29条第3項の規定により分割記録をした場合には、当該分割記録の原債権記録および分割債権記録について、窓口金融機関は口座間送金決済をしないことができる。

3　利用者は、規程第38条に規定する書類の送達を受けた場合には、速やかにその旨および送達を受けた日を窓口金融機関に申し出て、口座間送金決済を中止するでんさいを特定しなければならない。

4　当会社および債務者の窓口金融機関は、利用者から前項に規定する申出を受けた場合には、次条第2項の申出がされたものとして取り扱う。

5　当会社および債権者または債務者の窓口金融機関は、利用者が第3項の規定に違反した場合には、強制執行等の対象であるでんさいに関して当該債権者または債務者に生じた損害について、責任を負わない。

（債権者または債務者からの口座間送金決済の中止の申出）

第42条　規程第44条第2号に掲げる場合の口座間送金決済の中止は、この条に規定する

【資料3】　407

業務規程

ることができる。

一　第42条ただし書に規定する場合

二　債権者または債務者から業務規程細則で定めるところより口座間送金決済の中止
の申出がされた場合

（口座間送金決済に関する免責）

第45条　当会社は、次に掲げる場合を除き、口座間送金決済がされたことまたはされな
かったことにより利用者または窓口金融機関に生じた損害について、責任を負わな
い。

一　当会社が故意または過失により、債権記録と異なる内容の決済情報を債務者の窓
口金融機関に対し、通知した場合（支払期日の2銀行営業日前の日以後に債権記録
が変更された場合を除く。）

二　当会社が故意または過失により、業務規程等に違反して決済情報を通知しなかっ
た場合

業務規程細則

ところにより取り扱うものとする。

2 規程第44条第2号で規定する口座間送金決済の中止の申出は、窓口金融機関が定めるところにより、債権者または債務者が窓口金融機関に申し出るものとする。ただし、債務者は、次に掲げる場合に限り、当該申出をすることができる。

一 口座間送金決済の中止について債権者の同意を得た場合

二 でんさいの支払について次に掲げる抗弁その他人的関係にもとづく抗弁を債権者に対抗することができる場合

① 発生記録または譲渡記録の原因である契約に不履行があったこと

② でんさいが存在しないこと

③ 発生記録または譲渡記録の請求に当たって取締役会の承認等が存在しないこと

④ 発生記録の請求の意思表示に瑕疵があったこと

⑤ なりすまし、無権代理、不正アクセス、システムバグまたはオペレーションミス等により、利用者の請求がないのに電子記録がされたこと、または利用者から提供された情報の内容と異なる内容の電子記録がされたこと（以下「不正作出」という。）

⑥ その他次条第1項各号に掲げる事由および第2項各号に掲げる事由に該当しない事由

三 債権者に関して破産手続開始の決定がされた場合または更生手続開始の決定がされた場合

四 債務者に関して破産手続開始の決定がされた場合または第12条各号に掲げる事由に該当する場合

3 前項の申出を受けた窓口金融機関は、当該申出に係る口座間送金決済を中止することができる。

4 第2項の申出は、支払期日の前銀行営業日まですることができる。

5 当会社または債権者もしくは債務者の窓口金融機関は、債権者または債務者から規程第44条第2号に掲げる口座間送金決済の中止の申出がされたことにより口座間送金決済を中止した場合には、そのために債権者または債務者その他の利用者に生じた損害について責任を負わない。

業務規程

第9章　でんさいの支払不能処分制度
第1節　総　則

（支払不能事由）

第46条　債務者の窓口金融機関は、債務者の信用に関しない事由その他業務規程細則で定める事由（以下「第0号支払不能事由」という。）により支払不能でんさいがあった場合には、直ちに第0号支払不能事由を当会社に通知しなければならない。この場合において、次項各号に掲げる支払不能事由のいずれかを通知するときは、この限りでない。

2　債務者の窓口金融機関は、次に掲げる事由により支払不能でんさいがあった場合には、直ちに当該事由を当会社に通知しなければならない。

一　資金不足その他業務規程細則で定める事由

二　債務者の申出により口座間送金決済を中止することができる事由として業務規程細則で定める事由（以下「第2号支払不能事由」という。）

410

業務規程細則

（支払不能事由）

第43条 規程第46条第1項に規定する事由（以下「第0号支払不能事由」という。）は、次に掲げる事由とする。

一　債務者または債権者に関する破産法等による事由

① 債権者に関して破産手続開始の決定がされたことまたは更生手続開始の決定がされたこと

② 債務者に関して破産手続開始の決定がされたことまたは第12条各号に掲げる事由が生じたこと

③支払禁止の仮処分を命じられたこと

二　その他の事由

① 債務者または債権者から第41条第3項で定める申出がされたこと

② 債権者から規程第44条第2号で定める口座間送金決済の中止の申出がされたこと

③ 債務者から前条第2項第1号で掲げる場合において規程第44条第2号に掲げる口座間送金決済の中止の申出がされたこと

④ 債務者が死亡したこと

⑤ 債権者口座に入金することができないこと

⑥ 債権者口座が存在しないこと

⑦ 口座間送金決済をしようとするでんさいについて、当会社が規程第38条に規定する書類の送達を受けた場合

2　規程第46条第2項第1号に規定する事由（以下「第1号支払不能事由」という。）は、次に掲げる事由とする。

一　債務者口座から債権金額の引き落としができなかったこと

二　債務者口座が存在しないこと

三　前二号に準ずる事由

3　規程第46条第2項第2号に規定する事由（以下「第2号支払不能事由」という。）は、前条第2項第2号①から⑥までに掲げる事由とする。

（支払不能事由が重複する場合の取扱い）

第44条 次の各号に掲げる場合には、債務者の窓口金融機関は、当会社に対し、一の支払不能でんさいについて、当該各号に定める支払不能事由を通知するものとする。

一　第0号支払不能事由と第1号支払不能事由または第2号支払不能事由が重複する場合　第0号支払不能事由

二　第1号支払不能事由と第2号支払不能事由が重複する場合　第1号支払不能事由（第1号支払不能事由と不正作出を理由とする第2号支払不能事由が重複する場合には、第2号支払不能事由）

【資料3】　411

業務規程

（支払不能通知）

第47条　当会社は、前条各項の通知を受けたときには、次に掲げる場合を除き、支払期日から起算して３銀行営業日を経過した日以後において、支払不能でんさいに係る業務規程細則で定める情報（以下「支払不能情報」という。）を参加金融機関に通知する。

一　第０号支払不能事由が通知された場合

二　第２号支払不能事由が通知され、当該第２号支払不能事由に対し、第50条に規定する異議申立がされた場合

三　すでに取引停止処分が科された利用者に係る場合

2　当会社は、前項の規定にかかわらず、前条各項の通知を受けたときには、支払期日から起算して３銀行営業日を経過した日以後に、窓口金融機関を通じて支払不能でんさいの債権者および債務者に対し、支払不能でんさいを特定するために必要な情報および支払不能事由その他窓口金融機関が必要と認める事項を通知する。

（取引停止通知）

第48条　当会社は、前条第１項の規定による通知（以下「支払不能通知」という。）に係る支払不能でんさいの債務者について、当該支払不能でんさいの支払期日から起算して６か月以内の日を支払期日とする他のでんさいに係る２回目の支払不能事由が窓口金融機関から通知された場合には、次に掲げる場合を除き、当該２回目の支払不能事由に係るでんさいの支払期日から起算して３銀行営業日を経過した日において、当該債務者に対し、取引停止処分を科すものとし、その旨および支払不能情報を参加金融機関に通知する。

一　第０号支払不能事由が通知された場合

二　第２号支払不能事由が通知され、当該第２号支払不能事由に対し、第50条に規定する異議申立がされた場合

三　すでに取引停止処分が科された利用者に係る場合

（取引停止処分の効果）

第49条　取引停止処分は、前条の規定による通知（以下「取引停止通知」という。）を参加金融機関に発した日から同条に規定する２回目の支払不能事由に係る支払不能でんさいの支払期日から起算して２年を経過する日まで（以下「取引停止処分期間」と

業務規程細則

（支払不能情報）

第45条　規程第47条第1項に規定する支払不能情報は、次に掲げる事項に係る情報とする。

一　支払不能でんさいの債務者の情報として次に掲げるもの

　① 利用者番号

　② 法人である場合には名称または個人である場合には氏名

　③ 法人である場合には代表者の氏名

　④ 屋号がある場合には当該屋号

　⑤ 住所

　⑥ 法人である場合には設立年月日または個人である場合には生年月日

　⑦ 業種区分

　⑧ 企業区分

二　支払不能でんさいの情報として次に掲げるもの

　① 記録番号

　② 支払期日

　③ 支払不能通知および取引停止通知の通知年月日

　④ 支払期日から起算して2銀行営業日を経過した日の年月日

　⑤ 支払不能事由

　⑥ 債務者口座のある金融機関名および支店名

　⑦ 業務規程第51条第1項第2号の規定により異議申立の手続が終了した場合には、異議申立の手続の取下げの請求を受理した日の年月日

【資料3】　413

業務規程

いう。）継続するものとする。

2　参加金融機関は、取引停止処分を科された利用者に対し、取引停止処分期間中は貸出の取引をすることはできない。ただし、債権保全のための貸出の取引は、この限りでない。

第2節　異議申立

（異議申立）

第50条　第44条第2号の規定により口座間送金決済の中止を申し出た債務者は、当該口座間送金決済の中止の理由が第2号支払不能事由である場合には、業務規程細則で定めるところにより、窓口金融機関を通じて当会社に対し、異議申立をすることができる。

2　前項の異議申立は、同項の債務者が、業務規程細則で定めるところにより、支払期日までの日時であって、かつ、窓口金融機関が定める日時までに、異議申立の対象とするでんさいの債権金額相当額の金銭（以下「異議申立預託金」という。）を当該窓口金融機関に預け入れなければすることができない。ただし、業務規程細則で定める場合は、この限りでない。

3　前項の異議申立預託金の預け入れを受けた窓口金融機関は、当会社に対し、その旨通知しなければならない。

4　第1項の異議申立の効力は、前項の通知および第2号支払不能事由に係る通知が当会社に到達した時から生じるものとする。

5　当会社は、異議申立の効力が生じた場合には、支払期日から起算して3銀行営業日を経過した日以後において、支払不能でんさいの債権者および債務者に対し、異議申立がされた旨通知する。

（異議申立の手続の終了および異議申立預託金の返還許可）

第51条　当会社は、次に掲げる場合には、前条の異議申立の手続を終了する。

一　当会社が他の支払不能でんさいにより債務者に対し取引停止処分を科した場合

二　債務者から、支払不能通知がされることまたは取引停止処分を科されることがやむを得ないものとして異議申立の取下げの請求がされた場合

三　異議申立をした日から起算して2年を経過した場合

四　債務者が死亡した場合

五　支払不能でんさいの支払義務の有無について裁判（調停、裁判上の和解等確定判決と同一の効力を有するものを含む。）により確定した場合

六　支払不能でんさいを請求債権とし異議申立預託金の返還請求権を差押債権とする差押命令が債務者の窓口金融機関に送達された場合

七　債務者の窓口金融機関に預金保険法（昭和46年法律第34号）第49条第2項に規定する保険事故が生じた場合

八　その他異議申立の原因となった第2号支払不能事由が解消した場合

業務規程細則

（異議申立）

第46条　規程第50条第1項の規定による異議申立および同条第2項本文に規定する異議
　　申立預託金の預け入れの手続は、債務者の窓口金融機関が定めるところによりしなけ
　　ればならない。

2　規程第50条第1項の規定による異議申立は、支払期日の前銀行営業日までに窓口金
　融機関にしなければならない。

（異議申立の特例）

第47条　規程第50条第2項ただし書に規定する場合は、第2号支払不能事由の支払不能
　　事由が不正作出であり、かつ、第55条に規定するでんさい事故調査会が債務者の異議
　　申立預託金の預け入れの免除の申立を理由があるものと認めた場合とする。

2　第2号支払不能事由が不正作出である場合には、規程第50条第2項の債務者の窓口
　金融機関が定めるところにより、当該債務者は、当会社に対し、同条第1項の異議申
　立に併せて異議申立預託金の預け入れの免除の申立をすることができるものとする。

3　当会社は、第2項の申立を受けた場合には、でんさい事故調査会の審議に付し、そ
　の申立を理由があるものと認める場合には、異議申立預託金の預け入れを免除するこ
　とができる。

4　当会社は、前項のでんさい事故調査会の審議に必要とする場合には、第2項の申立
　をした債務者に対し、必要な資料の提出を求めることができる。

（異議申立の手続の終了および異議申立預託金の返還許可）

第48条　規程第51条第2項に規定する異議申立預託金の返還許可の申立は、次の各号に
　　掲げる場合に当該各号に定める者がすることができる。

　一　当会社が他の支払不能でんさいにより債務者に対し取引停止処分を科した場合
　　　債務者またはその地位を承継した者

　二　債務者から支払不能通知がされることまたは取引停止処分を科されることがやむ
　　　を得ないものとして異議申立の取下げの請求がされた場合　債務者またはその地位
　　　を承継した者

　三　異議申立をした日から起算して2年を経過した場合　債務者またはその地位を承
　　　継した者

　四　債務者が死亡した場合　債務者の地位を承継した者

　五　支払不能でんさいの支払義務の有無について裁判（調停、裁判上の和解等確定判
　　　決と同一の効力を有するものを含む。以下同じ。）により確定した場合

　　①　債務者が支払義務を負うことが確定したとき　債権者またはその地位を承継し

【資料3】　415

業務規程

2　支払不能でんさいの債務者、債権者または債務者の窓口金融機関は、前項各号に掲げる場合には、業務規程細則で定めるところにより、当会社に対し異議申立預託金の返還許可の申立をすることができる。

3　当会社は、前項の申立を受けた場合には、業務規程細則で定めるところにより、債務者の窓口金融機関に対し、異議申立預託金の返還を許可することができる。

4　債務者の窓口金融機関は、当会社から前項の異議申立預託金の返還を許可された場合には、債務者口座へ入金することにより、遅滞なく、異議申立預託金を返還するものとする。ただし、異議申立預託金の返還請求権に対する差押等がされた場合その他入金ができない場合は、この限りでない。

（異議申立の手続の終了に伴う支払不能通知等）

第52条　前条第１項第２号の規定により異議申立の手続が終了した場合には、第47条および第48条の規定中「支払期日から起算して３銀行営業日を経過した日」を「異議申立の手続の取下げの請求を受理した日の翌銀行営業日」と、第49条の規定中「支払期日」を「異議申立の手続の取下げの請求を受理した日」と読み替えて、それらの規定を適用する。

（異議申立預託金の返還許可に係る特則）

第53条　支払不能でんさいの債務者またはその地位を承継した者もしくは債務者の窓口金融機関は、第51条第２項の規定にかかわらず、業務規程細則で定めるところにより、当該支払不能でんさいの支払不能が生じた事由が不正作出その他これらに相当する事由であると当会社が認めた場合には、異議申立預託金の返還許可の申立をすることができる。

業務規程細則

　　　た者

　②　債務者が支払義務を負わないことが確定したとき　債務者またはその地位を承
　　　継した者

　六　支払不能でんさいを請求債権とし異議申立預託金の返還請求権を差押債権とする
　　差押命令が債務者の窓口金融機関に送達された場合　債権者またはその地位を承継
　　した者

　七　債務者の窓口金融機関に預金保険法（昭和46年法律第34号）第49条第2項に規定
　　する保険事故が生じた場合　債務者の窓口金融機関

　八　その他異議申立の原因となった第2号支払不能事由が解消した場合　債権者また
　　はその地位を承継した者

2　規程第51条第2項に規定する異議申立預託金の返還許可の申立は、前項各号に定め
　る者が窓口金融機関を通じて当会社に対し、次に掲げる資料を添付した書面を提出し
　てしなければならない。

　一　規程第51条第1項第4号に掲げる場合には、債務者の死亡を証する書類および当
　　該債務者の相続人全員が当該請求に同意する旨を証する書面

　二　規程第51条第1項第5号に掲げる場合には、支払義務の確定を証する次に掲げる
　　いずれかの資料および対象となるでんさいを特定する情報

　①　確定判決の判決書の写し

　②　認諾調書の写し

　③　和解調書の写し

　④　調停調書の写し

　三　規程第51条第1項第6号に掲げる場合には、支払不能でんさいを請求債権とし異
　　議申立預託金の返還請求権を差押債権とする差押命令書の写し

3　当会社は、規程第51条第3項の規定により異議申立預託金の返還を許可する場合に
　は、書面により、債務者の窓口金融機関にその旨通知する。

（異議申立預託金の返還許可に係る特則）

第49条　規程第53条に規定する異議申立預託金の返還許可の申立は、支払不能でんさい
　の債務者またはその地位を承継した者もしくは債務者の窓口金融機関が、窓口金融機
　関を通じて当会社に対し、書面を提出してしなければならない。

2　当会社は、前項の申立がされた場合には、第55条に規定するでんさい事故調査会の
　審議に付し、でんさい事故調査会がその申立を理由があるものと認めるときは、異議

【資料3】　417

業務規程

第3節　支払不能情報の照会

（支払不能情報の照会）

第54条　利用者または利用契約を解約しもしくは解除された元利用者は、業務規程細則で定めるところにより、窓口金融機関を通じて当会社に対し、支払不能通知または取引停止通知の有無および通知された支払不能情報の内容を照会することができる。

2　当会社は、前項の照会を受け付けた場合には、業務規程細則で定めるところにより、支払不能通知または取引停止通知の有無および通知された支払不能情報を書面により回答する。

3　利用者は、当会社が窓口金融機関との間の業務委託契約を解除する場合または災害もしくはシステム障害等により窓口金融機関が参加金融機関業務を遂行することができない状態が継続した場合その他業務規程細則で定める場合には、当会社に対し、当会社が別途指定する方法により、第1項の照会をすることができる。

第4節　支払不能処分制度に係る特則

（取引停止処分等に係る緊急措置）

第55条　当会社は、台風、洪水、大火、地震等の災害、事変または当会社もしくは参加金融機関の店舗における爆破、不法占拠等により、支払不能通知をすることまたは取引停止処分を科すことが不適当であると認められる緊急事態が発生した場合には、直ちに必要な措置をとる。

（支払不能処分制度に関する免責）

第56条　当会社および参加金融機関は、支払不能事由の通知、支払不能通知、取引停止通知、取引停止処分、異議申立、異議申立預託金の返還許可および支払不能通知または取引停止通知の取消しにより生じた損害について、当会社または参加金融機関に故意または重大な過失がある場合を除き、責任を負わない。

業務規程細則

申立預託金の返還許可をするものとする。

（支払不能情報の照会）
第50条 規程第54条第1項による照会は、窓口金融機関を通じて当会社に対し、当会社所定の書面および本人確認に必要な資料を提出してしなければならない。
2 規程第54条第1項による照会が、第三者に関するものである場合には、法人税法等の法令により必要があるときに限り、当該照会をすることができるものとする。
3 当会社は、規程第54条第1項による照会に対し、前項の書面が当会社に送達された日（その日が銀行営業日でないときは、翌銀行営業日。以下「送達日」という。）の5年前の日から送達日の3銀行営業日前の日までの間についての支払不能情報を回答する。

（支払義務確定後における取引停止処分等）
第51条 支払不能でんさいの債権者は、異議申立に係る支払不能でんさいについて、債務者に当該支払不能でんさいの債権額全額の支払義務のあることが裁判により確定した後においても当該支払不能でんさいの支払いがされていない場合には、窓口金融機関を通じて当会社に対し、次に掲げる資料を添付した書面により、当該支払不能でんさいの債務者について支払不能通知への掲載または取引停止処分の調査の申立（以下「支払不能処分調査請求」という。）をすることができる。
　一　支払義務の確定を証する資料として、次に掲げる資料のいずれか一つ
　　① 確定判決の判決書の写し
　　② 認諾調書の写し
　　③ 和解調書の写し
　　④ 調停調書の写し
　二　不払に関する事情説明書
2 前項の申立は、当会社が規程第51条第1項第5号または第6号に掲げる事由により申立を受けた異議申立預託金の返還を許可した日から起算して2か月後の応当日以後においても支払不能でんさいの支払がされていない場合にできるものとする。
3 第1項の申立は、当会社が異議申立預託金の返還を許可した日から起算して3か月

【資料3】 419

業務規程

業務規程細則

後の応当日以後または当該支払不能でんさいの支払期日から起算して2年後の応当日以後はできないものとする。第1項の申立が可能である期間であっても、同一の債務者に同一の支払期日の他の支払不能でんさいについてすでに支払不能処分調査請求がされ、その請求が理由あるものとして認められている場合も、同様とする。

4　当会社は、第1項の規定による申立を受けた場合には、第55条に規定するでんさい事故調査会の審議に付し、同調査会がその請求を理由があるものと認める場合には、当会社は、同調査会の最終調査日を支払期日とする支払不能事由が通知されたものとみなして、規程第47条から第49条までの規定を適用する。

5　前項のでんさい事故調査会の審議に必要である場合には、当会社は、債権者または債務者に必要な資料の提出を求めることができる。

6　同一の債務者に係る複数の支払不能でんさいについて支払不能処分調査請求が行われ、その請求が理由あるものとして認められた場合には、でんさい事故調査会の最終調査日が同一であっても、各々の支払不能でんさいの支払期日が異なる場合は、第4項の規定にかかわらず、支払不能事由の通知回数は、その支払期日毎に1回として計算するものとする。

（支払不能通知および取引停止処分の取消し）

第52条　支払不能通知または取引停止処分が債務者の窓口金融機関の取扱錯誤による場合には、当該窓口金融機関は、当会社に対し、遅滞なく、支払不能通知または取引停止処分の取消しを請求しなければならない。

2　当会社は、前項の請求にもとづく支払不能通知または取引停止処分の取消しまたは修正の結果について、当会社所定の方法により参加金融機関に通知する。

（不正作出の場合の支払不能通知または取引停止処分の取消し）

第53条　支払不能通知または取引停止処分が不正作出その他これらに相当する事由によるでんさいについて行われたものと認められる場合には、当該でんさいの債務者は、窓口金融機関を通じて当会社に対し、支払不能通知または取引停止処分の取消しを請求することができる。

2　前項の請求は、不正作出を証する資料を添付した書面によりしなければならない。

3　当会社は、第1項の請求を受けた場合には、第55条に規定するでんさい事故調査会の審議に付し、でんさい事故調査会がその請求を理由があるものと認める場合には、支払不能通知または取引停止処分を取り消し、参加金融機関に対し当会社所定の方法により、その旨通知する。

4　当会社は、前項の規定により支払不能通知または取引停止処分を取り消した場合には、第1項の請求をした債務者の窓口金融機関を通じて当該債務者に対し、その旨および当該支払不能通知または取引停止処分を取り消した日を通知する。

（支払不能通知および取引停止処分の解除）

第54条　取引停止処分を科された者が著しく信用を回復した場合、その他相当と認められる理由がある場合、または規程第47条に規定する支払不能通知に係る支払不能でんさいの債務者について相当と認められる理由がある場合には、窓口金融機関は、当会

【資料3】　421

業務規程

第10章　電子記録の記録事項等の開示

（債権記録に記録されている事項の開示）

第57条　次の各号に掲げる者およびその相続人等ならびにこれらの者の財産の管理および処分をする権利を有する者は、法第87条および業務規程細則で定めるところにより、窓口金融機関を通じて当会社に対し、当該各号に定める事項の開示を請求することができる。

一　債権者　次に掲げる事項

①　法第87条第1項第1号に規定する事項

②　利用者が開示に同意した記録事項

二　債務者または電子記録保証人　次に掲げる事項

①　法第87条第1項第2号に規定する事項

②　利用者が開示に同意した記録事項

三　債権記録に記録されている者であって、前二号に掲げる者以外の者　法第87条第1項第3号に規定する事項

2　当会社は、前項に規定する請求がされた場合には、業務規程細則で定めるところにより、当該請求をした者に対し、同項各号に定める事項について業務規程細則で定める事項を開示する。

3　利用者は、当会社が窓口金融機関との間の業務委託契約を解除する場合または災害もしくはシステム障害等により窓口金融機関が参加金融機関業務を遂行することができない状態が継続した場合その他業務規程細則で定める場合には、当会社に対し、当会社が別途指定する方法により、第1項の請求をすることができる。

業務規程細則

社に対し、支払不能通知または取引停止処分の解除を請求することができる。

2 　当会社は、前項の請求を受けた場合には、次条に規定するでんさい事故調査会の審議に付し、でんさい事故調査会がその請求を理由があるものと認める場合には、支払不能通知または取引停止処分を解除するものとする。この場合において、当会社は、支払不能通知または取引停止処分の解除を当会社所定の方法により参加金融機関に通知する。

3 　当会社は、前項の規定により支払不能通知または取引停止処分を解除した場合には、第1項の請求をした窓口金融機関を通じて支払不能通知または取引停止処分の解除を認められた債務者に対し、その旨および当該支払不能通知または取引停止処分を解除した日を通知する。

（でんさい事故調査会）

第55条　当会社は、でんさい事故調査会を設置し、業務規程等で規定する事項その他必要な事項を審議させるものとする。

（債権記録に記録されている事項の開示の請求の方法等）

第56条　規程第57条第1項に規定する開示の請求は、この条に規定するところによりしなければならない。

2 　次の各号に掲げる開示の請求は、当該各号に定める方法でしなければならない。

一　通常開示　窓口金融機関が定める方法

二　特例開示　窓口金融機関を通じて書面を当会社に提出する方法

三　残高の開示　次に掲げる方法

　①　請求日より前の日を基準日として指定する場合　窓口金融機関を通じて、当会社所定の書面を当会社に提出する方法

　②　請求日以降の日を基準日として指定する場合　窓口金融機関を通じて、利用者データベースに基準日を登録する方法

　③　定期的な基準日を指定する場合　窓口金融機関を通じて、利用者データベースに定期的な基準日を登録する方法

3 　前項第1号に掲げる通常開示の請求は、規程第57条第1項第1号または第2号に掲げる者およびその相続人等ならびにこれらの者の財産の管理および処分をする権利を有する者でなければすることができない。この場合において、窓口金融機関に対し、次に掲げる情報を提供しなければならない。

一　開示の請求をする者の情報

二　開示を請求するでんさいを特定するための情報

三　その他窓口金融機関が定める情報

4 　第2項第2号に掲げる特例開示の請求は、窓口金融機関を通じて当会社に対し、次に掲げる情報を記載した書面を提出してしなければならない。この場合において、当

【資料3】　423

業務規程

業務規程細則

会社は、当該請求をした者に対し、規程第58条第1項または第2項に規定する事実に係る資料の提出を求めることができる。

一　開示の請求をする者の情報

二　開示を請求するでんさいを特定するための情報

三　請求の原因となる事実に係る情報

5　第2項第3号①に掲げる残高の開示の請求は、窓口金融機関を通じて当会社に対し、次に掲げる情報を記載した書面を提出してしなければならない。

一　残高の基準日

二　残高の開示を請求する利用契約を特定するための情報

三　その他当会社が定める事項

6　第2項第3号②および③に掲げる残高の開示の請求は、窓口金融機関に対し、次に掲げる情報を提供してしなければならない。

一　残高の基準日

二　残高の開示を請求する利用契約を特定するための情報

三　その他窓口金融機関が定める情報

7　規程第57条第2項に規定する事項は、次の各号に掲げる開示の請求に応じて当該各号に定める事項を開示するものとする。

一　第2項第1号に掲げる通常開示　次に掲げる事項

　①　開示する債権記録のうち、規程第57条第1項第1号または第2号に定める事項。ただし、電子記録の訂正または回復の年月日および規程第58条第1項に定める事項を除く。

　②　開示する債権記録のうち、別表1に規定する事項

二　第2項第2号に掲げる特例開示　開示する債権記録のうち、規程第57条第1項各号に定める事項

三　第2項第3号に掲げる残高の開示　開示請求の対象である利用契約にもとづいてされた債権記録（債務者を支払等をした者とする支払等記録がされていないでんさいに係るものに限る。）のうち、別表2に規定する事項

8　規程第57条第2項に規定する開示の方法は、次の各号に掲げる開示の請求に応じて、当該各号に定める方法とする。

一　第2項第1号に掲げる通常開示　窓口金融機関が定める方法

二　第2項第2号に掲げる特例開示　窓口金融機関を通じて書面を提供する方法

三　第2項第3号に掲げる残高の開示　当会社が定める方法

（債権記録に記録されている事項の窓口金融機関に対する開示の特則）

第57条　窓口金融機関は、法第87条第2項の規定により、当会社に対し、自らを窓口金融機関とする利用者が、開示の請求をすることができる前条第7項第1号に定める事項について、開示を請求することができる。

2　当会社は、前項の請求を受けた場合には、当該請求をした窓口金融機関に対し、前条第7項第1号に掲げる事項を開示する。

【資料3】　425

業務規程

（債権記録に記録されている事項の開示に係る資料の提出）

第58条　前条第1項第2号に掲げる者は、自らが発生記録もしくは譲渡記録において、債権者もしくは譲受人として記録されている者またはこれらの者の相続人等に対し、人的関係にもとづく抗弁を有する場合であって、自らが人的関係にもとづく抗弁を有する者から債権者に至るまでの一連の譲渡記録において譲受人として記録されている者（債権者を除く。）の氏名または名称および住所について同項に定める請求をする場合には、業務規程細則で定めるところにより、当会社に対し、当該請求の原因となる事実について資料を提出しなければならない。

2　前条第1項第3号に掲げる者は、自らを電子記録義務者とする譲渡記録がされている場合において、当該譲渡記録が、代理権を有しないものがその者の代理人としてした請求またはその者になりすました者の請求によってされたものである場合であって、自己から債権者に至るまでの一連の譲渡記録において譲受人として記録されている者の氏名または名称および住所について同項に定める請求をする場合には、業務規程細則で定めるところにより、当会社に対し、当該請求の原因となる事実について資料を提出しなければならない。

（記録請求に際して提供された情報の開示）

第59条　利用者または利用契約を解約しもしくは解除された元利用者は、法第88条および業務規程細則で定めるところにより、窓口金融機関を通じて当会社に対し、当該利用者を請求者とする電子記録の請求に当たって、当会社に提供された情報の開示を請求することができる。

2　前項に規定する請求がされた場合には、当会社は、業務規程細則で定めるところにより、同項に規定する情報を開示する。

3　利用者は、当会社が窓口金融機関との間の業務委託契約を解除する場合または災害もしくはシステム障害等により窓口金融機関が参加金融機関業務を遂行することができない状態が継続した場合その他業務規程細則で定める場合には、当会社に対し、当会社が別途指定する方法により、第1項の請求をすることができる。

業務規程細則

3　前項の規定により窓口金融機関がする開示の請求および開示の方法は、当会社が別に定めるところによる。

（記録請求に際して提供された情報の開示の請求の方法等）
第58条　規程第59条第1項に規定する開示の請求は、この条に規定するところによりしなければならない。
2　次の各号に掲げる開示の請求は、当該各号に定める方法でしなければならない。
　一　通常開示　窓口金融機関が定める方法
　二　特例開示　窓口金融機関を通じて書面を当会社に提出する方法
3　前項第1号に掲げる通常開示の請求は、窓口金融機関に対し、次に掲げる情報を提供してしなければならない。
　一　開示の請求をする者の情報
　二　開示を請求するでんさいを特定するための情報
　三　その他窓口金融機関が定める情報
4　第2項第2号に掲げる特例開示の請求は、当会社に対し、窓口金融機関を通じて次に掲げる情報を記載した書面を提出してしなければならない。この場合において、当会社は、当該請求をした者に対し、規程第60条に規定する事実に係る資料の提出を求めることができる。
　一　開示の請求をする者の情報
　二　開示を請求するでんさいを特定するための情報
　三　請求の原因となる事実に係る情報
5　規程第59条第2項に規定する開示の方法は、次の各号に掲げる開示の請求に応じて、当該各号に定める方法とする。

【資料3】　427

業務規程

（提供情報の開示の請求権限に係る資料の提出）

第60条 利用者または利用契約を解約しもしくは解除された元利用者は、電子記録の請求が適法であるかどうかについて利害関係を有する場合であって、自らが利害関係を有する部分について前条第1項に定める請求をする場合には、業務規程細則で定めるところにより、当会社に対し、当該請求の原因となる事実について資料を提出しなければならない。

第11章　手数料

（手数料）

第61条 利用者は、当会社の利用に当たって、窓口金融機関に対し、当該窓口金融機関が定める手数料を支払わなければならない。

2　利用者は、第28条第1項、第54条第3項、第57条第3項および第59条第3項の請求または照会をする場合には、当会社に対し、当会社が定める手数料を支払わなければならない。

第12章　記録原簿の安全性の確保

（記録原簿の安全性の確保）

第62条 当会社は、記録原簿へのアクセス管理、内部関係者による債権記録等の持ち出しの防止、外部からの不正アクセスの防御、災害等に備えた安全対策その他の情報システムの管理態勢を整備する。

（利用者情報の適正な管理）

第63条 当会社および参加金融機関は、債権記録および当該債権記録に記録された電子記録の請求に当たって当会社に提供された情報、支払不能情報その他利用者に関する情報（以下「利用者情報」という。）について、漏えい、盗用等が生じないように、適切に管理しなければならない。

2　当会社および参加金融機関は、次に掲げる目的のために、利用者情報を利用する。

一　電子債権記録業または参加金融機関業務を実施するため

二　でんさいの円滑な流通の確保のため

三　参加金融機関の与信取引上の判断のため

四　その他参加金融機関が定める目的のため

3　当会社および参加金融機関は、前項各号に掲げる目的の遂行に当たって、他の利用者等の第三者に利用者情報を提供する場合には、利用者の同意を得るものとする。

4　当会社および参加金融機関は、利用者情報の安全管理のために、必要かつ適切な措置を講じなければならない。

業務規程細則

一　第2項第1号に掲げる通常開示　窓口金融機関が定める方法
二　第2項第2号に掲げる特例開示　窓口金融機関を通じて書面を提供する方法

【資料3】　429

業務規程

第13章　免　責

（免責）

第64条　当会社または窓口金融機関が請求に関する書面または諸届出書類に使用された印影または署名を窓口金融機関に届け出た印鑑、署名鑑と相当の注意をもって照合し、相違ないものと認めて取り扱った場合には、その請求に関する書面または諸届出書類につき、偽造、変造、その他のいかなる事故があっても、そのために利用者に生じた損害については、当会社および窓口金融機関は責任を負わない。

2　窓口金融機関が、利用者のID、パスワード等の本人確認のための情報が窓口金融機関に登録されたものと一致することを窓口金融機関所定の方法により確認し、相違ないと認めて取り扱った場合には、それらが盗用、不正使用、その他の事故により使用者が利用者本人でなかったときでも、そのために利用者に生じた損害については、当会社および窓口金融機関は責任を負わない。

3　第19条その他業務規程等にもとづく利用者の届出がされなかった場合または届出の内容に誤りがあった場合には、そのために利用者に生じた損害については、当会社および参加金融機関は責任を負わない。

4　当会社および参加金融機関が相当の安全対策を講じたにもかかわらず、通信機器、回線およびコンピュータ等の障害ならびに電話の不通等の通信手段の障害が生じた場合には、そのために利用者に生じた損害については、当会社または参加金融機関に故意または重大な過失があるときを除き、当会社および参加金融機関は責任を負わない。

5　当会社および参加金融機関が相当の安全対策を講じたにもかかわらず、当会社が受信または送信した情報に誤謬、遅延、欠落等が生じた場合には、そのために利用者に生じた損害については、当会社または参加金融機関に故意または重大な過失があるときを除き、法第11条に抵触しない限りにおいて、当会社および参加金融機関は責任を負わない。

6　当会社および参加金融機関は、公衆電話回線、専用電話回線、インターネット等の通信経路において盗聴、不正アクセス等がされたことにより利用者の取引情報が漏えいした場合には、そのために利用者に生じた損害について責任を負わない。

7　当会社は、台風、洪水、大火、地震等の災害、事変、当会社もしくは参加金融機関の店舗における爆破、不法占拠、法令、当会社の責めに帰すことのできない行政官庁の処分または裁判所等公的機関の措置等の事由により参加金融機関または利用者に生じた損害について、責任を負わない。

8　当会社は、第10条、第11条第5項、第22条第2項、第25条第3項、第28条第3項、第45条、第56条および前各項ならびに法第11条および法第14条に規定する損害以外の当会社の業務に関して参加金融機関または利用者に生じた損害について、当会社に故意または重大な過失がある場合を除き、責任を負わない。

業務規程細則

【資料 3】 431

業務規程

第14章　雑　則

（規定の効力）

第65条　利用契約が解約または解除された後においても、第10条、第11条第5項、第22条第2項、第25条第3項、第28条第3項、第45条、第56条、前条および本条の規定は、当該利用契約に係る利用者になお有効に適用される。

（業務規程細則）

第66条　当会社は、この規程で定める事項のほか、当会社の利用に当たって必要な事項について、業務規程細則で定めることができる。

（改正）

第67条　この規程の改正は、取締役会の監督のもと代表執行役が行う。

2　前項の改正の効力は、法第70条に規定する主務大臣の認可を受けて、代表執行役が定める日から生ずる。

（準拠法および合意管轄）

第68条　当会社、参加金融機関および利用者間の業務規程等に係る法律関係についての準拠法は、日本法とする。

2　当会社と参加金融機関または利用者との間で前項の法律関係に係る紛争が生じた場合の訴訟については、東京地方裁判所を第一審の専属管轄裁判所とする。ただし、当会社は、管轄が認められる国外の裁判所において参加金融機関または利用者に対し、訴訟を提起することを妨げられない。

附　則

（施行期日）

第1条　この規程は、平成25年2月4日から施行する。

附則（平成26年1月1日改正）

（施行期日）

第1条　この規定は、平成26年1月1日から施行する。

業務規程細則

（規定の効力）

第59条　利用契約が解約または解除された後においても、第36条第7項、第40条第2項、第41条第5項および第42条第5項の規定は、当該利用契約に係る利用者になお有効に適用される。

（公表の方法）

第60条　当会社は、業務規程等にもとづき情報を公表する場合その他当会社が利用者に周知することが必要と認めた情報を公表する場合には、当会社のホームページに情報を掲載する方法で公表するものとする。

（改正）

第61条　この細則の改正は、取締役会長の監督のもと代表執行役が行う。

2　前項の改正の効力は、代表執行役が定める日から生ずる。

3　改正内容および改正日は、当会社および参加金融機関のホームページもしくは店頭で公表し、または利用者に通知するものとする。

4　改正日が到来した後（前項のホームページを閲覧することができない利用者については、前項の改正内容および改正日が店頭で公表され、または当該利用者に通知された後）、利用者が当会社を利用したときは、改正後の細則を承認したものとみなす。

（施行期日）

第1条　この細則は、平成25年2月4日から施行する。

（施行期日）

第1条　この細則は、平成26年2月24日から施行する。

【資料3】　433

業務規程

	業務規程細則

【別表 1 （第56条第 7 項第 1 号②関係）】

No.	開示する事項
1	債権記録の記録番号
2	発生記録の電子記録の年月日
3	発生記録（発生記録について変更記録がされていたときは、当該変更記録を含む。以下この表および別表 2 において「発生記録等」という。）の支払期日の年月日
4	発生記録等の債務者が支払うべき債権金額
5	支払等記録（支払等記録について変更記録がされていたときは、当該変更記録を含む。以下この表および別表 2 において「支払等記録等」という。）の支払等があった日の年月日
6	支払等記録等の支払等に当たって要した費用の金額
7	発生記録等の債務者が支払うべき債権金額から支払等記録等の支払等をした金額を控除した金額
8	譲渡記録の記録数
9	分割記録の記録数
10	保証記録の記録数
11	強制執行等の記録の有無
12	支払等記録の有無
13	信託の電子記録の有無
14	特別求償権の有無
15	譲渡制限の有無
16	支払不能でんさいにあっては、支払不能事由
17	支払不能でんさいにあっては、支払不能事由に関する異議申立の有無
18	債権者の氏名または名称、住所、債権者口座に係る情報および債権者が法人である場合には代表者の氏名
19	債務者の氏名または名称、住所、債務者口座に係る情報および債務者が法人である場合には代表者の氏名
20	電子記録保証人の氏名または名称、住所および電子記録保証人が法人である場合には代表者の氏名

【資料 3 】 435

業務規程

業務規程細則

【別表 2 （第56条第 7 項第 3 号関係）】

No.	開示する事項
1	残高の基準日の年月日
2	残高の開示の対象となる利用契約に係る利用者番号および決済口座に係る情報
3	でんさい（特別求償権を除く。）の合計件数および合計金額
4	発生記録等における債務者の債務の合計件数および合計金額
5	電子記録保証債務の合計件数および合計金額
6	特別求償権の合計件数および合計金額
7	保証人等を支払等をした者とする支払等記録等がされたでんさいの合計件数および合計金額
8	でんさい（特別求償権を除く。）について次に掲げる事項 　(1)　債権記録の記録番号 　(2)　発生記録の電子記録の年月日 　(3)　発生記録等の支払期日の年月日 　(4)　発生記録等の債務者が支払うべき債権金額 　(5)　債務者の氏名または名称
9	発生記録等における債務者の債務について、次に掲げる事項 　(1)　債権記録の記録番号 　(2)　発生記録の電子記録の年月日 　(3)　発生記録等の支払期日の年月日 　(4)　発生記録等の債務者が支払うべき債権金額
10	電子記録保証債務について、次に掲げる事項 　(1)　債権記録の記録番号 　(2)　発生記録の電子記録の年月日 　(3)　発生記録等の支払期日の年月日 　(4)　発生記録等の債務者が支払うべき債権金額 　(5)　債務者の氏名または名称
11	特別求償権について、次に掲げる事項 　(1)　債権記録の記録番号 　(2)　発生記録の電子記録の年月日 　(3)　発生記録等の支払期日の年月日 　(4)　発生記録等の債務者が支払うべき債権金額 　(5)　債務者の氏名または名称

【資料 3 】

業務規程

	業務規程細則
12	保証人等を支払等をした者とする支払等記録等がされたでんさいについて、次に掲げる事項 　(1)　債権記録の記録番号 　(2)　発生記録の電子記録の年月日 　(3)　発生記録等の支払期日の年月日 　(4)　発生記録等の債務者が支払うべき債権金額 　(5)　債務者の氏名または名称

附則（平成28年4月18日改正）

（施行期日）
第1条　この細則は、平成28年4月18日から施行する

【資料4】 電子記録債権が下請代金の支払手段として用いられる場合の指導
方針について

平成21年6月19日取引部長通知
公正取引委員会事務総局取引部長

電子記録債権が下請代金の支払手段として用いられる場合の
指導方針について

電子記録債権（平成21年6月19日付け事務総長通達第12号の電子記録債権をいう。以下
同じ。）を下請代金の支払手段として用いる場合には、下請事業者の利益を保護する観点
から、親事業者に対し、下記の事項を遵守するよう指導されたい。

記

1 電子記録債権の現金化
　　電子記録債権の発生記録又は譲渡記録により下請代金の支払を受けた下請事業者が、
　金融機関に当該電子記録債権についての譲渡記録をすることにより金銭の支払を確実に
　受けられるようなものとすること。
2 決済期間
　　下請代金の支払期日から電子記録債権の満期日（電子記録債権法第16条第1項2号に
　規定する支払期日をいう。）までの期間（手形の交付日から手形の満期までの期間に相
　当）は、120日以内（繊維業の場合は90日以内）とすること。
3 電子記録保証
　　電子記録債権の譲渡記録により下請代金の支払を行う場合には、親事業者は当該電子
　記録債権に電子記録保証（電子記録債権法第2条第9項に規定する電子記録保証をい
　う。）を付すこと。
4 不利益変更の禁止
　(1) 支払手段を電子記録債権の発生記録又は譲渡記録による支払に変更する場合に、下
　　請事業者に対し支払条件を従来に比して実質的に不利となるよう変更しないこと。
　(2) 電子記録債権に係る支払が行われる際に、下請事業者が利用する一般の金融機関の
　　預金口座を利用できないこととしないこと。
5 決済状況の把握
　　公正取引委員会等の下請代金支払遅延等防止法第9条の規定に基づく調査に際し、電
　子記録債権の発生記録又は譲渡記録による下請代金の支払状況に関する報告をすること
　ができるよう、金融機関及び電子債権記録機関からこれに関する資料の提供を受けられ
　るようにしておくこと。

【資料５】 電子記録債権が下請代金の支払手段として用いられる場合の下請
代金支払遅延等防止法及び私的独占の禁止及び公正取引の確保に関
する法律の運用について

平成21年６月19日事務総長通達第12号
公正取引委員会事務総長

電子記録債権が下請代金の支払手段として用いられる場合の
下請代金支払遅延等防止法及び
私的独占の禁止及び公正取引の確保に関する法律の運用について

　親事業者が、電子記録債権（電子記録債権法（平成19年法律第102号）第２条第１項に
規定する電子記録債権をいう。以下同じ。）の発生記録（電子記録債権法第15条に規定す
る発生記録をいう。以下同じ。）又は譲渡記録（電子記録債権法第17条に規定する譲渡記
録をいう。以下同じ。）をすることにより、下請代金を支払う場合の下請代金支払遅延等
防止法（以下「下請法」という。）第３条の書面の記載事項及び同法第５条の書類の記載
事項については、下請代金支払遅延等防止法第３条の書面の記載事項等に関する規則（平
成15年公正取引委員会規則第７号）及び下請代金支払遅延等防止法第５条の書類又は電磁
的記録の作成及び保存に関する規則（平成15年公正取引委員会規則第８号）で定められた
ところであるが、電子記録債権が下請代金の支払手段として用いられる場合の下請法及び
私的独占の禁止及び公正取引の確保に関する法律（以下「独占禁止法」という。）の運用
の方針は下記のとおりであるので、事務処理に当たっては、これにより適切に処理された
い。

記

1　電子記録債権の発生記録又は譲渡記録により下請代金を支払う場合の下請法第２条の
　２（下請代金の支払期日）等に規定する下請代金の「支払期日」は、下請事業者が当該
　電子記録債権の譲渡記録をすることにより金融機関から下請代金の額に相当する金銭の
　支払を受けることができることとする期間の始期とする。
2　電子記録債権の発生記録又は譲渡記録により下請代金を支払う場合に、下請事業者が
　当該下請代金の額に相当する金銭の全額について支払を受けることができないときは、
　下請法第４条第１項第２号（下請代金の支払遅延の禁止）の規定に違反するものとして
　扱う。
3　電子記録債権の発生記録又は譲渡記録により下請代金を支払うこととする場合に、不
　当に、下請事業者に対し、電子記録債権の発生記録若しくは譲渡記録による下請代金の
　支払に応じることを強制し、又は電子記録債権の発生記録若しくは譲渡記録による下請
　代金の支払に応じないことを理由として取引の条件又は実施について不利な取扱いをす
　るときは、独占禁止法第19条（不公正な取引方法の禁止）の規定に違反するおそれがあ
　るものとして扱う。

【資料５】 441

【資料６】 残高証明書【都度発行方式】（2014年２月24日以降の基準日を指定した場合）のサンプルイメージ

2015年１月12日

株式会社○○社　様
［利用者番号：123456789］

電子記録債権に係る残高証明書

株式会社全銀電子債権ネットワーク㊞

　貴社を電子記録債権に係る当事者、株式会社全銀電子債権ネットワークを電子債権記録機関とする、「でんさい」の金額（残高）および件数は下記のとおりです。

　なお、本残高証明書は、でんさいネットシステムの記録原簿に記録されている、「でんさい」の残高および件数を証明するものです。本残高証明書に掲載される残高および件数の留意事項につきましては、別添「電子記録債権に係る残高証明書に関する留意事項」をご参照ください。

記

１．基準日
　　西暦2014年12月31日
２．残高証明の対象となる決済口座
　　A銀行B支店　当座　0011223
　　注）一つの利用契約に複数の決済口座が登録されている場合でも、「残高証明書発行請求書」に記載の口座情報のみ掲載しています（次ページ以降についても同様となります）。
３．残高

(1)　債権残高

件数合計	2件
残高合計	¥300,000,000

(2)　債務残高

件数合計	1件
残高合計	¥200,000,000

(3)　電子記録保証残高

件数合計	1件
残高合計	¥100,000,000

(4)　特別求償権残高

件数合計	1件
残高合計	¥50,000,000

(5)　求償権残高

件数合計	0件
残高合計	¥0

以　上

2015年1月12日

株式会社○○社　様
[利用者番号：123456789]
[決済口座：Ａ銀行Ｂ支店　当座　0011223]
[基準日：2014年12月31日]

債権残高明細

注：支払期日の欄に「＊」の付いた「でんさい」は、基準日現在で支払期日が到来しているものです。

記録番号	発生日	支払期日	債権金額	債務者名
4567891230ABCDEFGHIJ	2014年10月15日	2015年1月10日	￥100,000,000	株式会社△△工業
5678912240ABCDEFGHIJ	2014年11月28日	2015年1月20日	￥200,000,000	○○○□□□△△△×××建設株式会社
			以下余白	

【資料6】　443

2015年1月12日

株式会社○○社　様
［利用者番号：123456789］
［決済口座：Ａ銀行Ｂ支店　当座　0011223］
［基準日：2014年12月31日］

債務残高明細

注：支払期日の欄に「＊」の付いた「でんさい」は、基準日現在で支払期日が到来しているものです。

記録番号	発生日	支払期日	債権金額
1234567890ABCDEFGHIJ	2014年11月20日	2015年1月31日	￥200,000,000
			以下余白

2015年1月12日

株式会社○○社　様
［利用者番号：123456789］
［決済口座：Ａ銀行Ｂ支店　当座　0011223］
［基準日：2014年12月31日］

電子記録保証残高明細

注：支払期日の欄に「＊」の付いた「でんさい」は、基準日現在で支払期日が到来して
　　いるものです。

記録番号	発生日	支払期日	債権金額	債務者名
2345678910ABCDEFGHIJ	2014年11月1日	2015年2月20日	￥100,000,000	○○商事株式会社
			以下余白	

【資料6】　445

2015年1月12日

株式会社○○社　様
［利用者番号：123456789］
［決済口座：Ａ銀行Ｂ支店　当座　0011223］
［基準日：2014年12月31日］

特別求償権残高明細

注：支払期日の欄に「＊」の付いた「でんさい」は、基準日現在で支払期日が到来しているものです。

記録番号	発生日	支払期日	債権金額	債務者名
6789123450ABCDEFGHIJ	2014年8月11日	＊2014年11月30日	¥50,000,000	×××株式会社
			以下余白	

2015年1月12日

株式会社○○社　様
［利用者番号：123456789］
［決済口座：Ａ銀行Ｂ支店　当座　0011223］
［基準日：2014年12月31日］

求償権残高明細

注：支払期日の欄に「＊」の付いた「でんさい」は、基準日現在で支払期日が到来しているものです。

記録番号	発生日	支払期日	債権金額	債務者名
該当なし				

【資料6】

電子記録債権に係る残高証明書に関する留意事項

1．共通事項
(1) 証明事項について
　　残高証明書は、請求者が特定した利用契約（以下、「本利用契約」といいます。）にもとづき記録がされている「でんさい」について、でんさいネットの記録原簿に記録されている残高を証明するものです。
(2) 消滅した「でんさい」について
　　債務者を支払等をした者とする支払等記録が記録されている「でんさい」については、残高証明書に掲載されません。ただし、債務者を支払等をした者とする支払等記録がされていても、記録された支払金額が債権金額の一部である場合は、残部の「でんさい」が残高証明書に掲載されます。
(3) 口座間送金決済の反映について
　　残高証明書の発行基準日（以下、「基準日」といいます。）までに口座間送金決済が行われている「でんさい」については、残高証明書に掲載されません。
(4) 支払等について
　　口座間送金決済以外の方法により支払等がされたものの、基準日までに支払等記録がされていない「でんさい」は、残高証明書に掲載されます。
(5) 記録日が未到来の記録請求事項について
　　基準日に電子記録の日（以下、「記録日」といいます。）が到来していない記録請求事項は、記録されていないものとして取扱います。
(6) 取引相手の承諾を要する記録について
　　債権者請求方式による発生記録、単独保証記録、支払者請求による支払等記録および変更記録について、基準日までに当該記録請求を取引相手が承諾していない場合は、記録されていないものとして取扱います。
(7) 同一「でんさい」への複数記録について
　　同一の「でんさい」に、請求者（以下、本利用契約の当事者としての請求者をいいます。）が異なる立場（債権者、債務者、電子記録保証人等）で記録がされている場合は、記録された「でんさい」が立場ごとに残高証明書に掲載されます。
(8) 混同について
　　「でんさい」の債務者が当該「でんさい」を譲り受ける等、債権者として記録された場合および混同を原因とする支払等記録がされた場合に限り、「でんさい」の債務および債権の双方は消滅したものとして、残高証明書に掲載されません。
(9) 費用等について
　　第三者が出えんをした場合における、出えんをした日以降の遅延損害金および避けることができなかった費用の合計額については、残高証明書に掲載されません。
(10) 金融機関・店舗名について
　　基準日における金融機関名および店舗名が掲載されます。

2．債権残高
　　請求者が債権者として記録されている「でんさい」について、支払等記録がされ
ている場合、当該「でんさい」は債権残高には掲載されません。電子記録保証人を
支払等をした者とする支払等記録がされた「でんさい」は、当該電子記録保証人の
特別求償権残高、それ以外の第三者を支払等をした者とする支払等記録がされた
「でんさい」は、当該第三者の求償権残高としてそれぞれ掲載されます。
3．電子記録保証残高
⑴　電子記録保証が複数回記録されている場合について
　　同一の「でんさい」に、同一の利用契約による電子記録保証が複数回記録され
ている場合、一件の電子記録保証として残高証明書に掲載されます。
⑵　電子記録保証人が支払等をした場合の取扱いについて
　　請求者が電子記録保証人として支払等をした旨の支払等記録がされている場合
は、電子記録保証の残高として残高証明書に掲載されません。なお、同一の「で
んさい」に請求者を電子記録保証人とする電子記録保証が複数回記録されている
場合も、請求者が電子記録保証人として支払等をした旨の支払等記録がされてい
る場合は、全ての電子記録保証の残高が残高証明書に掲載されません。
⑶　請求者が電子記録保証人となる前の電子記録保証人が支払等記録をした場合に
ついて
　　請求者が電子記録保証人となる前に電子記録保証をしていた他の電子記録保証
人を支払等をした者とする支払等記録がされている「でんさい」であっても、債
務者が支払等をした旨の支払等記録がされるまでは残高証明書に掲載されます。
4．求償権残高
　　請求者を支払等をした者とする支払等記録がされている「でんさい」のうち、請
求者の立場が債務者、電子記録保証人のいずれでもない場合は、求償権として残高
証明書に掲載されます。

【資料6】　449

【資料７】 残高証明書【定例発行方式】のサンプルイメージ

【お問合せ先】
株式会社全銀電子債権ネットワーク
〒100-0005
東京都千代田区丸の内１−３−１
東京銀行協会ビルヂング５階
TEL：03-5252-3595
https://www.densai.net

111-1111
東京都千代田区丸の内○丁目○番地○号
○○ビルヂング○階

株式会社○○社　　様

株式会社○○社　　様
【利用者番号】123456789

電子記録債権に係る残高証明書

　　　　　　　　　　　　　　　　株式会社全銀電子債権ネットワーク㊞
　貴社を電子記録債権に係る当事者、株式会社全銀電子債権ネットワークを電子債権記録機関とする、「でんさい」の金額（残高）および件数は下記のとおりです。
　なお、本残高証明書は、でんさいネットシステムの記録原簿に記録されている、「でんさい」の残高および件数を証明するものです。本残高証明書に掲載される残高および件数の留意事項につきましては、裏面「電子記録債権に係る残高証明書に関する留意事項」をご参照ください。

　　　　　　　　　　　　　　　記
１．基準日
　　2015年12月31日
２．残高証明の対象となる決済口座
　　Ａ銀行Ｂ支店
　　当座　　0011223
　注）一つの利用契約に複数の決済口座が登録されている場合でも、一つの決済口座情報のみ掲載しています（次ページ以降についても同様となります）。

３．残　高

(1) 債権残高

件数合計	2 件
残高合計	300,000,000円

(2) 債務残高

件数合計	1 件
残高合計	200,000,000円

(3) 電子記録保証残高

件数合計	1 件
残高合計	100,000,000円

(4) 特別求償権残高

件数合計	1 件
残高合計	50,000,000円

(5) 求償権残高

件数合計	0 件
残高合計	0 円

以　上

電子記録債権に係る残高証明書に関する留意事項

1．共通事項
(1) 証明事項について
　　残高証明書は、請求者が特定した利用契約（以下、「本利用契約」といいます。）にもとづき記録がされている「でんさい」について、でんさいネットの記録原簿に記録されている残高を証明するものです。
(2) 消滅した「でんさい」について
　　債務者を支払等をした者とする支払等記録が記録されている「でんさい」については、残高証明書に掲載されません。ただし、債務者を支払等をした者とする支払等記録がされていても、記録された支払金額が債権金額の一部である場合は、残部の「でんさい」が残高証明書に掲載されます。
(3) 口座間送金決済の反映について
　　残高証明書の発行基準日（以下、「基準日」といいます。）までに口座間送金決済が行われている「でんさい」については、残高証明書に掲載されません。
(4) 支払等について
　　口座間送金決済以外の方法により支払等がされたものの、基準日までに支払等記録がされていない「でんさい」は、残高証明書に掲載されます。
(5) 記録日が未到来の記録請求事項について
　　基準日に電子記録の日（以下、「記録日」といいます。）が到来していない記録請求事項は、記録されていないものとして取扱います。
(6) 取引相手の承諾を要する記録について
　　債権者請求方式による発生記録、単独保証記録、支払者請求による支払等記録および変更記録について、基準日までに当該記録請求を取引相手が承諾していない場合は、記録されていないものとして取扱います。
(7) 同一「でんさい」への複数記録について
　　同一の「でんさい」に、請求者（以下、本利用契約の当事者としての請求者をいいます。）が異なる立場（債権者、債務者、電子記録保証人等）で記録がされている場合は、記録された「でんさい」が立場ごとに残高証明書に掲載されます。
(8) 混同について
　　「でんさい」の債務者が当該「でんさい」を譲り受ける等、債権者として記録された場合および混同を原因とする支払等記録がされた場合に限り、「でんさい」の債務および債権の双方は消滅したものとして、残高証明書に掲載されません。
(9) 費用等について
　　第三者が出えんをした場合における、出えんをした日以降の遅延損害金および避けることができなかった費用の合計額については、残高証明書に掲載されません。
(10) 金融機関・店舗名について
　　基準日直前において、新設された店舗への移管があった場合および店舗統廃合

が生じた場合等は、移管前および店舗統廃合前の店舗名など、基準日現在の店舗名以外の内容が残高証明書に掲載されることがあります。

2．債権残高

請求者が債権者として記録されている「でんさい」について、支払等記録がされている場合、当該「でんさい」は債権残高には掲載されません。電子記録保証人を支払等をした者とする支払等記録がされた「でんさい」は、当該電子記録保証人の特別求償権残高、それ以外の第三者を支払等をした者とする支払等記録がされた「でんさい」は、当該第三者の求償権残高としてそれぞれ掲載されます。

3．電子記録保証残高

(1) 電子記録保証が複数回記録されている場合について

同一の「でんさい」に、同一の利用契約による電子記録保証が複数回記録されている場合、一件の電子記録保証として残高証明書に掲載されます。

(2) 電子記録保証人が支払等をした場合の取扱いについて

請求者が電子記録保証人として支払等をした旨の支払等記録がされている場合は、電子記録保証の残高として残高証明書に掲載されません。なお、同一の「でんさい」に請求者を電子記録保証人とする電子記録保証が複数回記録されている場合も、請求者が電子記録保証人として支払等をした旨の支払等記録がされている場合は、全ての電子記録保証の残高が残高証明書に掲載されません。

(3) 請求者が電子記録保証人となる前の電子記録保証人が支払等記録をした場合について

請求者が電子記録保証人となる前に電子記録保証をしていた他の電子記録保証人を支払等をした者とする支払等記録がされている「でんさい」であっても、債務者が支払等をした旨の支払等記録がされるまでは残高証明書に掲載されます。

4．求償権残高

請求者を支払等をした者とする支払等記録がされている「でんさい」のうち、請求者の立場が債務者、電子記録保証人のいずれでもない場合は、求償権として残高証明書に掲載されます。

株式会社○○社　様
【利用者番号】123456789
【決済口座】Ａ銀行Ｂ支店
　　　　　　当座　　0011223
【基準日】2015年12月31日

（1）　債権残高明細

注：支払期日の欄に「＊」の付いた「でんさい」は、基準日現在で支払期日が到来しているものです。

記録番号	発生日 年／月／日			支払期日 年／月／日			債権金額（円）			債務者名 注：債務者名の出力文字数は最大48文字です。
4567891230ABCDEFGHIJ	2014	10	15	2015	1	10	100	000	000	株式会社△△工業
5678912340ABCDEFGHIJ	2014	11	28	2015	1	20	200	000	000	○○○○○○ □□□□□□ △△△△△△ ×××××× 建設株式会社
以下余白										

株式会社○○社　様
【利用者番号】123456789
【決済口座】Ａ銀行Ｂ支店
　　　　　　当座　0011223
【基準日】2015年12月31日

(2)　債務残高明細

注：支払期日の欄に「＊」の付いた「でんさい」は、基準日現在で支払期日が到来しているものです。

記録番号	発生日 年／月／日			支払期日 年／月／日			債権金額（円）		
1234567890ABCDEFGHIJ	2014	11	20	2015	1	31	200	000	000
以下余白									

【資料７】　455

株式会社○○社　様
【利用者番号】123456789
【決済口座】Ａ銀行Ｂ支店
　　　　　当座　0011223
【基準日】2015年12月31日

（3）　電子記録保証残高明細

注：支払期日の欄に「＊」の付いた「でんさい」は、基準日現在で支払期日が到来しているものです。

記録番号	発生日 年／月／日			支払期日 年／月／日			債権金額（円）			債務者名 注：債務者名の出力文字数は最大48文字です。
2345678910ABCDEFGHIJ	2014	11	1	2015	2	20	100	000	000	○○商事株式会社
以下余白										

株式会社○○社　様
【利用者番号】123456789
【決済口座】Ａ銀行Ｂ支店
　　　　　当座　0011223
【基準日】2015年12月31日

（4）　特別求償権残高明細

注：支払期日の欄に「＊」の付いた「でんさい」は、基準日現在で支払期日が到来している　ものです。

記録番号	発生日 年／月／日			支払期日 年／月／日			債権金額（円）			債務者名 注：債務者名 の出力文字数 は最大48文字 です。
6789123450ABCDEFGHIJ	2014	8	11	＊2014	11	30	50	000	000	×××株式会社
以下余白										

【資料7】　457

株式会社○○社　様
【利用者番号】123456789
【決済口座】Ａ銀行Ｂ支店
　　　　　当座　　0011223
【基準日】2015年12月31日

(5)　求償権残高明細

注：支払期日の欄に「＊」の付いた「でんさい」は、基準日現在で支払期日が到来しているものです。

記録番号	発生日 年／月／日	支払期日 年／月／日	債権金額（円）	債務者名 注：債務者名の出力文字数は最大48文字です。
該当なし				

「でんさい」のすべて【第2版】

平成28年5月20日　第1刷発行
（平成26年3月28日　初版発行）

著　者　株式会社全銀電子債権ネットワーク
発行者　小　田　　徹
印刷所　三松堂印刷株式会社

〒160-8520　東京都新宿区南元町19
発　行　所　一般社団法人 金融財政事情研究会
編集部　TEL 03(3355)1721　FAX 03(3355)3763
販　　売　株式会社きんざい
販売受付　TEL 03(3358)2891　FAX 03(3358)0037
URL http://www.kinzai.jp/

・本書の内容の一部あるいは全部を無断で複写・複製・転訳載すること、および
磁気または光記録媒体、コンピュータネットワーク上等へ入力することは、法
律で認められた場合を除き、著作者および出版社の権利の侵害となります。
・落丁・乱丁本はお取替えいたします。定価はカバーに表示してあります。

ISBN978-4-322-12891-8